AF833369

KI-Tools für Foto und Video

Einstieg und Praxis

Martin Quedenbaum

Markt+Technik

Dieses Werk einschließlich aller Inhalte ist urheberrechtlich geschützt. Alle Rechte vorbehalten, auch die der Übersetzung, der fotomechanischen Wiedergabe und der Speicherung sowie Verarbeitung in elektronischen Systemen.

Bei der Erstellung von Texten und Abbildungen wurde mit größter Sorgfalt vorgegangen. Trotzdem sind Fehler nicht völlig auszuschließen. Verlag, Herausgeber und Autoren können für fehlerhafte Angaben und deren Folgen weder eine juristische Verantwortung noch irgendeine Haftung übernehmen. Für Anregungen und Hinweise auf Fehler sind Verlag und Autoren dankbar.

Die Informationen in diesem Werk werden ohne Rücksicht auf einen eventuellen Patentschutz veröffentlicht. Warennamen werden ohne Gewährleistung der freien Verwendbarkeit benutzt. Nahezu alle Hard- und Softwarebezeichnungen sowie weitere Namen und sonstige Angaben, die in diesem Buch wiedergegeben werden, sind als eingetragene Marken geschützt. Da es nicht möglich ist, in allen Fällen zeitnah zu ermitteln, ob ein Markenschutz besteht, wird das ®-Symbol in diesem Buch nicht verwendet.

ISBN 978-3-98810-054-2

© 2026 by Markt+Technik Verlag GmbH
Espenpark 1a
90559 Burgthann

Produktmanagement Christian Braun, Burkhardt Lühr
Herstellung Jutta Brunemann
Korrektorat Alexandra Müller
Covergestaltung David Haberkamp
Coverfotos © Martin Quedenbaum; justjupiter, Maizal – Adobe Stock
Satz inpunkt[w]o, Wilnsdorf (www.inpunktwo.de)
Druck mediaprint solutions GmbH, Paderborn
Printed in Germany

Martin Quedenbaum

KI-Tools für Foto und Video

Inhaltsverzeichnis

1. KI-Bilder verstehen 9

1.1 Der aktuelle Stand der KI-Bildgeneratoren 9
1.2 Grenzen, typische Fehler und AI Slop 10
1.3 Auflösung und Qualität 11
1.4 Urheberrecht und Nutzungsfragen 11
1.5 Verzerrungen (Bias) 11
1.6 Höhere Auflösungen erzielen 12
1.7 Kostenmodelle – gratis oder kostenpflichtig? 13

2. Workflow: von der Idee zum fertigen KI-Bild 15

2.1 Idee und Zieldefinition 16
2.2 Prompt formulieren 16
2.3 Negative Prompts: unerwünschte Inhalte gezielt ausschließen 23
2.4 Bild generieren 24
2.5 Iteratives Prompting: Bilder schrittweise optimieren 25
2.6 Charakterkonsistenz: Figuren über mehrere Bilder hinweg stabil darstellen 25
2.7 Nachbearbeitung 26

3. Adobe Firefly 29

3.1 Registrierung und Anmeldung 30
3.2 Firefly starten 30
3.3 Text zu Bild 32
3.4 Bilder groß darstellen 33
3.5 Prompt anpassen 33
3.6 Download 37
3.7 Bildseitenverhältnis (Aspect Ratio) 40
3.8 Modelle 43

3.9 Visuelle Intensität ... 47
3.10 Komposition ... 48
3.11 Stile ... 48

4. Adobe Photoshop ... 51

4.1 Farbänderung eines Kleidungsstücks ... 51
4.2 Sonnenbrille hinzufügen ... 56
4.3 Bilder vergrößern ... 59

5. Microsoft-Bildgeneratoren ... 63

5.1 Microsoft Image Creator ... 63
5.2 Bing Image Creator ... 69
5.3 Beispiel-Prompts für den Bing Image Creator ... 82

6. Canva ... 95

6.1 Plakat (Poster) erstellen ... 103
6.2 Instagram-Post erstellen ... 108

7. Stable Diffusion ... 113

8. Midjourney ... 119

8.1 Tarifmodelle und Nutzung ... 119
8.2 Vergleich zwischen deutsch- und englischsprachigem Prompt ... 124
8.3 Verfeinerung durch Parameter ... 129
8.4 Präzisierung durch gezielte Wortwahl ... 132
8.5 Ergebnisse interpretieren und verfeinern ... 132

9. Google Gemini (Nano Banana) ... 135

9.1 Stilauswahl ... 141
9.2 App-Version ... 142
9.3 Beispiel-Prompts und -Looks ... 143

10. Leonardo.AI ... 151

10.1 Weitere Funktionen ... 157
10.2 Retusche in Realtime Canvas ... 158

11. Retusche ... 165

11.1 Adobe Photoshop ... 165
11.2 Photopea ... 170

12. ChatGPT ... 173

12.1 Die neuen Möglichkeiten der Bildgenerierung ... 173
12.2 Interaktive Bildbearbeitung und Stilvielfalt ... 174
12.3 Kuratierte Stile ... 176
12.4 Beispiel: Erstellung einer Speisekarte mit ChatGPT ... 185

13. KI-Videogeneratoren ... 189

13.1 Videoauflösung ... 189
13.2 Kostenpflichtig oder gratis? ... 191

14. Sora ... 193

14.1 Anmeldung ... 193
14.2 Sora vs. Sora 2 ... 196
14.3 Ein Video generieren ... 196

14.4 Erzeugte Videos sichten und downloaden ... 198
14.5 Storyboard ... 201
14.6 Referenzbilder verwenden ... 208

15. Runway ML ... 213

15.1 Presets ... 217

16. Adobe Firefly Video ... 221

17. Videoschnitt mit KI ... 233

17.1 Adobe Premiere Pro ... 233
17.2 Musiklänge automatisch an das Video anpassen ... 234
17.3 MAGIX Video deluxe ... 241

18. Rechtliche Rahmenbedingungen für KI-generierte Bilder ... 247

18.1 Urheberrecht und Schöpfungshöhe ... 247
18.2 Metadaten ... 248
18.3 Der EU AI Act und die Kennzeichnungspflicht ... 250

Stichwortverzeichnis ... 253

1. KI-Bilder verstehen

Noch vor wenigen Jahren war die Vorstellung, ein Bild allein durch eine kurze Beschreibung zu erschaffen, reine Science-Fiction. Heute kann das praktisch jeder. Künstliche Intelligenz hat das kreative Arbeiten verändert: Statt Pinsel oder Kamera benötigen Sie nur Worte. Ein paar Zeilen genügen, und ein Bildgenerator entwirft Landschaften, Porträts, Fantasiefiguren oder Werbemotive – alles auf der Grundlage Ihrer eigenen Vorstellungen.

Hinter dieser neuen Form der Gestaltung steckt die sogenannte generative KI. Sie analysiert Millionen existierender Bilder, erkennt Muster und Stile und erschafft daraus etwas völlig Neues. Dieses Prinzip nennt man *Text zu Bild*. Die Maschine versteht keine Gefühle, aber sie kann Beschreibungen deuten und daraus visuelle Antworten berechnen. Damit eröffnen sich enorme Chancen für Designer, Marketingfachleute und Künstler – und für alle, die Freude an Kreativität haben.

1.1 Der aktuelle Stand der KI-Bildgeneratoren

Im Internet gibt es inzwischen eine Vielzahl von Tools, die auf dieser Technik basieren: ***Midjourney***, ***DALL-E***, ***Stable Diffusion***, ***Adobe Firefly***, ***Bing Image Creator*** – und ständig kommen neue hinzu. Alle beruhen auf demselben Grundprinzip: Sie geben eine Beschreibung ein, den sogenannten **Prompt**, und das System erzeugt daraus ein Bild, das so zuvor nicht existierte.

Die Qualität der Ergebnisse hängt von mehreren Faktoren ab: von der Präzision Ihrer Beschreibung, von gewählten Stil- oder Perspektivangaben und zu einem gewissen Teil auch vom Zufall. Viele Generatoren fügen bewusst eine Portion Unberechenbarkeit hinzu, sodass selbst bei gleichem Prompt leicht unterschiedliche Varianten entstehen.

Die meisten Tools funktionieren direkt im Browser. Dabei ist die Nutzung bzw. der Einstieg oftmals kostenlos. Diese Gratisfunktionalität ist bei einigen Bildgeneratoren mit Einschränkungen wie Wasserzeichen, Warteschlangen oder verringerter Auflösung verbunden. Zum Ausprobieren reicht das aber allemal. Wenn Ihnen ein Tool zusagt, können Sie eines der jeweils angebotenen Bezahlmodelle nutzen, um mehr Credits, eine höhere Auflösung und eine bevorzugte Verarbeitung zu erhalten.

1.2 Grenzen, typische Fehler und AI Slop

So beeindruckend die Technik ist, perfekt ist sie weiterhin nicht. Menschen, Gesichter und Körper wirken in modernen Bildgeneratoren oft erstaunlich überzeugend; grobe Fehler wie zusätzliche Finger oder verzerrte Proportionen treten deutlich seltener auf als früher. Ganz verschwunden sind solche Probleme allerdings nicht, besonders bei komplexen Posen, mehreren Personen oder kleinen Details. Auch das Thema Schrift bleibt heikel: Kurze Texte gelingen inzwischen oft, können aber Rechtschreibfehler enthalten, anders formuliert sein als vorgegeben oder merkwürdig wirken. Ebenso können Licht, Perspektive und Bewegung gelegentlich unstimmig erscheinen.

Eine weitere Herausforderung ist die Stiltreue. Wenn Sie eine Serie im gleichen Look erzeugen möchten, müssen Sie oft an Formulierungen und Parametern feilen, um ein einheitliches Ergebnis zu erzielen. Hinzu kommt, dass die Anbieter bestimmte Themen automatisch filtern. Nacktheit, Gewalt oder politische Symbole werden meist blockiert – manchmal so streng, dass auch harmlose Begriffe betroffen sind.

KI-Bilder eignen sich hervorragend zum Experimentieren, verlangen aber Geduld, Nachbearbeitung und gelegentlich eine Portion Humor, wenn das Ergebnis nicht sofort überzeugt.

Die Nutzung von KI zur Erzeugung von Texten und Bildern hat sich rasant verbreitet. KI kann Abläufe vereinfachen, Ideen strukturieren und beim Einstieg in komplexe Themen unterstützen.

Parallel dazu entsteht ein anderes Phänomen. Immer mehr automatisch erzeugte Inhalte gelangen ins Netz. Für diese wachsende Menge an generierten Inhalten hat sich der Begriff AI Slop oder auf Deutsch KI-Schrott etabliert. Er bezeichnet nicht die Technik selbst, sondern die Beobachtung, dass große Mengen KI-erzeugten Materials entstehen, deren Qualität stark variieren kann.

Sicher haben Sie schon einmal eine Doku gesehen, die mit einer deutschsprachigen KI-Stimme unterlegt war und bei der Rhythmus und Betonung nicht natürlich wirkten, sodass Sie sie vermutlich nicht bis zum Schluss angesehen haben. Solche Beispiele finden sich inzwischen häufig auf großen Plattformen.

Ebenso begegnen einem zunehmend kurze Werbevideos, in denen Prominente scheinbar Produkte oder Dienstleistungen anpreisen, von denen man mit gutem Grund annehmen kann, dass sie das in der Realität nicht tun würden. Solche Deep Fakes gehören ebenfalls zum Spektrum von AI Slop.

1.3 Auflösung und Qualität

Ein wichtiger technischer Aspekt ist die Auflösung – also die Anzahl der Bildpunkte, aus denen ein Motiv besteht. Sie bestimmt, wie scharf und detailreich ein Bild wirkt. Kostenlose Bildgeneratoren sowie Gratisversionen kostenpflichtiger Dienste erzeugen in der Regel Bilder mit geringerer Auflösung. Für Ausdrucke oder professionelle Designs empfiehlt sich eine höhere Auflösung. Diese erfordert allerdings mehr Rechenzeit und steht bei vielen Plattformen nur im Abonnement zur Verfügung.

Als Faustregel gilt: Je größer das Bild, desto mehr Rechenleistung wird benötigt. Deshalb kann ein hochauflösendes Motiv einige Minuten dauern oder zusätzliche Credits kosten. Die längere Wartezeit lohnt sich, wenn Sie Wert auf gestochen scharfe Ergebnisse legen.

1.4 Urheberrecht und Nutzungsfragen

Auch bei KI-Bildern sollten einige rechtliche Punkte beachtet werden. Viele Anbieter erlauben die Nutzung der erzeugten Bilder inzwischen ausdrücklich auch für kommerzielle Zwecke. Dennoch lohnt ein Blick in die Nutzungsbedingungen, weil sich Regeln je nach Plattform, Tarif oder Modell unterscheiden können.

Eine Nutzungserlaubnis bedeutet nicht automatisch, dass das Bild nach deutschem Urheberrecht als eigenes Werk geschützt ist. Dafür braucht es eine persönliche geistige Schöpfung, also einen erkennbaren menschlichen kreativen Beitrag. Ein rein per Prompt erzeugtes Bild erfüllt diese Voraussetzung nicht zwingend. Verwenden Sie außerdem keine Prompts, die gezielt auf geschützte Marken, Logos, bekannte Figuren oder fremde Bildvorlagen anspielen.

1.5 Verzerrungen (Bias)

Künstliche Intelligenz ist nur so objektiv wie die Daten, mit denen sie trainiert wurde. Wenn ein Modell überwiegend westliche Gesichter, bestimmte Schönheitsideale oder stereotype Rollenbilder gelernt hat, spiegelt es diese auch in den Ergebnissen wider. Solche unbewussten Verzerrungen nennt man **Bias**.

Das bedeutet nicht, dass Entwicklerinnen und Entwickler absichtlich diskriminieren. Häufig sind bestimmte Gruppen in den Trainingsdaten jedoch unterrepräsentiert. Wenn Sie mit KI-Bildern arbeiten, sollten Sie sich solcher möglichen Effekte bewusst sein und bei Bedarf genauer beschreiben, wen oder was das Bild zeigen soll.

1.6 Höhere Auflösungen erzielen

Klassisches Hochskalieren durch Interpolation vergrößert ein Bild, indem zusätzliche Pixel aus den vorhandenen Bildinformationen berechnet werden. Diese Pixel enthalten keine neuen Details, sondern nur rechnerische Zwischenwerte. Bei starker Vergrößerung verliert das Bild dadurch an Klarheit: Kanten werden weich, feine Strukturen verschwinden.

Generative Verfahren gehen anders vor. Sie analysieren den Bildinhalt und erzeugen neue Bilddetails, die so wirken sollen, als wären sie im ursprünglichen Material bereits vorhanden gewesen. Dadurch können Bilder schärfer und detailreicher erscheinen.

Zugleich verändert diese Methode den Inhalt stärker als klassisches Hochskalieren. Das betrifft vor allem Gesichter. Viele Modelle glätten sie, idealisieren sie oder formen einzelne Merkmale um. Das geschieht nicht aus ästhetischer Absicht, sondern weil das Modell versucht, eine plausible hochauflösende Variante des Ausgangsbildes zu erzeugen.

Dienste und Programme wie ***Topaz Gigapixel AI***, ***Deep Image*** oder ***Let's Enhance*** arbeiten nach diesem Prinzip. Sie erzeugen klarere Kanten und viele neue Feinheiten, verändern aber damit auch Merkmale, die eigentlich erhalten bleiben sollten. ***AI Image Enlarger*** ist milder, aber weniger konsistent.

Die verfügbaren Werkzeuge für KI-basiertes Hochskalieren unterscheiden sich auch in ihrer Art der Bereitstellung. Einige Funktionen sind Bestandteil klassischer Desktop-Programme, andere stehen ausschließlich online zur Verfügung oder werden als separates Stand-alone-Programm angeboten.

Neben ***Adobe Photoshop***, das eine integrierte Lösung bereitstellt (siehe dazu auch Kapitel 4 zu Photoshop), bieten auch ***Adobe Lightroom*** und ***Luminar Neo*** vergleichbare Methoden innerhalb ihrer jeweiligen Anwendungen. Ergänzend dazu existieren reine Onlinedienste und Stand-alone-Programme, die sich ausschließlich auf KI-Upscaling spezialisiert haben.

Tool	Kosten	Adresse
Adobe Photoshop	kostenpflichtig	www.adobe.de
Adobe Lightroom	kostenpflichtig	www.adobe.de
Luminar Neo	kostenpflichtig	https://skylum.com/de/luminar
Topaz Gigapixel AI	kostenpflichtig	www.topazlabs.com

Tool	Kosten	Adresse
AI Image Enlarger	kostenlos	https://imglarger.com/de
Deep Image	kostenpflichtig	https://deep-image.ai/
Let's Enhance	kostenpflichtig	https://letsenhance.io/de

1.7 Kostenmodelle – gratis oder kostenpflichtig?

Während einige KI-Bildgeneratoren dauerhaft kostenlos genutzt werden können, bieten viele Anbieter nur einen eingeschränkten Gratiszugang. Häufig erhalten Sie dort eine bestimmte Anzahl von sogenannten Credits oder Generierungen pro Monat. Ist dieses Kontingent aufgebraucht, lässt sich der Dienst entweder über ein kostenpflichtiges Abo oder durch den Kauf zusätzlicher Credits weiterverwenden.

Kostenpflichtige Varianten bieten in der Regel höhere Auflösungen, mehr Stiloptionen und eine schnellere Verarbeitung. Viele Plattformen erlauben die kommerzielle Nutzung der erstellten Bilder nur in kostenpflichtigen Tarifen oder machen sie von zusätzlichen Bedingungen abhängig.

Da sich dieser Markt sehr dynamisch entwickelt, ist jede Preisangabe immer nur eine Momentaufnahme. Dienste, die heute noch kostenfrei angeboten werden, können morgen bereits kostenpflichtig sein – und umgekehrt. Es empfiehlt sich daher, regelmäßig die aktuellen Nutzungsbedingungen und Tarifmodelle der Anbieter zu prüfen, bevor Sie sich auf ein bestimmtes Tool festlegen.

KI-Bildgenerator	Kosten
Adobe Firefly	bis zu einem bestimmten Umfang kostenlos
Bing Image Creator	kostenlos
ChatGPT	kostenpflichtig
DaVinci AI	kostenlos
Playground AI	kostenlos
Midjourney	kostenpflichtig

2. Workflow: von der Idee zum fertigen KI-Bild

Die Arbeit mit KI-Bildgeneratoren folgt in der Praxis einem klaren Ablauf. Auch wenn die einzelnen Tools unterschiedlich aufgebaut sind, bleibt der grundlegende Prozess weitgehend identisch. Wer diesen Ablauf versteht, arbeitet strukturierter und erzielt konsistent bessere Ergebnisse.

Der typische Workflow besteht aus mehreren Schritten: Idee und Zieldefinition, Prompt, Generierung, Auswahl, Nachbearbeitung und abschließendes Speichern.

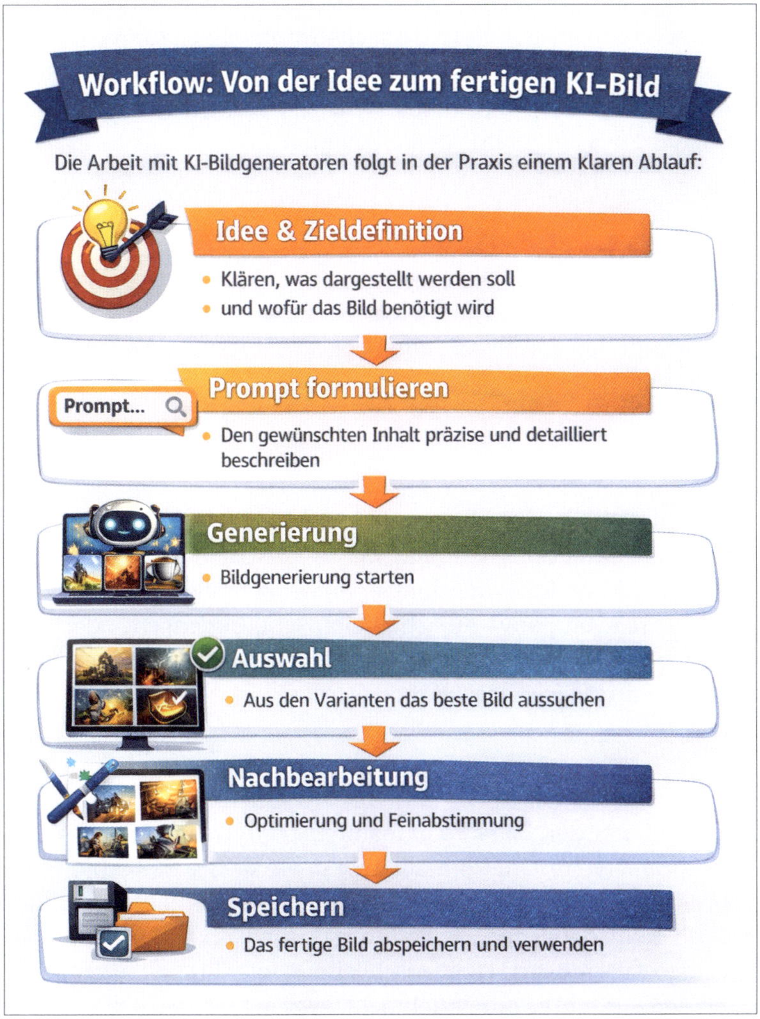

2.1 Idee und Zieldefinition

Am Anfang steht nicht das Tool, sondern das Ziel. Überlegen Sie sich, was dargestellt werden soll und wofür das Bild benötigt wird, etwa für Social Media, eine Präsentation oder Werbung. Unklare Beschreibungen führen in der Praxis häufig zu unbefriedigenden Ergebnissen. Je konkreter die Vorstellung, desto besser das Resultat.

2.2 Prompt formulieren

Der Prompt beschreibt, was die KI erzeugen soll. Im weiteren Verlauf wird daher durchgehend der Begriff **Prompt** verwendet. Ein Prompt ist in der Praxis selten beim ersten Versuch perfekt. In der Regel wird er schrittweise angepasst und verfeinert. Bereits kleine Änderungen können zu deutlich unterschiedlichen Ergebnissen führen. Ein gut formulierter Prompt setzt sich aus mehreren Bausteinen zusammen. Dazu gehören insbesondere Stil, Licht, Bildformat, Bewegung, Bildausschnitt, Farbwirkung sowie – sofern relevant – die genaue Beschreibung von Personen.

Stil

Beim Stil sollten Sie möglichst konkret werden. Typische Stilrichtungen sind: fotorealistisch, illustrativ oder comicartig, künstlerisch im Stil einer Zeichnung oder eines Gemäldes, minimalistisch, im Retro- oder Vintage-Look sowie spezifische Techniken wie Aquarell, Skizze oder Ölmalerei.

Licht

Auch die Lichtstimmung spielt eine entscheidende Rolle. Sie beeinflusst die Helligkeit, die Atmosphäre und die emotionale Wirkung. Man unterscheidet beispielsweise zwischen heller Bildwirkung (High Key) und dunkler Bildwirkung (Low Key). Ebenso ist die Richtung des Lichts relevant, etwa Auflicht, Seitenlicht, Gegenlicht oder Konturlicht. Zusätzlich können Lichtsituationen wie neutrales Tageslicht, warmes Licht, kühles Licht, weiches oder hartes Licht beschrieben werden.

Bildformat

Das Seitenverhältnis beeinflusst den Bildaufbau maßgeblich. Typische Formate sind quadratisch (1:1), Hochformat (9:16), Querformat (16:9) sowie klassische Fotoformate wie 4:3, 3:2 oder 5:4. Nicht jeder Bildgenerator unterstützt alle Formate. Ist ein bestimmtes Format wichtig, sollte daher zunächst geprüft werden, ob der gewählte Generator es anbietet. Andernfalls muss das Bild anschließend mit Mitteln der digitalen Bildbearbeitung auf das gewünschte Format gebracht werden.

Querformat (16:9)

Quadratisch (1:1)

Hochformat (9:16)

Bewegung

Wenn Bewegung im Bild dargestellt werden soll, sollte das im Prompt klar beschrieben werden. Dazu gehören die Bewegungsrichtung, der Bewegungsablauf, die Dynamik und gegebenenfalls Bewegungsunschärfe, um Geschwindigkeit darzustellen.

Bildausschnitt

Der Bildausschnitt bestimmt, wie groß ein Motiv erscheint und wie viel Umgebung sichtbar ist. Zur Orientierung können Begriffe wie Totale, Halbtotale, Halbnah, Nahaufnahme oder Detailaufnahme verwendet werden.

Diese Begriffe stammen aus der Filmsprache und legen fest, wie ein Bild gestaltet sein soll. Sie ermöglichen eine eindeutige Kommunikation zwischen allen Beteiligten, beispielsweise zwischen Regisseur und Kameramann.

In der Praxis zeigt sich jedoch, dass solche Begriffe von KI-Bildgeneratoren nicht immer zuverlässig interpretiert werden. Zwar werden Bezeichnungen wie Totale, Halbnah oder Nahaufnahme häufig korrekt umgesetzt, bei anderen Einstellungsgrößen kann es jedoch zu Abweichungen kommen.

Anstelle des Begriffs »Detailaufnahme« oder einer allgemeinen Formulierung wie »erzeuge einen Bildausschnitt, der der Einstellungsgröße Detail entspricht«, sollten Sie in einem solchen Fall den gewünschten Bildausschnitt konkret beschreiben. Beispielsweise »Ausschnitt auf die Augenpartie des Torwarts« oder »extreme Nahaufnahme der Augen«. Diese Vorgehensweise war auch bei der hier gezeigten Detailaufnahme notwendig, da ChatGPT die Einstellungsgröße »Detail« nicht zuverlässig interpretiert hat.

Totale

Halbnah

Nah

Groß

Detail

Stimmung

Die Stimmung eines Bildes wird maßgeblich durch die dargestellte Emotion bestimmt. Begriffe wie »lachend«, »freundlich«, »ernst« oder »weinend« beschreiben die gewünschte Bildwirkung direkt und werden von KI-Bildgeneratoren in vielen Fällen korrekt umgesetzt.

Wie die Beispiele zeigen, kann allein durch die Veränderung des Gesichtsausdrucks bei identischem Motiv eine völlig unterschiedliche Wirkung entstehen.

Wichtig ist dabei, die gewünschte Emotion möglichst eindeutig zu formulieren. Allgemeine Begriffe wie »glücklich« oder »traurig« führen nicht immer zu klaren Ergebnissen. Präzisere Beschreibungen wie »lacht laut«, »blickt ernst in die Kamera« oder »Tränen laufen über das Gesicht« liefern deutlich verlässlichere Resultate.

Neben der Emotion beeinflusst auch die Farbgestaltung die Bildwirkung erheblich. Diese sollte ebenfalls konkret im Prompt benannt werden. Typische Formulierungen sind beispielsweise »schwarz-weiß«, »natürliche Farben«, »kräftige Farben«, »entsättigte Farben« oder »warme Farbwirkung« bzw. »kühle Farbwirkung«.

Auch spezielle Stilrichtungen können gezielt angegeben werden, etwa »Sepia«, »analoger Film-Look« oder »leicht übersättigte Farben«.

Schwarz-weiß, mittlerer Kontrast, klarer, dokumentarischer Look, lachend

Freundlich

Ernst

Weinend

Leicht übersättigte Farben, warme Farbwirkung, lebendiger Look

Natürliche, leicht warme Farben, ausgewogene Sättigung, weiche Kontraste

Warme Sepia-Farbgebung, geringer Kontrast, nostalgischer Look

Personen

Wenn Menschen im Bild vorkommen, sollten deren Merkmale möglichst genau beschrieben werden.

Dazu zählen Anzahl, Alter, Aussehen, Kleidung, Körperhaltung und Ausdruck.

2.3 Negative Prompts: unerwünschte Inhalte gezielt ausschließen

Ein negativer Prompt beschreibt gezielt Elemente, die im generierten Bild nicht enthalten sein sollen. Während der eigentliche Prompt festlegt, was dargestellt wird, sorgen solche Ausschlüsse dafür, unerwünschte Inhalte zu vermeiden.

Dadurch erhalten Sie mehr Kontrolle über das Ergebnis und können typische Fehler reduzieren.

In der Praxis ist das besonders wichtig, weil KI-Bildgeneratoren fehlende Informationen eigenständig ergänzen. Ohne entsprechende Einschränkungen entstehen dabei häufig ungewollte Details oder störende Elemente.

Durch negative Prompts lassen sich solche Effekte deutlich reduzieren.

Wichtig ist dabei: Der Begriff »negativer Prompt« beschreibt lediglich das Prinzip. In der Anwendung wird das Wort selbst in der Regel nicht verwendet, sondern die entsprechenden Ausschlüsse werden direkt in den Prompt integriert.

Ein einfaches Beispiel:

```
Fotorealistischer Frosch auf einer Seerose, ohne
Wasserspiegelung, ohne Wellen, ohne Insekten
```

Abschließend ist zu beachten, dass die Umsetzung je nach Bildgenerator unterschiedlich erfolgt. In vielen Fällen werden solche Ausschlüsse direkt in den Prompt-Text eingebunden. Einige KI-Bildgeneratoren bieten eigene Eingabebereiche für negative

Prompts, etwa Leonardo.AI. Andere Systeme nutzen spezielle Parameter, um unerwünschte Elemente auszuschließen, beispielsweise Midjourney.

2.4 Bild generieren

Nach der Eingabe des Prompts wird das Bild erzeugt. Je nach Bildgenerator entsteht dabei entweder ein einzelnes Bild oder es werden mehrere Varianten generiert, die sich in Details und Bildwirkung unterscheiden können.

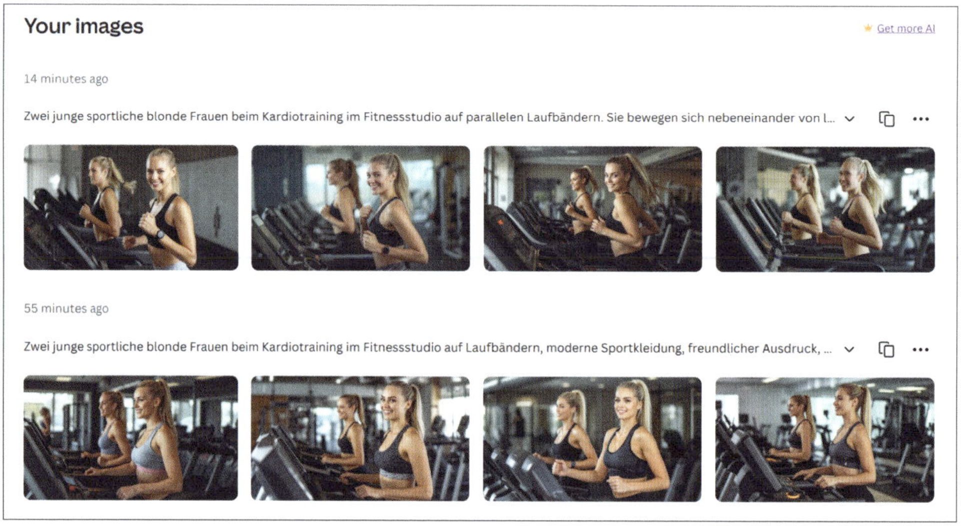

Der Prozess ist in der Regel iterativ: Durch gezielte Anpassungen des Prompts lässt sich das Ergebnis schrittweise verfeinern und an die gewünschte Bildwirkung anpassen.

2.5 Iteratives Prompting: Bilder schrittweise optimieren

In der Praxis führt der erste Prompt nur selten direkt zum gewünschten Ergebnis. KI-Bildgeneratoren liefern zwar oft beeindruckende Resultate, interpretieren Beschreibungen jedoch unterschiedlich und ergänzen fehlende Informationen eigenständig.

Daher ist es sinnvoll, Prompts nicht als einmalige Eingabe zu verstehen, sondern als Ausgangspunkt für einen schrittweisen Optimierungsprozess.

Beim iterativen Prompting wird ein Bild in mehreren Durchläufen entwickelt. Zunächst wird ein einfacher Prompt formuliert, der das zentrale Motiv beschreibt. Das erzeugte Ergebnis dient anschließend als Grundlage für die weitere Verfeinerung.

Im nächsten Schritt wird das Ergebnis gezielt analysiert: Was passt bereits gut, und wo bestehen Abweichungen von der gewünschten Darstellung? Auf dieser Basis wird der Prompt präzise angepasst, etwa durch Ergänzungen zu Perspektive, Licht, Stil oder Details. Wichtig ist dabei, nicht jedes Mal komplett neu zu beginnen, sondern gezielt einzelne Aspekte zu verändern.

Dieser Ablauf wird mehrfach wiederholt. Mit jeder Anpassung wird der Prompt konkreter, und das Ergebnis nähert sich schrittweise der gewünschten Darstellung an.

2.6 Charakterkonsistenz: Figuren über mehrere Bilder hinweg stabil darstellen

Unter dem Begriff Charakterkonsistenz versteht man das Ziel, eine Figur oder Person über mehrere Bilder hinweg möglichst gleichbleibend darzustellen.

Gemeint ist damit zum Beispiel, dass ein und dieselbe Person in verschiedenen Situationen gezeigt wird, etwa beim Laufen, Sitzen oder Arbeiten, oder dass eine Handlung in mehreren Bildern nacheinander dargestellt wird. Dabei soll die Person in allen Bildern eindeutig wiedererkennbar bleiben.

In der Praxis zeigt sich jedoch, dass entsprechend angepasste Prompts nicht automatisch ein identisches Aussehen des Charakters gewährleisten. Selbst wenn Sie den Prompt unverändert erneut eingeben, entsteht meist eine leicht oder auch deutlich andere Darstellung. Auf den Prompt allein kann man sich daher nicht verlassen.

Wenn mehrere Bilder derselben Figur erzeugt werden sollen, gibt es zwei Wege. Zum einen empfiehlt es sich, innerhalb desselben Chats zu arbeiten. In diesem Fall kann der jeweilige KI-Bildgenerator auf zuvor erzeugte Bilder zurückgreifen und diese als Grundlage nutzen. Dadurch bleibt die Figur in der Regel gleich bzw. deutlich ähnlicher.

Zum anderen kann ein bereits erzeugtes Bild erneut verwendet werden, indem es in einen neuen Chat hochgeladen wird. Der jeweilige KI-Bildgenerator nutzt dieses Bild dann als Referenz und erzeugt darauf aufbauend weitere Varianten.

Einige KI-Bildgeneratoren bieten darüber hinaus Funktionen an, um die Ähnlichkeit zwischen Bildern gezielt zu erhöhen.

2.7 Nachbearbeitung

Viele KI-Bilder erreichen bereits eine hohe Qualität, dennoch sind sie – auch bei iterativem Prompting – nicht in jedem Fall sofort perfekt. Neben Fehlern und Ungenauigkeiten können auch gestalterische Schwächen oder Abweichungen von der gewünschten Bildwirkung auftreten, etwa wenn das Ergebnis nicht zur ursprünglichen Zielsetzung passt.

Einige KI-Bildgeneratoren bieten inzwischen integrierte Bearbeitungsfunktionen, mit denen sich bestimmte Bildbereiche gezielt anpassen lassen. Dazu gehört beispielsweise das Markieren einzelner Bereiche, um diese neu generieren zu lassen oder gezielt zu verändern.

Alternativ oder ergänzend kann die Nachbearbeitung in einem externen Bildbearbeitungsprogramm erfolgen, etwa mit Adobe Photoshop, Adobe Photoshop Elements, Affinity Photo, GIMP, Photopea oder Canva.

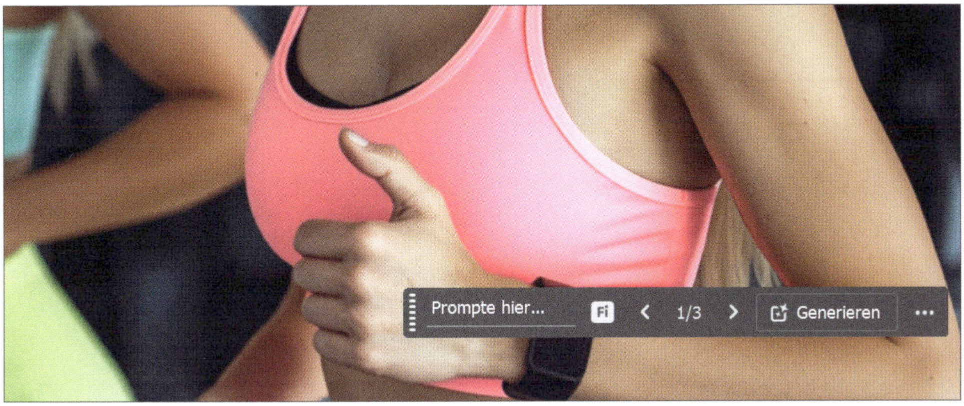

Speichern und Verwendung

KI-Bildgeneratoren stellen erzeugte Bilder in der Regel als PNG oder JPEG bereit. Einige Systeme unterstützen beide Formate, andere nur eines davon. Wenn das bereitgestellte Format nicht den Anforderungen entspricht, kann das Bild in einem Bildbearbeitungsprogramm oder über ein Webportal geöffnet und in ein anderes Format konvertiert werden. Zusätzlich können dabei Auflösung und Dateigröße an den jeweiligen Verwendungszweck angepasst werden.

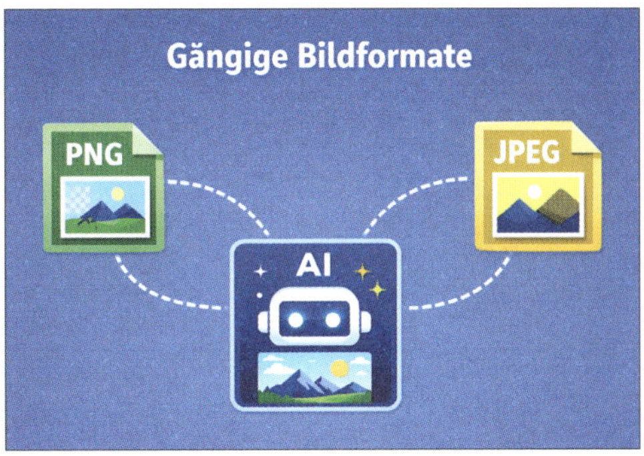

3. Adobe Firefly

Adobe gehört zu den bekanntesten Softwareunternehmen weltweit. Seit vielen Jahren steht der Name für Kreativität, Design und digitale Innovation. Mit Programmen wie ***Photoshop***, ***Illustrator***, ***Premiere*** oder ***Acrobat*** hat Adobe Werkzeuge entwickelt, die in fast allen kreativen Bereichen zum Alltag gehören. Das Programm ***Adobe Photoshop*** ist dabei seit mehr als drei Jahrzehnten der Maßstab für professionelle Bildbearbeitung und wird weltweit von Fotografen, Grafikern und Agenturen genutzt. Auch wenn immer wieder neue Programme und Online-Alternativen auf den Markt kommen, behauptet Photoshop seine führende Stellung bis heute.

In den vergangenen Jahren hat Adobe seine Softwareprodukte zunehmend um Funktionen der künstlichen Intelligenz erweitert. Diese KI-Technologie wird unter dem Namen ***Adobe Firefly*** zusammengefasst. Firefly ist keine eigenständige Bildbearbeitungssoftware, sondern eine KI-Plattform innerhalb des Adobe-Ökosystems, die für generative Grafik- und Bildfunktionen entwickelt wurde. Sie lässt sich sowohl direkt im Browser als auch in Programmen wie ***Photoshop*** oder ***Illustrator*** nutzen. Mit ***Firefly*** lassen sich Bilder erzeugen, verändern, erweitern und gezielt steuern – ganz ohne klassische Bildbearbeitung.

Vorteile und Nachteile von Adobe Firefly

Vorteile	Nachteile
Nutzung sowohl im Browser als auch in Programmen wie Photoshop und Illustrator möglich.	Nutzung basiert auf Generative Credits, was bei sehr häufiger Anwendung unter Umständen zu nicht unerheblichen Mehrkosten führen kann.
Sehr benutzerfreundlich in der Bedienung, insbesondere in der Browserversion.	Nutzung von Adobe Firefly ist bei aktivierter VPN-Verbindung teilweise nicht möglich. Adobe blockiert den Zugriff auf Firefly, wenn der Standort durch eine VPN-Verschleierung nicht eindeutig zugeordnet werden kann. In diesem Fall erscheint die Meldung *Firefly ist in Ihrer Region nicht verfügbar*. Das betrifft vor allem Nutzer, die aus Sicherheits- oder Datenschutzgründen regelmäßig eine VPN-Verbindung verwenden.
Leistungsstarkes KI-Funktionspaket, mit dem sich gängige und auch umfassendere Aufgaben bequem realisieren lassen.	

3.1 Registrierung und Anmeldung

Die Onlineversion von ***Adobe Firefly*** kann bis zu einem gewissen Umfang kostenlos genutzt werden. Voraussetzung ist ein Adobe-Konto. Sollten Sie noch kein Adobe-Konto haben, können Sie dieses kostenlos auf der Webseite www.adobe.com/de anlegen.

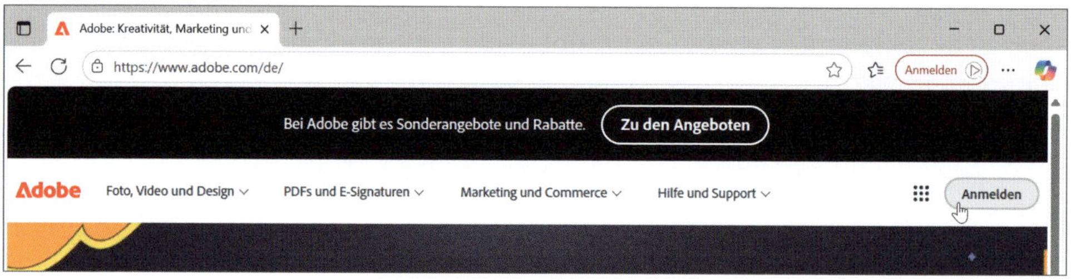

Klicken Sie dazu oben rechts auf *Anmelden* oder *Konto anlegen*. Anschließend geben Sie Ihre E-Mail-Adresse und ein Passwort ein. Damit wird Ihr persönliches Adobe-Konto erstellt, mit dem Sie auf die verschiedenen Adobe-Dienste zugreifen können.

Nach der Anmeldung werden Ihnen auf der Adobe-Startseite verschiedene kostenlose Apps angezeigt, darunter auch der Zugang zu ***Firefly***.

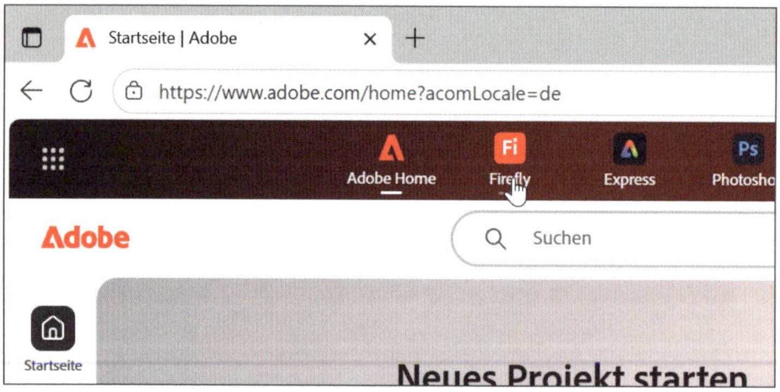

3.2 Firefly starten

Sobald Sie eingeloggt sind, können Sie Firefly direkt über die Startseite von Adobe aufrufen. Öffnen Sie dazu www.adobe.com/de und klicken Sie auf das Symbol von Adobe Firefly. Alternativ können Sie den Begriff »Firefly« in das Suchfeld oben auf der Seite eingeben. Falls Sie bereits über andere Adobe-Lizenzen verfügen, kann es vorkommen, dass die kostenlosen Apps nicht sofort sichtbar sind. In diesem Fall hilft eine gezielte Suche nach Firefly über das Suchfeld. Nach dem Start erscheint die Benutzeroberfläche mit einem automatisch generierten Beispielbild, an dem Sie erste Funktionen ausprobieren können.

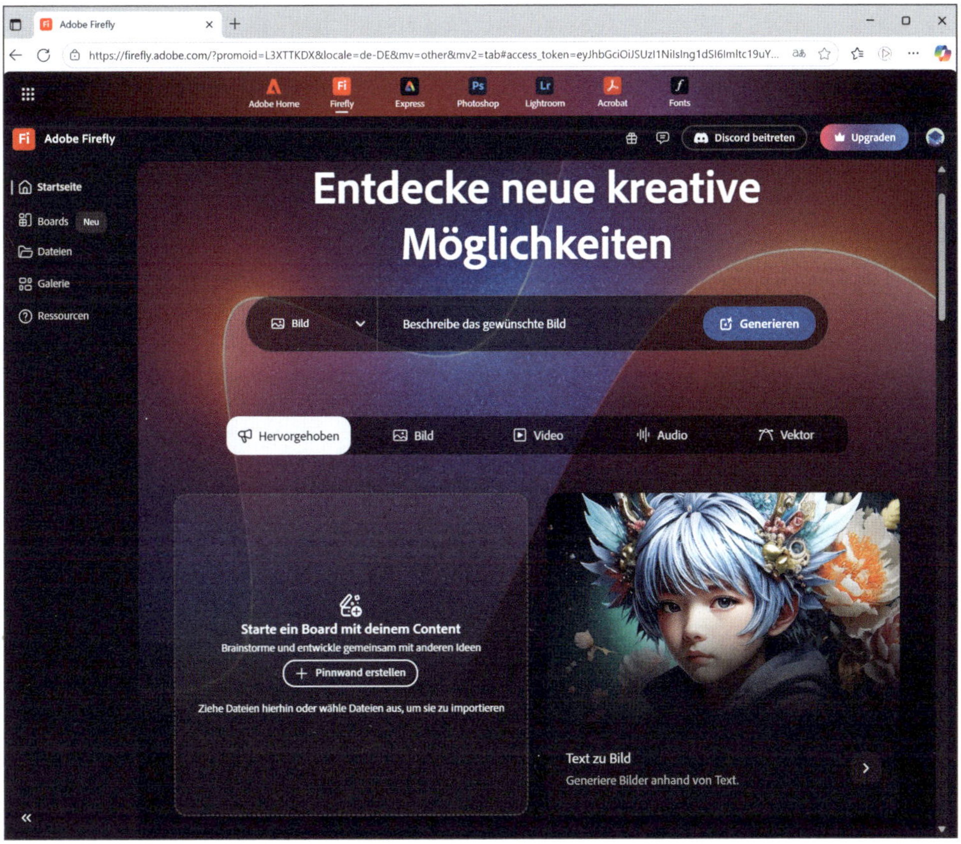

Hinweis zum Farbschema in Adobe Firefly

Die in diesem Dokument gezeigten Screenshots verwenden ein dunkles Farbschema. Dabei handelt es sich nicht um eine veraltete Oberfläche, sondern um eine Darstellungsoption. Adobe Firefly bietet die Möglichkeit, zwischen hellem und dunklem Design zu wechseln. Klicken Sie oben rechts auf Ihr Profilbild bzw. das Benutzer-Icon und öffnen Sie anschließend die *Voreinstellungen*. Dort können Sie das Farbschema entsprechend anpassen. Je nach dem gewählten Farbschema kann die Oberfläche visuell abweichen, ohne dass sich Funktionen oder Aufbau ändern.

3.3 Text zu Bild

Firefly bietet mehrere KI-Generatoren, unter anderem die Funktion *Text zu Bild*. Dabei wird auf der Grundlage einer textlichen Beschreibung ein neues Bild erzeugt. Klicken Sie auf das Eingabefeld oberhalb der Beispielbilder. Geben Sie Ihre eigene Beschreibung, den sogenannten Prompt, ein. Sie können Ihre Wünsche in natürlicher Sprache formulieren – ganze Sätze sind ebenso möglich wie Stichwörter. Klicken Sie anschließend auf *Generieren*, um den Berechnungsprozess zu starten. In diesem Fall habe ich den folgenden Prompt eingegeben:

```
Zwei junge Frauen im Fitnessstudio beim Cardiotraining.
```

Nach kurzer Rechenzeit erscheinen vier Bilder, die Ihrer Beschreibung entsprechen.

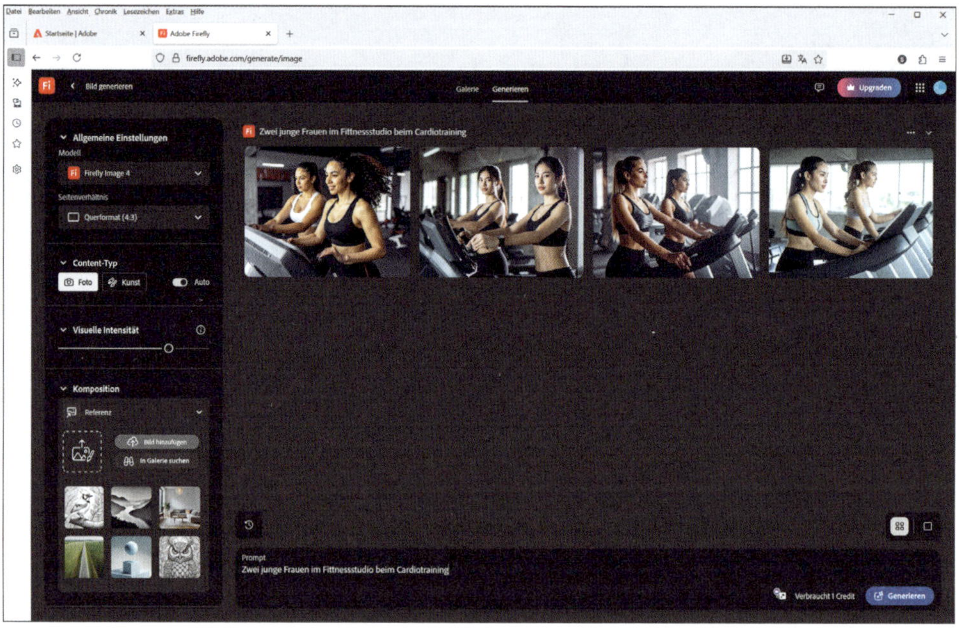

Firefly hat den kurzen Prompt korrekt umgesetzt und das Motiv klar erkennbar generiert. Der Prompt steuert aber nur das Grundthema und überlässt viele Inhalte dem Zufall. Zum Beispiel entscheidet Firefly selbst, ob die Personen beispielsweise europäisch oder asiatisch aussehen, welche Haarfarbe sie haben, welche Kleidung sie tragen oder in welchem Teil des Fitnessstudios sie stehen. Wenn solche Details nicht im Prompt erwähnt werden, werden sie zufällig gesetzt. Wenn Sie mehr Kontrolle über das Ergebnis möchten, sollten Sie den Prompt um klare Inhalte ergänzen, etwa Alter, Stil, Look, Perspektive oder Bildwirkung.

3.4 Bilder groß darstellen

Rechts unterhalb der Ergebnisse finden Sie eine Schaltfläche, mit der Sie ein einzelnes Bild vergrößert anzeigen lassen können. Über die Schaltfläche links davon können Sie zur Galerieansicht zurückkehren.

3.5 Prompt anpassen

Die KI generiert zunächst einmal das, was im Prompt ausdrücklich beschrieben wird. Alles, was fehlt, entscheidet die KI selbst – und genau das führt oft zu Zufallsdetails, die man eigentlich nicht haben möchte. Deshalb ergänzen wir den ursprünglichen Prompt jetzt um eine einzige zusätzliche Vorgabe. In diesem Beispiel möchten wir festlegen, dass beide Frauen blond sind. Wenn wir diese Information nicht explizit in den Prompt schreiben, verwendet die KI zufällige Haarfarben.

Erweiterter Prompt:

```
Zwei junge sportliche blonde Frauen beim Cardiotraining
im Fitnessstudio auf Laufbändern, moderne Sportkleidung,
freundlicher Ausdruck, realistisch.
```

Dieses einfache Beispiel zeigt gut, wie wichtig klare Vorgaben sind. Genau so funktioniert iteratives Prompting: Schritt für Schritt gezielt Details ergänzen, bis das Ergebnis passt.

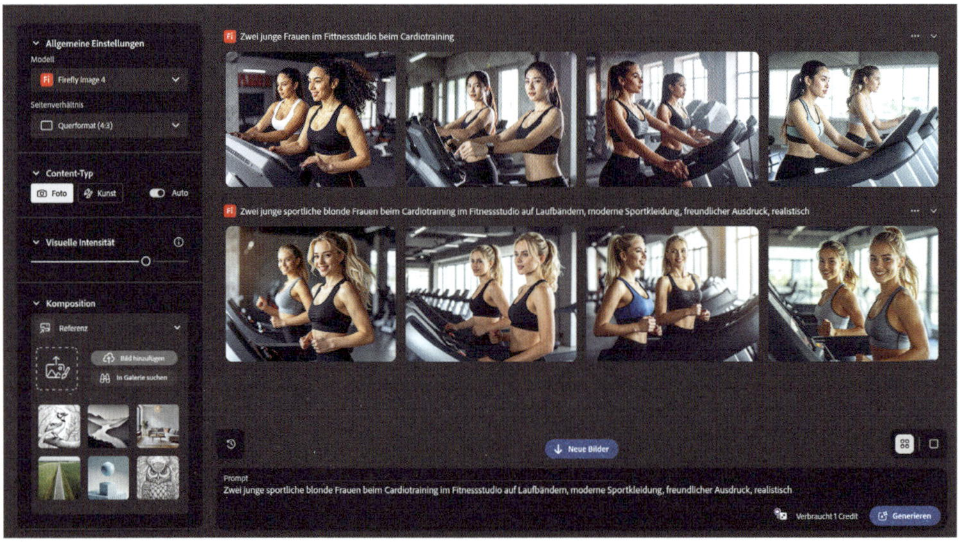

Credits

Die Nutzung von Adobe Firefly ist nur in begrenztem Umfang kostenlos. Alle generativen Funktionen in Firefly verbrauchen sogenannte Generative Credits. Adobe stellt im kostenlosen Konto nur ein begrenztes Startguthaben an Generative Credits zur Verfügung. Dieses Guthaben wird ohne kostenpflichtiges Abo nicht erneuert. Auch bei aktiver Creative Cloud ist die Nutzung generativer Funktionen auf das monatlich zugeteilte Credit-Kontingent begrenzt. Nach Verbrauch der Credits können keine weiteren Bilder erzeugt werden, bis entweder neue Credits gekauft werden oder ein Upgrade gebucht wird.

Varianten erzeugen

Wenn Sie mit einem Motiv grundsätzlich zufrieden sind, es aber leicht verändern möchten, können Sie auf Basis eines vorhandenen Bildes ähnliche Varianten generieren.

Bewegen Sie dazu den Mauszeiger über das gewünschte Bild. Es erscheinen mehrere Schaltflächen.

Wählen Sie *Bearbeiten* und anschließend *Ähnliche generieren*. Firefly erstellt daraufhin vier neue Bilder, die dem Original ähnlich sind, aber leichte Unterschiede aufweisen.

Adobe Firefly erzeugt pro Prompt mehrere Bildvarianten gleichzeitig. In der Regel sind es vier Bilder. Der eingegebene Prompt wird dabei mehrfach unterschiedlich interpretiert. So entstehen verschiedene visuelle Umsetzungen desselben Inhalts, aus denen gezielt die Variante ausgewählt werden kann, die der eigenen Zielsetzung am besten entspricht.

3.6 Download

Wenn Sie mit Ihrem Ergebnis zufrieden sind, können Sie das Bild herunterladen. Klicken Sie dazu auf das Download-Symbol. Dieses befindet sich bei jedem Bild oben rechts. Adobe Firefly bietet derzeit keine Auswahl des Dateiformats an.

Bilder werden ausschließlich im JPEG-Format heruntergeladen, ein Export als PNG oder in anderen Formaten ist nicht möglich.

Beim Herunterladen eines Bildes wird automatisch ein Dateiname generiert. Dieser basiert auf dem verwendeten Prompt, wird bei langen Texten jedoch gekürzt. Zusätzlich ergänzt Firefly eine Zahlenkombination zur Unterscheidung mehrerer Versionen. Wenn Sie einen eigenen Dateinamen verwenden möchten, benennen Sie die Datei nach dem Download manuell um.

Die Abbildung zeigt die Thumbnail-Darstellung (Symbole) eines heruntergeladenen Bildes im Ordner *Downloads* unter Windows 11.

Adobe Firefly lässt sich auch bequem auf dem Smartphone oder Tablet nutzen. In Apples App Store und Googles Play Store finden Sie dafür die App ***Adobe Firefly KI Generator***, die kostenlos verfügbar ist. Wie bei Smartphone-Apps üblich, ist es besonders praktisch, dass Sie den Prompt hier auch einfach einsprechen können.

Willkommen bei Firefly
Generiere Bilder wie Hintergründe, Landschaften und Texturen anhand einer detaillierten Beschreibung mit „Text zu Bild".
Loslegen

12:25
Generieren
Text zu Bild
Diese Funktion verbraucht 1 Credit pro Generierung mit Adobe-Modellen, die Standardfunktionen sind.
Für das Generieren mit Adobe-Modellen oder Partnermodellen, die Premium-Funktionen sind, ist ein Abo mit Zugriff auf Premium-Funktionen erforderlich. Je nach ausgewähltem Modell gibt jede Generierung 1 oder mehrere Bilder aus.
Leg los
Allgemein
Content-Typ
Visuelle Intensität
Komposition

12:24
App Store
Adobe Firefly
Entdecke neue kreative Möglichkeiten
Bild
Video
Beschreibe das gewünschte Bild
Generieren
Neu
Transparenter Hintergrund
Generiere Elemente für Video.

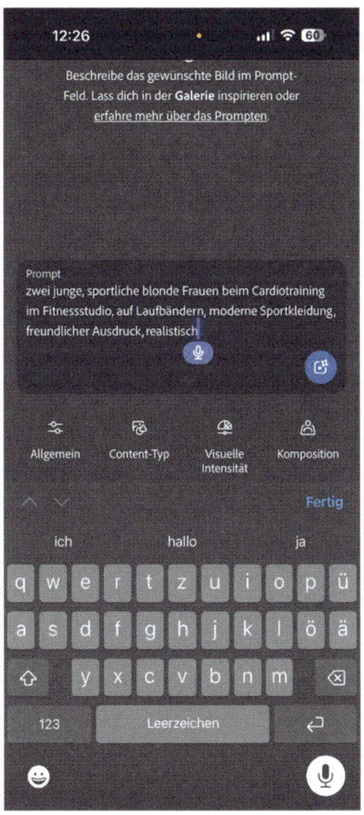
12:26
Beschreibe das gewünschte Bild im Prompt-Feld. Lass dich in der Galerie inspirieren oder erfahre mehr über das Prompten.
Prompt
zwei junge, sportliche blonde Frauen beim Cardiotraining im Fitnessstudio, auf Laufbändern, moderne Sportkleidung, freundlicher Ausdruck, realistisch
Allgemein
Content-Typ
Visuelle Intensität
Komposition
Fertig
ich
hallo
ja
123
Leerzeichen

12:27
Generieren
Prompt
zwei junge, sportliche blonde Frauen beim Cardiotraining im Fitnessstudio, auf Laufbändern, moderne Sportkleidung, freundlicher Ausdruck, realistisch
Allgemein
Content-Typ
Visuelle Intensität
Komposition

3.7 Bildseitenverhältnis (Aspect Ratio)

Standardmäßig erzeugt Firefly die Bilder im quadratischen Format, was sich besonders für Social-Media-Plattformen wie Instagram eignet.

Sie können das Seitenverhältnis jedoch jederzeit ändern. Im Menü *Seitenverhältnis auswählen* stehen Ihnen verschiedene Optionen zur Verfügung, darunter Querformat (4:3), Hochformat (3:4), quadratisch (1:1) und Breitbild (16:9).

Die maximale Auflösung beträgt 2.000 × 2.000 Pixel im quadratischen Format. Bei anderen Seitenverhältnissen passt Firefly die Auflösung automatisch an, um eine gleichbleibende Leistungsfähigkeit zu gewährleisten. So liegt die maximale Auflösung im Breitbildformat bei 2.304 × 1.792 Pixeln.

Bild in anderem Seitenverhältnis erzeugen

Adobe Firefly bietet keine Funktion, um ein bereits generiertes Bild nachträglich direkt in ein anderes Seitenverhältnis zu ändern. Um ein ähnliches Motiv in einem neuen Seitenverhältnis zu erzeugen, gehen Sie wie folgt vor:

Klicken Sie im Prompt-Bereich des gewünschten Referenzbildes auf das Symbol mit den drei Punkten und wählen Sie den Befehl *Einstellungen verwenden*. Dadurch wird der ursprünglich verwendete Prompt inklusive der dazugehörigen Einstellungen in ein neues Prompt-Feld übernommen.

Klicken Sie im gewünschten Referenzbild auf *Bearbeiten* und wählen Sie *Als Kompositionsreferenz verwenden*. Daraufhin wird das Bild im Bereich *Referenz* angezeigt, und an der Unterseite des Prompt-Feldes erscheint der Hinweis *Kompositionsreferenz*.

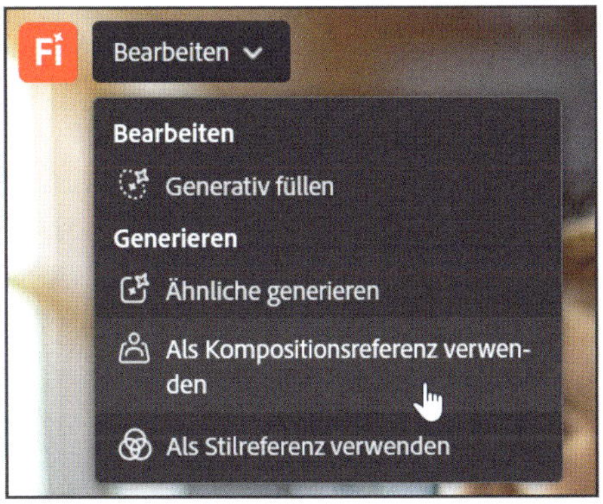

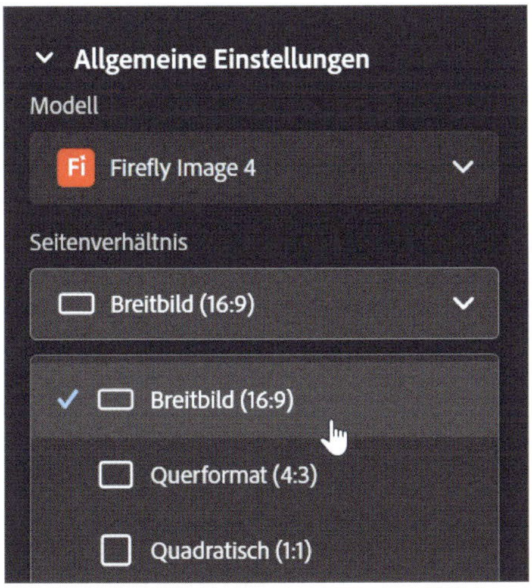

Wählen Sie anschließend das gewünschte Seitenverhältnis im gleichnamigen Menü *Seitenverhältnis* aus, zum Beispiel 16:9 oder 1:1.

Klicken Sie auf *Generieren*. Daraufhin werden vier ähnliche Bilder im gewählten Bildseitenverhältnis erstellt.

Allerdings hat sich nun der Look der Sportbekleidung ungewollt verändert. Um sicherzustellen, dass die Sportbekleidung möglichst dem Erscheinungsbild des Referenzbildes entspricht, ist ein weiterer Arbeitsschritt erforderlich.

Klicken Sie im gewünschten Referenzbild auf *Bearbeiten* und wählen Sie *Als Stilreferenz verwenden* aus. Daraufhin wird das Bild im Bereich *Stile* angezeigt, an der Unterseite des Prompt-Feldes erscheint der Hinweis *Stilreferenz*.

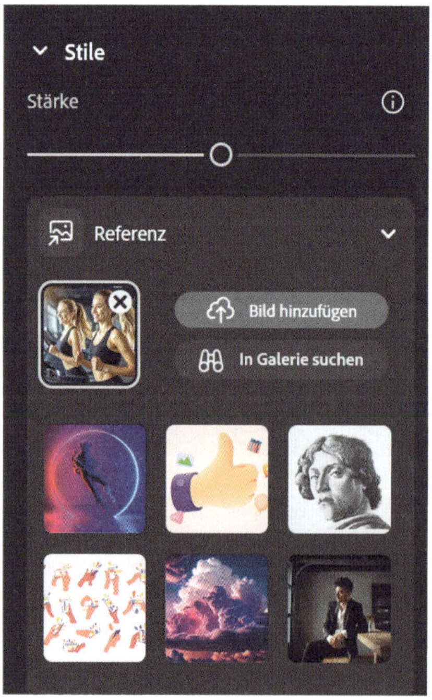

Klicken Sie erneut auf *Generieren*. Daraufhin werden vier weitere Bilder erstellt. In diesen Bildern entspricht der Look der Sportbekleidung wieder weitgehend dem Erscheinungsbild des ursprünglichen Referenzbildes.

3.8 Modelle

Ein Modell ist die KI-technische Grundlage, mit der Firefly Bilder erzeugt. Jedes Modell basiert auf einem trainierten KI-Algorithmus und verarbeitet Prompts auf unterschiedliche Weise. Dadurch unterscheiden sich die Modelle hinsichtlich Stil, Detailgenauigkeit und in der Fähigkeit, Motive korrekt und plausibel darzustellen. Welches Modell ausgewählt wird, hat daher direkten Einfluss auf das Bildresultat. Die mit einer Krone gekennzeichneten Modelle sind zusätzliche Premium-Modelle, die nur mit einem Firefly-Abo oder einem Adobe-Creative-Cloud-Abo freigeschaltet werden können.

Warum ältere Modelle weiterhin verfügbar sind

Obwohl neuere Modelle wie ***Firefly Image 5*** die ältere Version ***Image 3*** technisch übertreffen, bietet Adobe ältere Modelle weiterhin an. Das ist vor allem für Nutzer wichtig, die einen bestimmten Bildstil später wieder aufgreifen möchten. Wird ein früher erzeugtes Bild erneut variiert oder ein alter Prompt noch einmal verwendet, nutzt Firefly nicht automatisch das damals verwendete Modell, sondern das aktuell ausgewählte. Dadurch kann sich der Stil sichtbar verändern.

Um solche Stilbrüche zu vermeiden, können ältere Modelle weiterhin gezielt ausgewählt werden. So lassen sich bereits begonnene Bildserien auch später mit demselben Modell fortführen.

Das ist besonders für Anwender relevant, die in Serienproduktion arbeiten oder Bildstile über längere Zeiträume konsistent halten müssen, zum Beispiel in Marketingkampagnen oder Produktkatalogen.

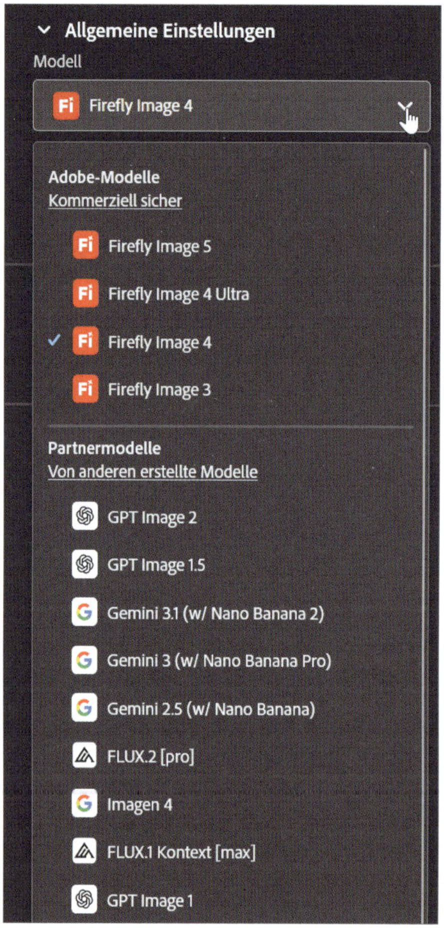

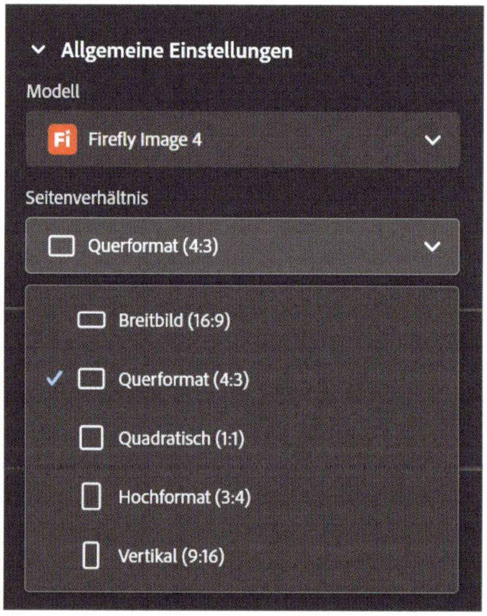

Modell	Beschreibung
Firefly Image 5	Neuste Generation der Firefly-Bildmodelle mit verbessertem Detailgrad, höherer Bildkonsistenz und präziserer Umsetzung komplexer Prompts. Stärker bei realistischen Materialien, Lichtstimmungen und fein strukturierten Oberflächen. Für hochwertige Bildproduktionen geeignet.
Firefly Image 4 Ultra	Weiterentwickeltes Modell mit erhöhter Detailtiefe gegenüber Image 4. Detailliertere Darstellung von Strukturen wie Haut, Haaren und Textilien. Präzisere Konturen bei feinen Motiven und komplexen Bildbereichen. Benötigt mehr Rechenleistung und verbraucht mehr Generative Credits.
Firefly Image 4	Standardmodell für allgemeine Bildgenerierung. Unterstützt realistische Darstellung von Personen, Objekten und Szenen. Ausgewogene Ergebnisse ohne Stilvorgaben. Für die meisten Anwendungsfälle geeignet.
Firefly Image 3	Vorgängermodell von Image 4. Solide Ergebnisse bei einfachen Motiven und klaren Bildinhalten. Teilweise Einschränkungen bei komplexen Details. Für Abwärtskompatibilität weiterhin verfügbar.
GPT Image 2	Weiterentwickeltes Modell mit verbessertem Sprachverständnis und höherer Genauigkeit bei komplexen Prompt-Anweisungen. Liefert konsistente Bildkompositionen und eignet sich für strukturierte, konzeptbasierte Bildinhalte.
GPT Image 1.5	Zwischenversion mit solider Prompt-Verarbeitung und stabiler Bildqualität. Verbesserte Detaildarstellung gegenüber früheren Versionen, jedoch weniger leistungsfähig als GPT Image 2.
GPT Image 1	Frühere Version mit Fokus auf grundlegendem Textverständnis und einfacher Bildgenerierung. Geeignet für einfache bis mittelkomplexe Szenen mit begrenzter Detailtiefe.
GPT Image	Modell mit starker Textverständnis-Komponente. Erkennt komplexe Prompt-Anweisungen zuverlässig. Neutrale Bildgestaltung ohne dominante Stilisierung. Für konzeptbasierte Szenen geeignet.
Imagen 4	Modell mit natürlicher Bilddarstellung. Unterstützt realistische Licht- und Materialwirkung. Geeignet für Personen- und Objektmotive. Ruhige und klare Bildkomposition.
Imagen 3	Vorgängermodell von Imagen 4. Konzipiert für allgemeine Bildaufgaben. Weniger detailliert als Imagen 4. Einfacher zu steuern.

Modell	Beschreibung
Gemini 3.1 (Nano Banana 2)	Siehe Kapitel 9 (Google Gemini)
Gemini 3 (Nano Banana Pro)	Vorgängerversion von Nano Banana 2
Gemini 2.5 (Nano Banana)	Modell für einfache bis mittelkomplexe Bildaufgaben. Robuste Prompt-Verarbeitung. Stabile Ergebnisse bei klaren Motivbeschreibungen. Begrenzte Detaildarstellung.
FLUX.2 (Pro)	Weiterentwickeltes Modell für präzise Bildgenerierung mit verbesserter Detailtreue und stabiler Szenenstruktur. Besonders geeignet für komplexe Bildkompositionen und hochwertige Visualisierungen.
Flux Kontext Max	Modell für komplexe Bildinhalte mit mehreren Elementen. Verarbeitet Zusammenhänge zwischen Objekten innerhalb einer Szene. Unterstützt klare räumliche Anordnung. Erfordert präzise und strukturierte Prompts.
Flux Kontext Pro	Modell mit Schwerpunkt auf nachvollziehbarer Szenenstruktur. Unterstützt stabile Kompositionen bei mehreren Motiven. Neutraler Bildaufbau ohne starke Automatik. Für standardisierte Szenen geeignet.
Flux 1.1 Ultra	Detailorientiertes Modell mit verstärkter Bildschärfe. Unterstützt realistische Licht- und Strukturwirkung. Für hochwertige Bildprojekte geeignet. Empfindlich bei unscharfen oder vagen Prompts.
Flux 1.1 Ultra (Raw)	Neutraler Modellmodus ohne automatische Stilfilterung. Eignet sich für manuelle Kontrolle über Stil und Bildwirkung. Erfordert gezielte Prompt-Gestaltung. Für individuelle Stilentwicklung geeignet.
Flux 1.1 Pro	Modell mit klarer Kantenzeichnung und präzisen Formen. Geeignet für Gegenstände und technische Objekte. Neutrale Farbwiedergabe. Gut steuerbar bei eindeutigen Prompt-Angaben.
Ideogram 3.0	Modell mit Schwerpunkt auf Typografie und Textintegration in Bildern. Liefert saubere, lesbare Schrift innerhalb von Motiven und eignet sich für Designs mit Textanteilen wie Poster oder Werbung.
Runway Gen-4 Image	Modell aus dem Bereich der Video- und Bewegungsgenerierung. Unterstützt dynamische Bildaufbauten. Kontrastorientierte Darstellung. Teilweise stilisierter Look.

Content-Type

Firefly bietet die Möglichkeit, den gewünschten Bildtyp zu bestimmen. Im Bereich *Content-Type* wählen Sie zwischen den Optionen *Kunst* und *Foto*. Nach der Auswahl wird diese Einstellung unterhalb des Eingabefeldes angezeigt. Klicken Sie anschließend auf *Generieren*, um das Bild im gewünschten Stil zu erstellen.

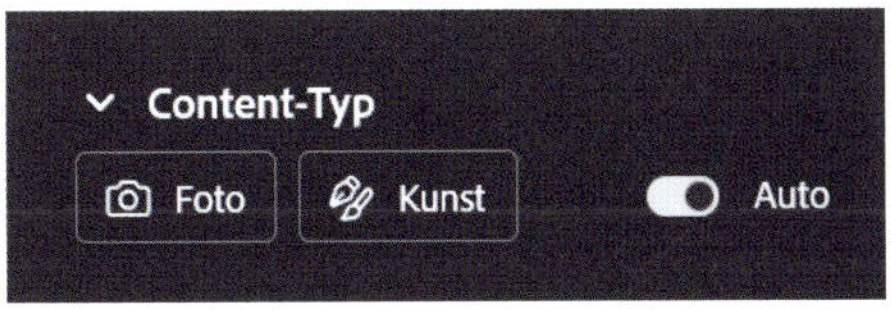

Auto-Modus

Alternativ können Sie den Modus *Auto* aktivieren. Ist diese Funktion eingeschaltet, wählt Firefly automatisch den passenden Bildtyp aus.

3.9 Visuelle Intensität

Dieser Parameter beschreibt, wie stark Firefly gestalterisch in ein Bild eingreift. Der Parameter steuert, ob das Ergebnis eher nah am Original bleibt oder ob Formen, Farben, Kontraste und Details deutlich stärker interpretiert und verändert werden.

Einstellung	Wirkung
Niedrig	Das Bild wirkt natürlicher und dezenter gestaltet.
Mittel	Das Bild enthält mehr Details, bleibt aber insgesamt natürlich.
Hoch	Das Bild enthält deutlich mehr Details und Bildelemente und wirkt daher tendenziell etwas überladen und somit stärker wie ein mit KI erzeugtes Bild.

3.10 Komposition

Der Bereich ermöglicht es, den Aufbau eines Bildes gezielt zu beeinflussen. Normalerweise basiert die Bildgenerierung ausschließlich auf einem Texteingabebefehl, dem Prompt. Über die Kompositionsfunktion kann zusätzlich ein Bild als Orientierung vorgegeben werden, um Bildaufteilung, Perspektive oder Stilrichtung zu steuern.

Der Abschnitt *Referenz* dient dazu, ein solches Bild als Vorlage zu verwenden. Das Bild wird nicht kopiert, sondern als Aufbau- oder Stilvorlage interpretiert. So lassen sich die Platzierung von Motiven, die räumliche Tiefe, die Farbwirkung oder die Bildstimmung gezielt beeinflussen, ohne dies ausführlich im Prompt beschreiben zu müssen.

Die Schaltfläche *Bild hinzufügen* ermöglicht das Hochladen einer eigenen Vorlage vom Computer. Die Schaltfläche *In Galerie suchen* stellt verschiedene Referenzbilder zur Auswahl, die direkt übernommen werden können. Prompt und Referenz können dabei kombiniert werden: Der Prompt steuert den Inhalt, die Referenz unterstützt die Gestaltung.

3.11 Stile

Der Bereich *Stile* legt fest, welche gestalterische Richtung ein Bild erhält, also zum Beispiel Stilrichtung, Farbwirkung, Lichtstimmung oder Perspektive.

Der Abschnitt *Referenz* dient dazu, eine Stilvorlage zu verwenden. Sie können ein Bild als Orientierung hinzufügen, damit sich das Ergebnis in Aufbau oder Wirkung an dieser Vorlage orientiert. Firefly übernimmt dabei nicht den Bildinhalt, sondern den Look. Über *Bild hinzufügen* wählen Sie eine eigene Bilddatei als Referenz aus.

Über die Schaltfläche *In Galerie suchen* stehen zusätzlich Beispielbilder zur Verfügung, die bereits als Stilreferenzen vorbereitet sind.

Der Abschnitt *Effekte* enthält eine Auswahl an Stilvorgaben, die mit einem Klick übernommen werden können. Die Effekte sind in verschiedene Kategorien eingeteilt, zum Beispiel *Beliebt*, *Stilepochen*, *Designs*, *Techniken* oder *Konzepte*. Die kleinen Vorschaubilder neben den Kategorien zeigen den jeweiligen Stil. Beispiele dafür sind Effekte wie *Aquarell*, *Struktur*, *Skizze*, *Retrolook* oder *Farbspritzer*. Effekte beeinflussen die gesamte Bildwirkung und können jederzeit wieder verändert werden.

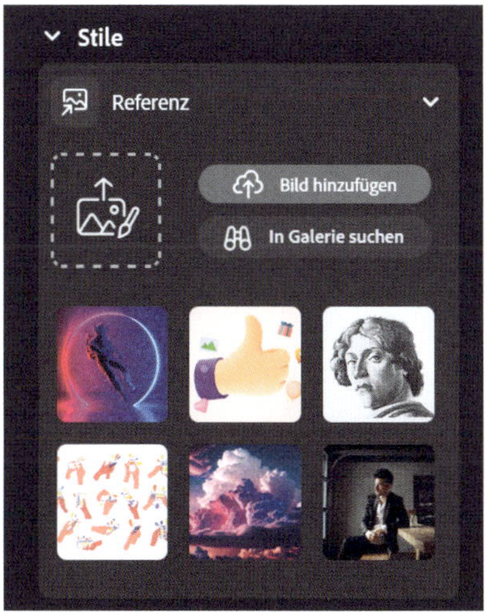

Unterhalb der Effekte stehen drei weitere Bereiche zur Verfügung:

Im aufklappbaren Bereich *Farbe und Ton* steuern Sie die Farbwirkung des Bildes. Sie können das Bild schwarz-weiß umsetzen, in Pastelltönen einfärben oder mit kräftigen Farben verstärken. Diese Einstellung beeinflusst die Stimmung des Bildes deutlich.

Im Bereich *Beleuchtung* legen Sie fest, wie das Licht im Bild wirken soll. Zur Auswahl stehen verschiedene Lichtsituationen, zum Beispiel *Goldene Stunde* mit warmem Licht oder *Dramatisches Licht* mit starken Schatten. Die Beleuchtung kann die Bildaussage sichtbar verändern.

Im aufklappbaren Bereich *Kameraperspektive* bestimmen Sie den Blickwinkel auf das Motiv. Zur Auswahl stehen unter anderem *Vogelperspektive* (Ansicht von oben), *Froschperspektive* (Ansicht von unten) und *Makroaufnahme* (Nahaufnahme mit Fokus auf Details). Damit lässt sich die Bildwirkung gezielt steuern, ohne dass diese Informationen im Prompt beschrieben werden müssen.

4. Adobe Photoshop

Bereits seit mehreren Versionen verfügt ***Adobe Photoshop*** über integrierte KI-Funktionen auf Basis von Adobe Firefly. In den hier gezeigten Anwendungen wurde Adobe Photoshop 2026, Version 27.1, verwendet.

4.1 Farbänderung eines Kleidungsstücks

Im folgenden Beispiel wurde ein Porträtfoto eines Mannes geöffnet, der ein kariertes Hemd trägt. Ziel war es, die Farbe des Hemdes nachträglich zu verändern. Dazu wurde zunächst mit dem *Auswahlrechteck-Werkzeug* grob der Bereich des Hemdes markiert.

Das Ausgangsfoto

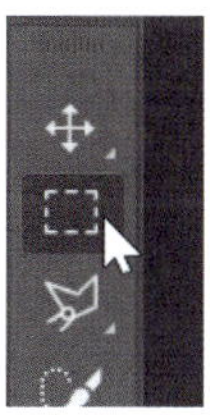

Das Auswahlrechteck-Werkzeug

Oftmals reichen solche groben Auswahlen tatsächlich aus. In diesem Fall war das allerdings nicht so. Wurde das Hemd auf der Grundlage dieser Auswahl umgefärbt, kam es auch zu leichten Veränderungen in der angrenzenden Kinn- und Halspartie des Mannes.

Der grob markierte Auswahlbereich

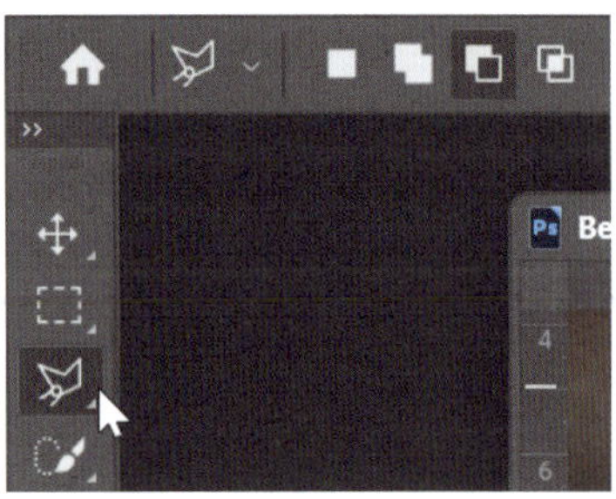

Um diese unbeabsichtigten Veränderungen zu vermeiden, wurde die Hals- und Kinnpartie gezielt von der Auswahl ausgeschlossen. Dazu wurde die bestehende rechteckige Auswahl mithilfe des *Polygon-Lasso-Werkzeugs* angepasst und ein V-förmiger Bereich im Halsbereich von der Auswahl subtrahiert.

Das Polygon-Lasso-Werkzeug

Der Halsbereich ist von der Auswahl ausgenommen

Anschließend wurde in der kontextbezogenen Taskleiste von Photoshop ein kurzer Textbefehl eingegeben, zum Beispiel:

```
Das Hemd bitte in Rot.
```

Der Befehl wird durch einen Klick auf *Generieren* oder durch Drücken der ↵-Taste bestätigt. Daraufhin analysiert Photoshop mithilfe der Firefly-Engine den markierten Bildbereich und passt die Farbe des Hemdes entsprechend an. Das Ergebnis wirkt in der Regel realistisch und fügt sich nahtlos in das bestehende Bild ein.

Hinweis

Die kontextbezogene Taskleiste in Adobe Photoshop ist eine dynamische Bedienleiste, die automatisch passende Werkzeuge und Funktionen anbietet – abhängig davon, was gerade im Bild ausgewählt oder bearbeitet wird. Sie erscheint beispielsweise automatisch, sobald eine Auswahl erstellt wird, und stellt unmittelbar relevante Befehle zur Verfügung, etwa für KI-gestützte Bearbeitungen mit Adobe Firefly. Sollte die kontextbezogene Taskleiste nicht automatisch eingeblendet sein, kann sie jederzeit manuell über *Fenster/Kontextbezogene Taskleiste* aktiviert werden.

Nach der Berechnung stellt Photoshop mehrere Varianten des Ergebnisses zur Auswahl. Diese Varianten werden im Bedienfeld *Eigenschaften* angezeigt. In der hier gezeigten Abbildung ist zunächst die erste Variante zu sehen.

Sind Sie mit dem Ergebnis nicht zufrieden, können Sie unkompliziert zu alternativen Versionen wechseln.

Dies ist entweder über den nach rechts gerichteten Pfeil in der kontextbezogenen Taskleiste möglich oder direkt durch die Auswahl der entsprechenden Variante im Bedienfeld *Eigenschaften*.

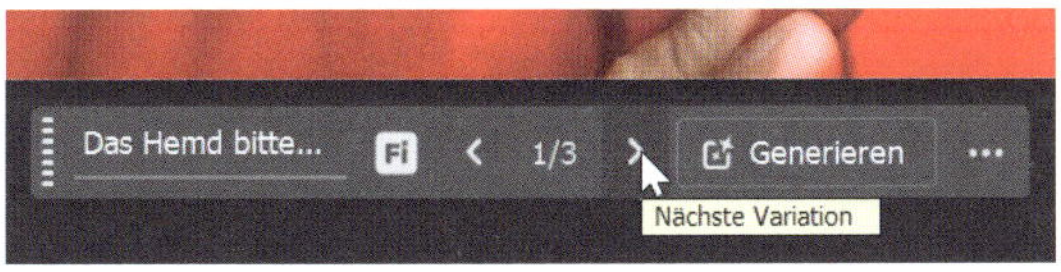

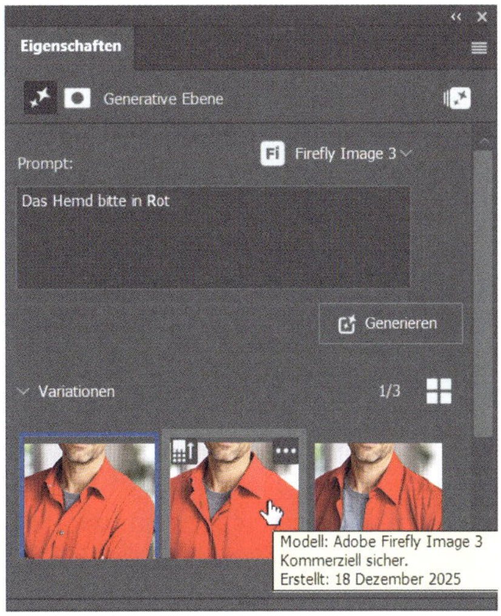

Photoshop legt für die Neuberechnung automatisch eine neue Ebene an. Die neu erzeugten Bildinhalte werden über eine Ebenenmaske mit dem ursprünglichen Bild kombiniert. Das Originalbild bleibt unverändert erhalten und kann jederzeit wiederhergestellt oder weiterbearbeitet werden.

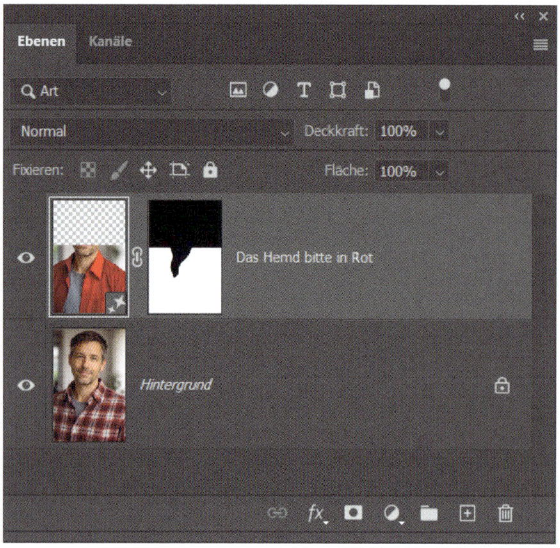

4.2 Sonnenbrille hinzufügen

Im nächsten Schritt wurde das Porträt weiter ergänzt, indem eine Sonnenbrille hinzugefügt wurde. Auch dafür lässt sich die KI-gestützte Bearbeitung in Adobe Photoshop gezielt einsetzen.

Um eine Sonnenbrille zu generieren, wurde zunächst der Bereich, in dem die Brille platziert werden soll, grob mit dem *Auswahlrechteck-Werkzeug* markiert. Eine exakte Auswahl ist nicht erforderlich, da die KI Position, Größe und Perspektive eigenständig interpretiert.

Anschließend wurde in der kontextbezogenen Taskleiste lediglich der Prompt »Sonnenbrille« eingegeben und durch Drücken der ↵-Taste bestätigt. Photoshop erzeugt daraufhin automatisch eine passende Sonnenbrille. Da keine weiteren Eigenschaften angegeben wurden, wird standardmäßig eine klassische schwarze Sonnenbrille generiert.

Beispiel.png bei 121% (Das Hemd bitte in Rot, RGB/8#) *
Sonnenbrille
Abbrechen
Generieren

Beispiel.png bei 121% (Sonnenbrille, RGB/8#) *
Sonnenbrille
1/3
Generieren
Nächste Variation

Wie bei den vorherigen Bearbeitungsschritten stellt Photoshop auch hier mehrere Varianten zur Auswahl. Diese können entweder über den nach rechts gerichteten Pfeil in der kontextbezogenen Taskleiste oder direkt im Bedienfeld *Eigenschaften* ausgewählt werden. So lassen sich unterschiedliche Varianten vergleichen.

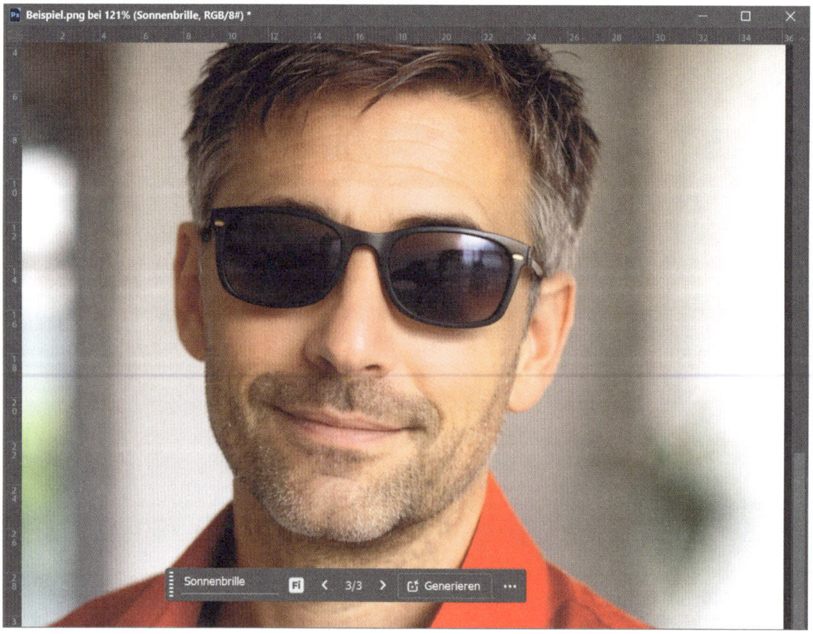

Auch diese Ergänzung erfolgt nicht-destruktiv. Die neu erzeugten Inhalte werden auf einer separaten Ebene angelegt und über eine Ebenenmaske in das bestehende Bild integriert. Das Originalbild bleibt unverändert erhalten.

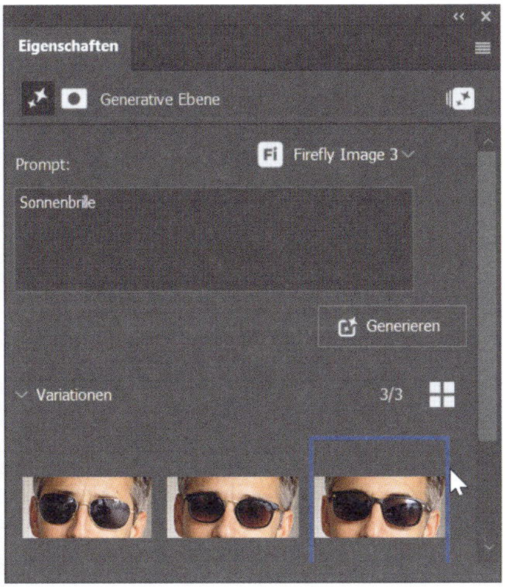

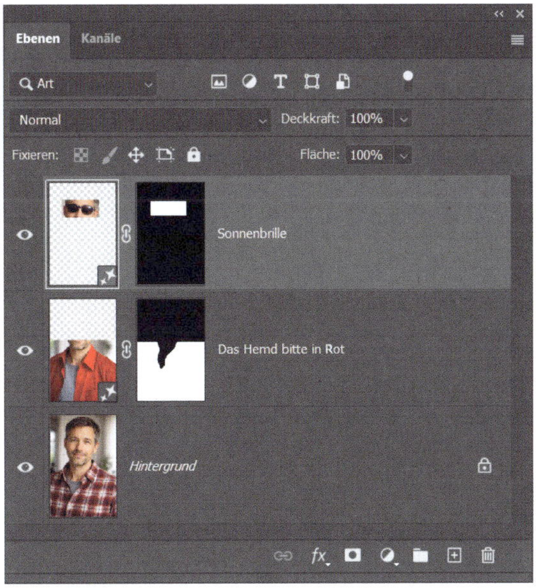

4.3 Bilder vergrößern

Während Photoshop bis vor Kurzem nur eine klassische, auf Interpolation basierende Bildvergrößerung bereitstellte, etwa über den Befehl *Bild/Bildgröße*, steht in der Version Adobe Photoshop 2026 mit dem Befehl *Bild/Generativ hochskalieren* auch eine KI-gestützte Methode zur Verfügung.

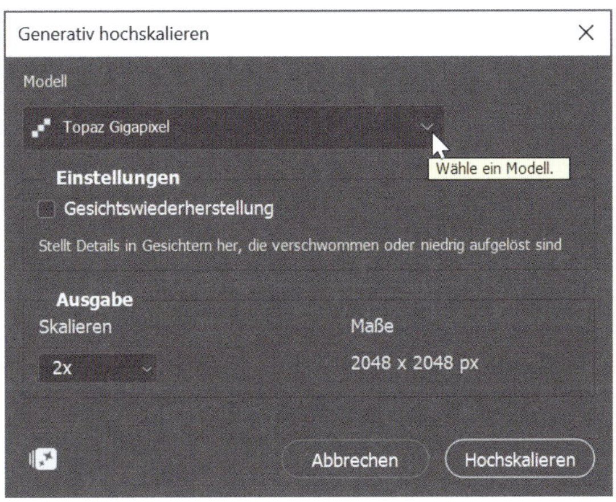

In diesem Dialog stehen drei Modelle zur Auswahl, die jeweils unterschiedliche Ergebnisse liefern. *Firefly Upscaler* und *Topaz Gigapixel* sind darauf ausgelegt, ein vorhandenes Bild realistisch zu vergrößern und den grundsätzlichen Charakter des Motivs zu erhalten. Sie unterscheiden sich in der Stärke der Rekonstruktion, verfolgen aber beide eine naturgetreue Darstellung. *Topaz Bloom* dagegen arbeitet deutlich freier und erzeugt auf Wunsch zusätzliche Strukturen, die im Original nicht vorhanden waren. Welche Variante sich anbietet, hängt vom Motiv und vom gewünschten Ergebnis ab.

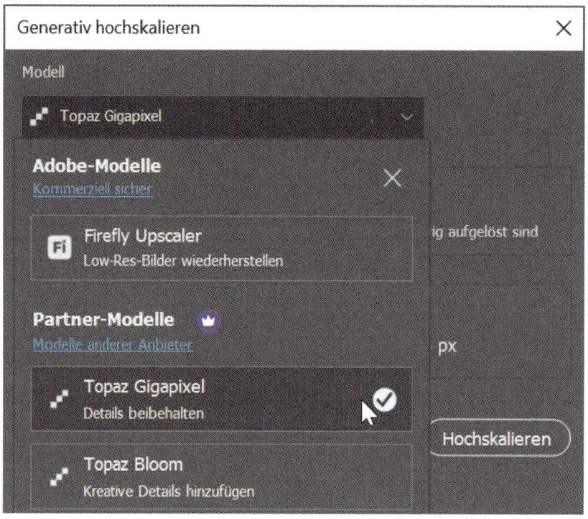

Modellname	Bedeutung
Firefly Upscaler	Adobes eigenes KI-Modell. Arbeitet zurückhaltend und orientiert sich eng am Original. Gut für realistische Ergebnisse ohne starke Verfremdung. Im Zweifelsfall lohnt es sich, zusätzlich eine Version mit Topaz Gigapixel zu erzeugen und beide Resultate direkt zu vergleichen, weil manche Motive mit Gigapixel sichtbar präziser wirken.
Topaz Gigapixel	Partnermodell von Topaz Labs. Stärkere Rekonstruktion als Firefly, klarere Kanten, mehr Textur und sichtbare Schärfe. Bleibt inhaltlich weitgehend am Motiv, geht aber technisch deutlich weiter als Firefly. Besonders geeignet für Bilder mit vielen feinen Strukturen.
Topaz Bloom	Modell für kreative Rekonstruktion. Fügt Strukturen hinzu, die im Original nicht vorhanden sind. Der Kreativitätsregler steht standardmäßig in der Mitte. Wird er abgesenkt, hält sich das Modell stärker ans Ausgangsbild. Wird er erhöht, erzeugt die KI zunehmend frei interpretierte Details und verändert das Motiv deutlicher.

Zur Auswahl stehen aktuell die Skalierungsstufen *2x* und *4x*. Diese Angaben beziehen sich auf die Vergrößerung der Breite und der Höhe. Bei *2x* werden beide Achsen verdoppelt, wodurch die Gesamtpixelzahl um den Faktor 4 steigt. Bei *4x* werden Breite und Höhe jeweils vervierfacht, was zu einer 16-fachen Pixelzahl führt. Damit wächst die nutzbare Auflösung deutlich. Gleichzeitig steigt auch der Anteil der durch das KI-Modell berechneten Bildinhalte. Es lohnt sich daher zu prüfen, ob das Ausgangsmaterial eine Vierfachskalierung sinnvoll verkraftet oder ob *2x* die bessere Option ist.

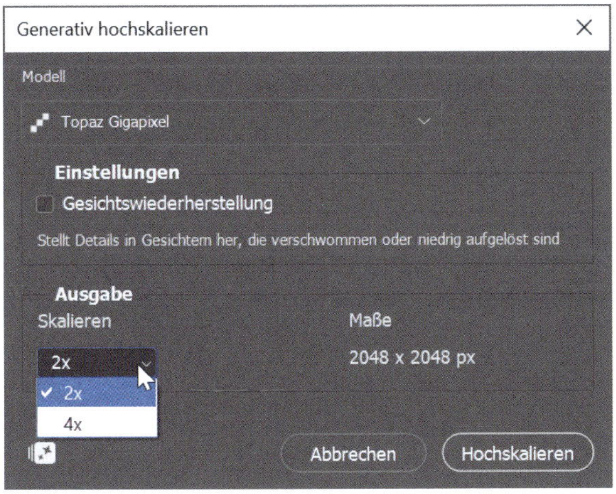

5. Microsoft-Bildgeneratoren

5.1 Microsoft Image Creator

Für die Nutzung des ***Microsoft Image Creator*** ist ein Microsoft-Konto erforderlich. Dieses Konto ist kostenlos und nicht an ein bestimmtes Betriebssystem gebunden. Der Dienst lässt sich also unabhängig davon verwenden, ob Sie mit Windows, macOS oder Linux arbeiten. Das Microsoft-Konto dient ausschließlich zur Anmeldung und Verwaltung der Nutzung, nicht zur technischen Bindung an ein Gerät oder Betriebssystem.

Auch der ***Microsoft Image Creator*** selbst ist grundsätzlich kostenlos nutzbar. Microsoft hat die Funktion in den Onlinedienst ***Microsoft Designer*** integriert, der Teil des Microsoft-365-Ökosystems ist. Damit verdient das Unternehmen indirekt an kostenpflichtigen Abonnements für erweiterte Funktionen und Premium-Dienste, nicht an der eigentlichen Bildgenerierung.

Für die kostenfreie Nutzung bestehen gewisse technische Grenzen. Wer viele Bilder hintereinander erzeugt, kann auf temporäre Limitierungen oder längere Wartezeiten stoßen. Umfangreichere KI-Funktionen, höhere Auflösungen oder kommerzielle Nutzungsrechte stehen ausschließlich Nutzern mit einem entsprechenden Microsoft-365-Abo zur Verfügung.

In der Praxis bedeutet das: Der ***Microsoft Image Creator*** ist für gelegentliche oder experimentelle Anwendungen völlig ausreichend und bleibt kostenlos, während die professionelle oder häufige Nutzung über die kostenpflichtigen Designer- bzw. Microsoft-365-Abos abgedeckt wird.

Der einfachste Weg zum ***Microsoft Image Creator*** führt über eine Google-Suche. Geben Sie den Begriff »Microsoft Image Creator« ein, erscheint meist als oberstes Ergebnis der Link zum ***Microsoft Designer*** unter der Adresse https://designer.microsoft.com.

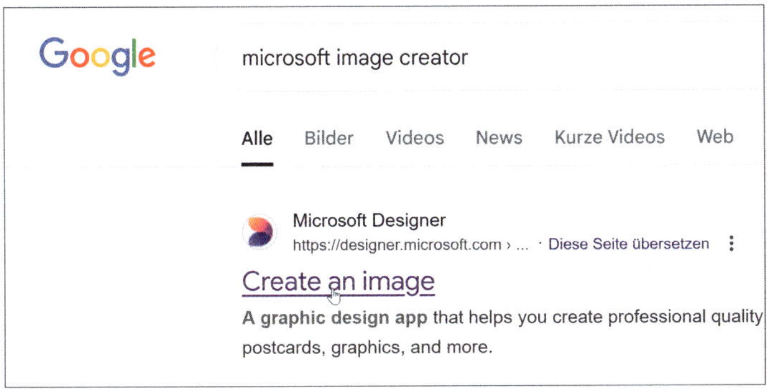

Nach einem Klick auf den Link oder nach Eingabe der URL landet man direkt im ***Microsoft Designer***.

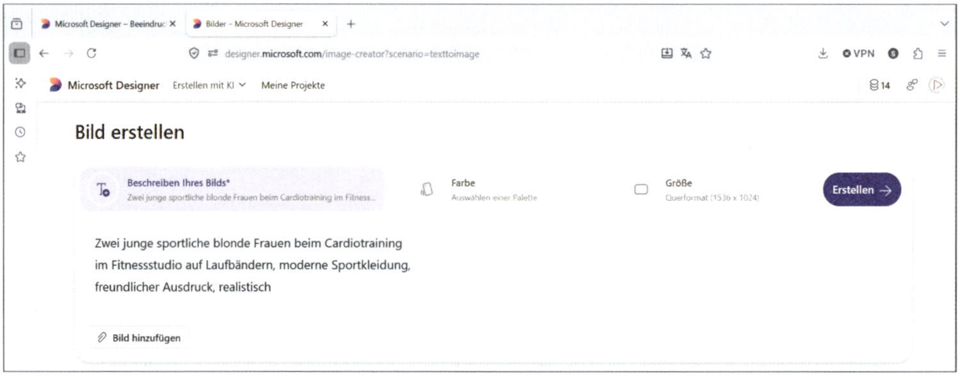

Klicken Sie zunächst auf *Bild erstellen*. Anschließend wird der gleichnamige Bereich angezeigt. Neben dem Eingabefeld für den Prompt lassen sich das Seitenverhältnis und damit auch die Auflösung auswählen. Mit einem Klick auf *Erstellen* startet der Generierungsvorgang.

Die Oberfläche ist somit bewusst schlicht gehalten. Es gibt keine Auswahl zwischen verschiedenen Modellen und keine erweiterten Bearbeitungsfunktionen. Der Image Creator konzentriert sich darauf, aus einer Textbeschreibung schnell zwei Bildvorschläge zu erzeugen. Diese können anschließend direkt im Microsoft Designer weiterverwendet oder heruntergeladen werden. Auch in diesem Beispiel wurde derselbe Prompt wie in Kapitel 3 verwendet:

> Zwei junge sportliche blonde Frauen beim Cardiotraining im Fitnessstudio auf Laufbändern, moderne Sportkleidung, freundlicher Ausdruck, realistisch.

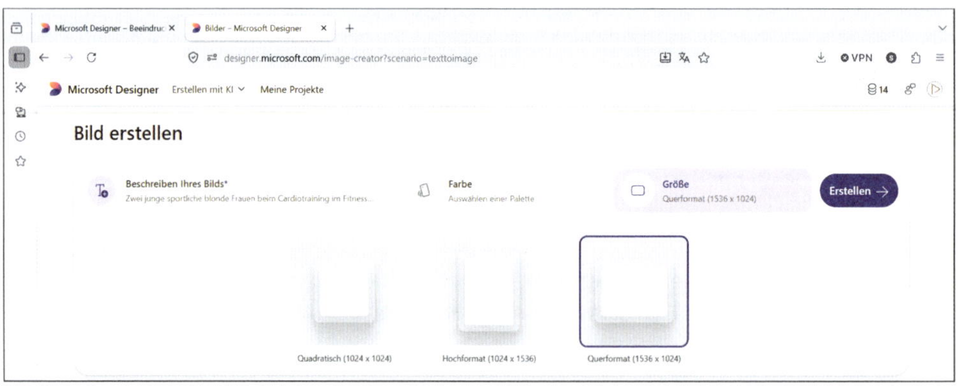

Für die Bildgenerierung wurde das Querformat mit einer Auflösung von 1.536 × 1.024 Pixeln gewählt, was einem Seitenverhältnis von 3:2 entspricht.

Der Bildgenerator erzeugt ein Ergebnis, das auf den ersten Blick realistisch wirkt, bei genauerer Betrachtung jedoch inhaltliche Unstimmigkeiten zeigt. Zwar ist bei der linken Person ein Laufband angedeutet, jedoch lediglich in Form der unmittelbar vor ihr befindlichen Konsole. Die eigentliche Lauffläche des Gerätes ist nicht sichtbar, sodass keine eindeutige Zuordnung zur Nutzung eines Laufbands entsteht. Bei der rechten Person ist hingegen kein Laufband erkennbar. Es fehlt sowohl die Lauffläche als auch eine sichtbare Gerätezuordnung, sodass der Eindruck entsteht, dass sie sich unabhängig von einem Trainingsgerät im Raum bewegt.

Um das Problem zu lösen, wurde dieser Prompt verwendet:

```
Zwei junge sportliche blonde Frauen laufen nebeneinander
auf zwei separaten Laufbändern in einem modernen
Fitnessstudio. Beide stehen jeweils eindeutig auf der
Lauffläche eines Laufbands, ihre Füße haben klaren Kontakt
zum bewegten Band. Die Laufbänder sind vollständig
sichtbar und werden aktiv genutzt, inklusive Lauffläche und
vorderem Bedienbereich. Seitliche Perspektive, beide Frauen
bewegen sich von links nach rechts entlang der Laufbänder.
Typische Laufbewegung auf einem Laufband, Arme angewinkelt,
stabile Körperhaltung. Eine Frau schaut konzentriert nach
vorne, die andere lächelt leicht in Richtung Kamera.
Moderne, realistische Sportkleidung, gut ausgeleuchtetes
Fitnessstudio, sichtbare Trainingsgeräte im Hintergrund,
klare Raumtiefe, fotorealistischer Stil. Wichtig: keine
Darstellung neben dem Laufband, nicht auf dem Boden
laufend, keine freie Bewegung im Raum, beide Personen
müssen klar auf den Laufbändern positioniert sein.
```

Der verwendete Prompt funktioniert grundsätzlich gut. Viele der geforderten Aspekte werden korrekt umgesetzt, insbesondere die Darstellung der beiden Personen auf separaten Laufbändern sowie die allgemeine Bildkomposition. Allerdings gibt es eine zentrale Abweichung: Die Laufrichtung entspricht nicht der Vorgabe. Die beiden Frauen bewegen sich von rechts nach links durch das Bild und nicht, wie im Prompt ausdrücklich gefordert, von links nach rechts. Von der Tatsache, dass bei der rechten Dame kein Bedienpanel vorhanden ist, einmal abgesehen.

Zur Korrektur dieses Problems wurden verschiedene Ansätze ausprobiert. Dabei zeigte sich jedoch, dass die mögliche Prompt-Länge eine wesentliche Einschränkung darstellt. Zusätzliche Präzisierungen zur Bewegungsrichtung konnten nur begrenzt integriert werden, ohne andere wichtige Inhalte aus dem Prompt zu verdrängen. Trotz mehrerer Anpassungsversuche ließ sich die gewünschte Laufrichtung nicht zuverlässig erzwingen.

Aus diesem Grund wurde ein alternativer Ansatz gewählt und das Bild über die *Bearbeiten*-Funktion des ***Microsoft Designer*** nachträglich angepasst. Dieser Modus wird beispielsweise erreicht, indem man den Cursor über das Bild bewegt und anschließend auf die Schaltfläche *Bearbeiten* klickt. Diese Schaltfläche wird auch angeboten, wenn das erzeugte Bild vergrößert (Klick auf das Bild) dargestellt wird.

Im Bearbeitungsmodus stehen verschiedene Werkzeuge zur Verfügung. Über die Schaltfläche *Zuschneiden und drehen* in der oberen Leiste wird ein entsprechender Arbeitsbereich geöffnet. In diesem Bereich unten rechts befinden sich zwei Optionen: *Horizontal spiegeln* und *Vertikal spiegeln*.

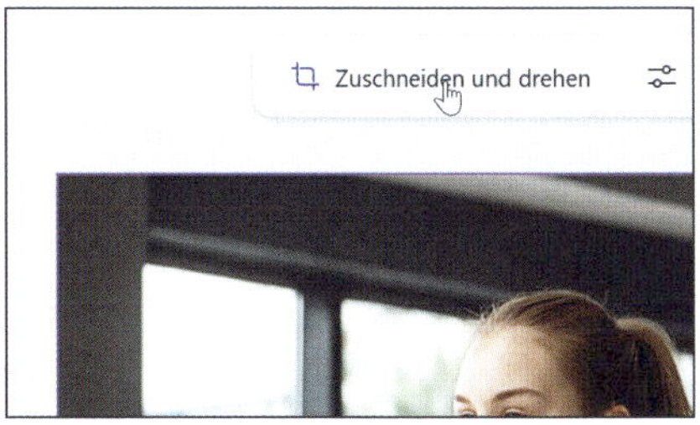

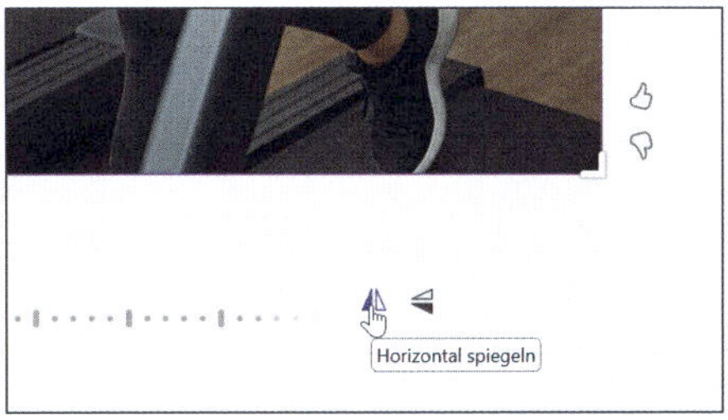

Mithilfe der Option *Horizontal spiegeln* ergibt sich unmittelbar die gewünschte Bildwirkung.

Gerade bei Problemen mit der Ausrichtung oder Laufrichtung von Objekten kann es deutlich effizienter bzw. zeitsparender oder schlicht auch die einzige Möglichkeit sein, das Bild nachträglich zu spiegeln, anstatt zu versuchen, die gewünschte Richtung ausschließlich über den Prompt zu erzwingen.

Der Download des so bearbeiteten Bildes erfolgt über die an der Oberseite angebotene Schaltfläche *Herunterladen*.

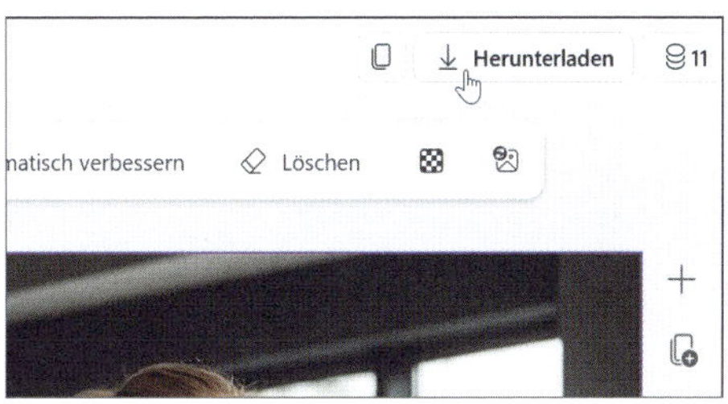

Die Microsoft-Designer-App

Sie können den Microsoft Image Creator auch auf Ihrem Smartphone oder Tablet nutzen. Allerdings steht hier keine App gleichen Namens zur Verfügung. Vielmehr ist er Bestandteil der App ***Microsoft Designer***, die Sie kostenlos herunterladen können. In der App finden Sie den Bereich *Erstellen mit KI*. Wenn Sie diesen öffnen, gelangen Sie direkt zum ***Microsoft Image Creator*** und können dort wie gewohnt Ihre Prompts eingeben – entweder per Tastatur oder bequem über die Spracheingabe Ihres Gerätes. Das Erscheinungsbild und die Ergebnisse entsprechen dabei vollständig der im Browser verfügbaren Version des ***Microsoft Designer***.

Die Nutzung der App-Variante habe ich zum Anlass genommen, den Prompt nochmals leicht zu erweitern, um ein entsprechendes Bild mit Bewegungsunschärfe zu erzeugen. Daher wurde ein entsprechend angepasster Prompt verwendet. Es zeigte sich jedoch, dass die Aufforderung zur Erzeugung einer Bewegungsunschärfe vom Generator nicht umgesetzt wurde. Auch hier zeigt sich eine Grenze des Microsoft-Bildgenerators.

```
Zwei junge sportliche blonde Frauen laufen nebeneinander
auf zwei separaten Laufbändern in einem modernen
Fitnessstudio. Beide stehen jeweils eindeutig auf der
Lauffläche eines Laufbands, ihre Füße haben klaren Kontakt
zum bewegten Band. Die Laufbänder sind vollständig
sichtbar und werden aktiv genutzt, inklusive Lauffläche
und vorderem Bedienbereich. Seitliche Perspektive, beide
Frauen bewegen sich von links nach rechts entlang der
Laufbänder. Typische Laufbewegung auf einem Laufband,
Arme angewinkelt, stabile Körperhaltung. Eine Frau schaut
konzentriert nach vorne, die andere lächelt leicht in
Richtung Kamera. Moderne, realistische Sportkleidung, gut
ausgeleuchtetes Fitnessstudio, sichtbare Trainingsgeräte
im Hintergrund, klare Raumtiefe, fotorealistischer Stil.
Wichtig: keine Darstellung neben dem Laufband, nicht auf
dem Boden laufend, keine freie Bewegung im Raum, beide
Personen müssen klar auf den Laufbändern positioniert
sein. Arme, Beine und die Laufflächen der Laufbänder
zeigen eine deutliche, realistische Bewegungsunschärfe
entsprechend der Laufbewegung.
```

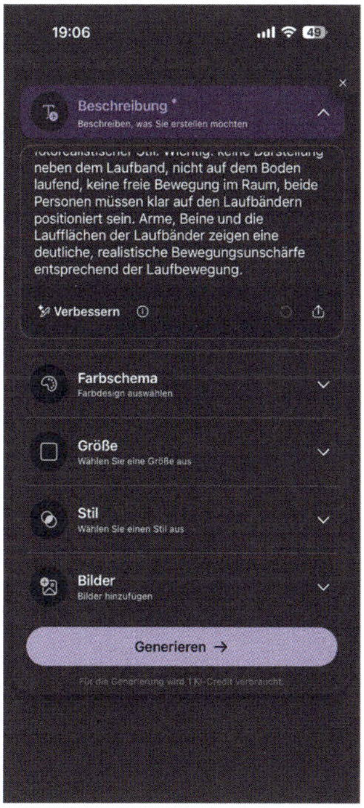

5.2 Bing Image Creator

Wir bleiben bei Microsoft und wechseln zum zweiten Bildgenerator des Unternehmens, dem ***Bing Image Creator***. Geben Sie dazu in die Adresszeile Ihres Browsers die Adresse https://bing.com/create ein.

Alternativ können Sie zunächst die Seite https://bing.com aufrufen und dort im oberen Menü den Bereich *Bilder* auswählen. Klicken Sie anschließend auf *Erstellen*, um somit direkt zum Bing Image Creator zu gelangen.

Hinweis

Zur Nutzung ist ein Microsoft-Konto erforderlich. Mehr Informationen zum kostenlosen Microsoft-Konto finden Sie im Abschnitt 5.1.

Zu Beginn stehen jedem Nutzer 100 sogenannte Boosts zur Verfügung, die für die Bildgenerierung eingesetzt werden können. Sind diese Boosts aufgebraucht, lassen sich neue aktivieren, indem man gesammelte Microsoft-Rewards-Punkte einlöst. Auf diese Weise werden die Bilder wieder mit höherer Priorität und kürzeren Wartezeiten erstellt.

Microsoft Rewards ist ein kostenloses Punktesystem, mit dem Microsoft die Nutzung seiner Dienste belohnt. Sie sammeln Punkte, indem Sie beispielsweise mit Bing suchen, Microsoft Edge verwenden, Einkäufe im Microsoft Store tätigen oder an kleinen Quizaktionen teilnehmen. Diese Punkte können anschließend gegen verschiedene Vorteile eingelöst werden, etwa:

- Gutscheine (z. B. Xbox, Amazon, Microsoft Store),
- Spenden an gemeinnützige Organisationen
- oder – wie im Fall des Bing Image Creator – gegen neue Boosts, um wieder schneller Bilder zu generieren.

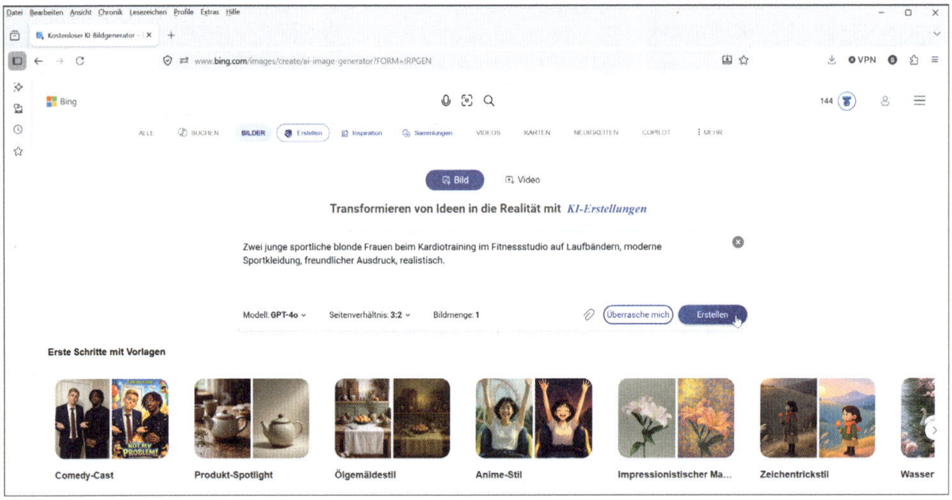

Auch in diesem Beispiel wurde wieder der bereits bekannte Prompt verwendet:

```
Zwei junge sportliche blonde Frauen beim Cardiotraining
im Fitnessstudio auf Laufbändern, moderne Sportkleidung,
freundlicher Ausdruck, realistisch.
```

Für die Bildgenerierung wurde zunächst das Modell GPT-4o und das Querformat mit einer Auflösung von 1.792 x 1.024 Pixeln gewählt, was einem Seitenverhältnis von 3:2 entspricht.

Bilder groß darstellen

Wenn Sie eines der angezeigten Bilder anklicken, öffnet sich eine größere Ansicht. Rechts neben dem Bild werden Informationen zur zugrunde liegenden Beschreibung, dem sogenannten Prompt, sowie zur Bildgröße angezeigt.

In der gleichen Ansicht finden Sie außerdem die Möglichkeit, das Bild herunterzuladen.

Über die Schaltflächen links und rechts können Sie zwischen den vier generierten Varianten wechseln und diese jeweils in der Großansicht betrachten. Möchten Sie das ausgewählte Bild in noch größerer Darstellung sehen, klicken Sie mit der rechten Maustaste darauf und wählen im Kontextmenü den Befehl *Bild in neuem Tab öffnen*.

Damit steht Ihnen ein einfaches, schnell zugängliches Werkzeug zur Verfügung, mit dem Sie ohne Installation und ohne Vorkenntnisse KI-Bilder erzeugen und in ordentlicher Auflösung speichern können.

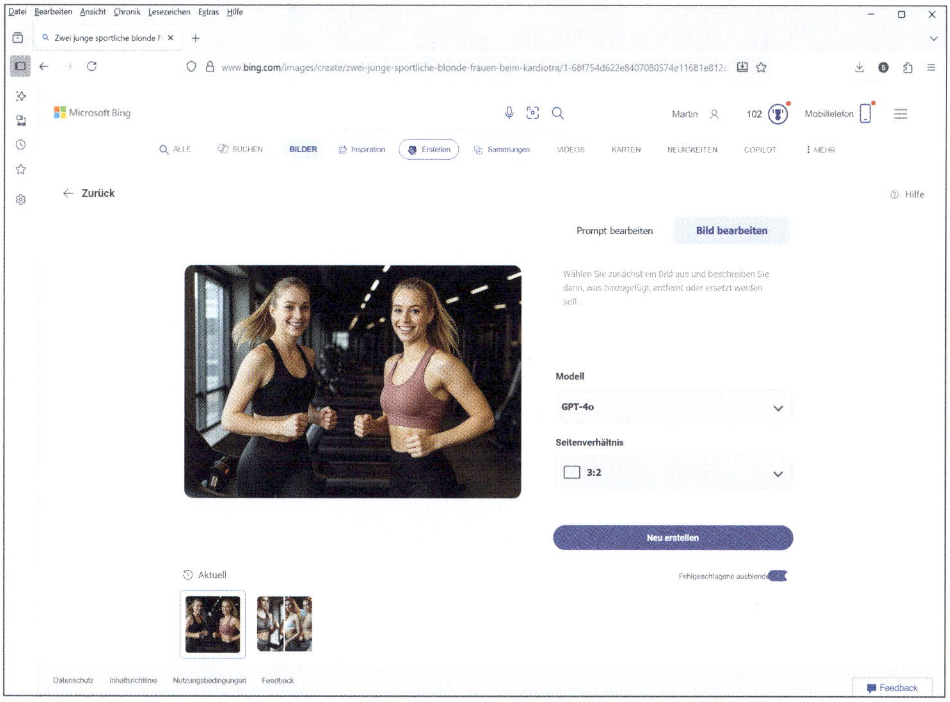

Erstes Ergebnis

Das Ergebnis dieses ersten Versuchs ist auf den ersten Blick durchaus akzeptabel. Der Grad an Realismus ist hoch: Die Personen wirken natürlich und glaubwürdig, Licht, Schärfe und Farbstimmung sind stimmig, und auch der Hintergrund mit den Laufbändern und der Studiotiefe ist technisch sehr sauber umgesetzt.

Das Problem liegt eher in der räumlichen Anordnung der Personen. Beide Läuferinnen sind leider so positioniert, dass sie direkt aufeinander zulaufen würden – eine Situation, die so keinen Sinn ergibt. Solche Fehler entstehen häufig, wenn ein KI-Modell zwar den Prompt grundsätzlich versteht, aber keine echte Vorstellung davon hat, wie sich Menschen im Raum zueinander verhalten (sollen).

Um das Problem mit der unlogischen Anordnung zu beheben, wurde der folgende präzisere Prompt verwendet:

```
Zwei junge sportliche blonde Frauen laufen nebeneinander
auf parallelen Laufbändern im modernen Fitnessstudio. Sie
bewegen sich parallel zum Betrachter, also von links nach
rechts, durchs Bild. Eine Frau schaut konzentriert nach
vorn, die andere lächelt kurz in Richtung Kamera. Beide
tragen moderne, realistische Sportkleidung. Realistische
Körperhaltung, natürliche Bewegung, authentische
Beleuchtung, klare Raumtiefe, fotorealistischer Stil.
Kamera auf Augenhöhe, mittlere Brennweite, Fokus auf die
beiden Läuferinnen, Hintergrund leicht unscharf, leichte
Bewegungsunschärfe an den Laufbändern.
```

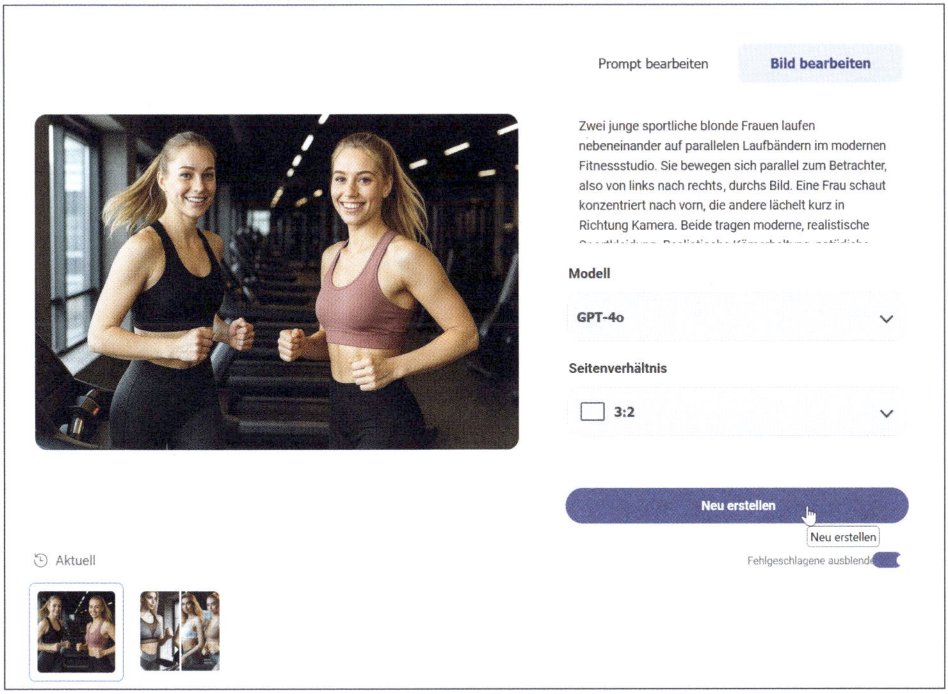

Unsicherer Bildinhalt erkannt

Nach dem Ausführen dieses Prompts erscheint jedoch die Fehlermeldung *Unsicherer Bildinhalt erkannt*. Die erzeugten Bilder werden in diesem Fall nicht angezeigt, weil das System vermutet, dass der Prompt gegen die Inhaltsrichtlinien verstoßen könnte. Der Hintergrund ist, dass der Microsoft Image Creator bestimmte Kombinationen von Wörtern übervorsichtig bewertet.

Kritisch sind vor allem Begriffe wie *Frauen*, *Sportkleidung*, *realistisch* oder *fotorealistisch*, weil die KI daraus ableiten könnte, dass ein potenziell sensibles Motiv gemeint ist – selbst dann, wenn die Beschreibung völlig harmlos ist. Das System reagiert hier präventiv, um keine problematischen Inhalte zu erzeugen.

In der Praxis lässt sich das umgehen, indem man den Prompt leicht umformuliert. Statt *Frauen in Sportkleidung* kann man beispielsweise *Personen beim Training im Fitnessstudio* schreiben oder auf Begriffe wie *realistisch* verzichten. Oft reicht schon eine kleine Änderung, damit die KI den Prompt wieder akzeptiert.

Inhaltlich kann man die Beschreibung anschließend über den Reiter *Bild bearbeiten* noch weiter anpassen, sobald das erste Bild erfolgreich erstellt wurde.

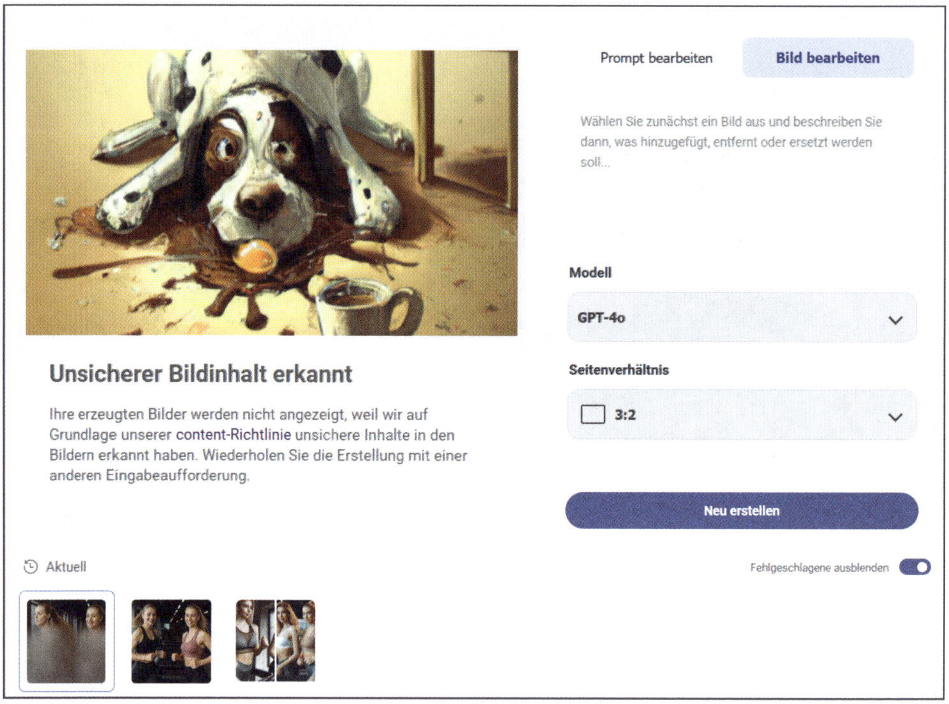

Um zu überprüfen, an welchen Aspekten sich das Tool stört, wurden jetzt folgende Anpassungen vorgenommen bzw. der nachstehende Prompt verwendet.

- *Frauen* ersetzt durch *Personen*,
- *Sportkleidung* ersetzt durch *Trainingskleidung*,
- *blonde* entfernt, weil die Haarfarbe ebenfalls oft blockiert wird.

```
Zwei junge sportliche Personen trainieren nebeneinander auf parallelen Laufbändern in einem modernen Fitnessstudio. Sie bewegen sich parallel zum Betrachter, also von links nach rechts, durchs Bild. Eine Person schaut konzentriert nach vorn, die andere blickt freundlich in Richtung Kamera. Beide tragen typische Trainingskleidung. Realistische Darstellung, natürliche Bewegung, authentische Beleuchtung, klare Raumtiefe, fotorealistischer Stil. Kamera auf Augenhöhe, mittlere Brennweite, Fokus auf die beiden Läufer, Hintergrund leicht unscharf, leichte Bewegungsunschärfe an den Laufbändern.
```

Zweites Ergebnis

Durch diese Änderungen ließ sich die Blockade des Systems zwar umgehen, das Ergebnis entspricht jedoch noch nicht dem eigentlichen Gestaltungsziel. Anstelle der gewünschten Darstellung zweier blonder Frauen zeigt das Bild nun eine Frau und einen Mann. Damit ist klar, dass einer der ursprünglich verwendeten Begriffe – also *Frauen*, *Sportkleidung* oder *blonde* – der Auslöser für die Sperre war. Das Ziel besteht nun darin, auf dieser Basis den Prompt so weiter anzupassen, dass die gewünschte Bildaussage erhalten bleibt, ohne dass die Inhaltsfilter erneut eingreifen.

Um die gewünschte Bildaussage zu erhalten, ohne dass die Inhaltsfilter erneut eingreifen, wurde der Prompt nochmals gezielt angepasst. Die Formulierung lautet nun:

```
Zwei junge sportliche Frauen trainieren nebeneinander
auf parallelen Laufbändern in einem modernen
Fitnessstudio. Sie bewegen sich parallel zum Betrachter,
also von links nach rechts, durchs Bild. Eine Frau
schaut konzentriert nach vorn, die andere blickt
freundlich in Richtung Kamera. Beide tragen typische
Trainingskleidung. Realistische Darstellung, natürliche
Bewegung, authentische Beleuchtung, klare Raumtiefe,
fotorealistischer Stil. Kamera auf Augenhöhe.
```

Das Ergebnis zeigt nun deutlich, dass der Prompt zwar technisch korrekt verarbeitet wird. Die Szene ist stimmig, die räumliche Anordnung passt und die Beleuchtung wirkt natürlich. Allerdings wurde die Haarfarbe der beiden Frauen vom Generator frei interpretiert. Das liegt daran, dass das Attribut *blond* bewusst aus dem Prompt entfernt wurde, um den Filter nicht erneut auszulösen. Damit ist das eigentliche Ziel – zwei sportliche Frauen auf parallelen Laufbändern – erreicht, die spezifische visuelle Eigenschaft *blond* fehlt jedoch.

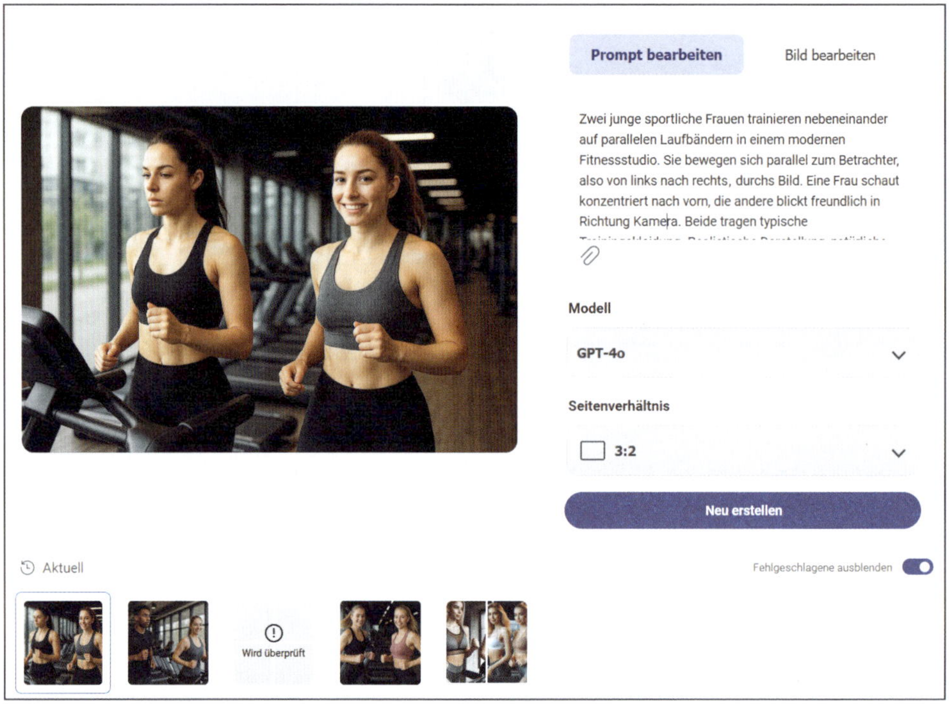

Warum der angepasste Prompt funktioniert

Neutralere Reihenfolge der Beschreibungen

Die Formulierung lautet nun *junge sportliche Frauen* anstelle von *zwei junge sportliche blonde Frauen*. Diese Reihenfolge wirkt für den Microsoft-Sicherheitsfilter neutraler. Der Filter reagiert empfindlich, wenn körperliche oder optische Merkmale ganz am Satzanfang stehen. Beispiel: *blonde Frauen* am Satzanfang wird häufiger blockiert, weil dies als zu starker Fokus auf das äußere Erscheinungsbild interpretiert wird.

Klarer und unbedenklicher Kontext

Trainieren nebeneinander auf parallelen Laufbändern in einem modernen Fitnessstudio. Diese Formulierung liefert einen eindeutigen, harmlosen Kontext (Sportumgebung, öffentlich, technisch-neutral). Das Modell erkennt dadurch: keine intime, körpernahe oder zweideutige Szene.

Positive, sachliche Aktivität

Wörter wie *trainieren*, *konzentriert*, *freundlich* oder *moderne Umgebung* geben dem Prompt einen positiven, sachlichen Rahmen. Der Filter arbeitet mit semantischen Wahrscheinlichkeiten – sobald der Text in einen klaren, nicht zweideutigen Kontext fällt, wird er zugelassen.

Sprachlich flüssigere Formulierung

Der Prompt wurde als vollständiger, beschreibender Satz formuliert, nicht als Aufzählung. Frühere Versionen wirkten aus Sicht des Filters zu stichwortartig (viele Adjektive, wenig Kontext). Solche stichworthaften Prompts werden häufiger blockiert, weil sie mehr Interpretationsspielraum lassen.

Fotorealismus erst am Ende erwähnt

Der Zusatz *fotorealistischer Stil* wurde ans Satzende gestellt. Das ist entscheidend, da der Begriff *fotorealistisch* am Anfang eines Prompts manchmal als Versuch gewertet wird, echte Personen nachzubilden. Am Ende der Beschreibung wirkt er als Stilhinweis und wird vom System in der Regel akzeptiert.

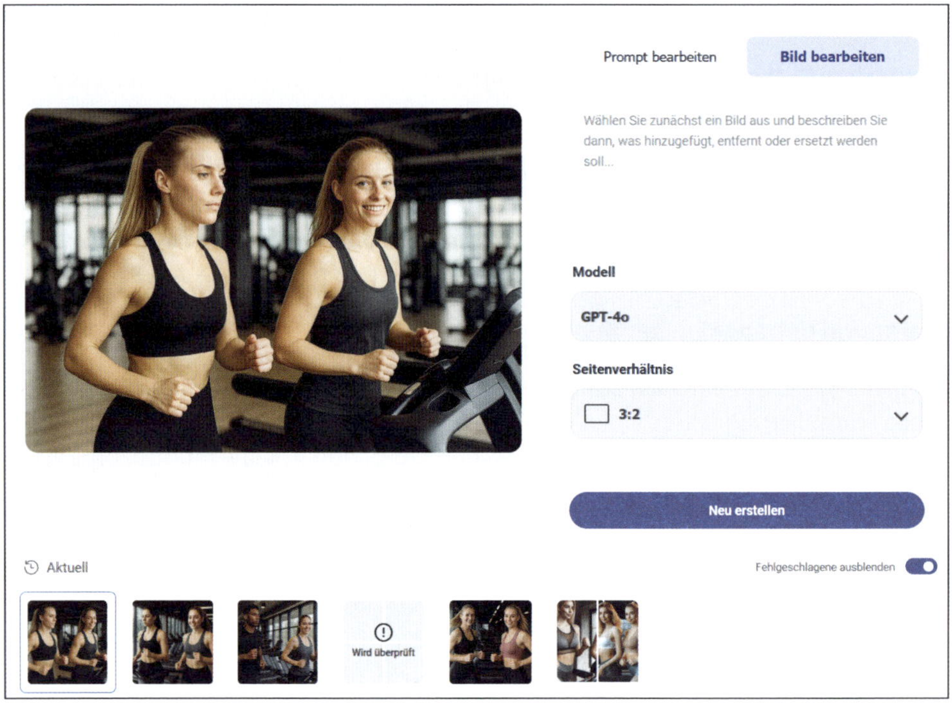

Um das Ziel zu erreichen, dass im Bild nun tatsächlich zwei blonde Frauen dargestellt werden, wird das Attribut *blond* wieder in den zuvor optimierten Prompt eingefügt. Durch die entschärfte Formulierung und den klaren Kontext reagiert der Sicherheitsfilter diesmal nicht mehr. Der Prompt wird akzeptiert, und das gewünschte Bild wird erfolgreich erzeugt. Nachfolgend sehen Sie den angepassten Prompt bzw. das daraus resultierende Ergebnis.

```
Zwei blonde junge sportliche Frauen trainieren
nebeneinander auf parallelen Laufbändern in einem
modernen Fitnessstudio. Sie bewegen sich parallel zum
Betrachter, also von links nach rechts, durchs Bild. Eine
Frau schaut konzentriert nach vorn, die andere blickt
freundlich in Richtung Kamera. Beide tragen typische
Trainingskleidung. Realistische Darstellung, natürliche
Bewegung, authentische Beleuchtung, klare Raumtiefe,
fotorealistischer Stil. Kamera auf Augenhöhe.
```

Zwei blonde junge sportliche Frauen trainieren nebeneinander auf parallelen Laufbändern in einem modernen Fitnessstudio. Sie bewegen sich parallel zum Betrachter, also von links nach rechts, durchs Bild. Eine Frau schaut konzentriert nach vorn, die andere blickt freundlich in Richtung Kamera. Beide tragen typische Trainingskleidung. Realistische Darstellung, natürliche Bewegung, authentische Beleuchtung, klare Raumtiefe, fotorealistischer Stil. Kamera auf Augenhöhe.
Bing Image Creator | 1536 × 1024 jpg | Vor 22 Minuten
Neu erstellen
Speichern
Herunterladen
Anpassen
Feedback

MAI-Image-1

Der identische Prompt wurde zusätzlich mit dem ebenfalls im ***Bing Image Creator*** bzw. links unterhalb des Prompt-Eingabebereichs verfügbaren Modells MAI-Image-1 generiert. Der visuelle Eindruck ist grundsätzlich überzeugend, allerdings zeigt sich auch hier ein zentrales Problem: Die beiden Frauen laufen nicht auf getrennten Laufbändern, sondern bewegen sich hintereinander auf demselben Gerät. Eine räumliche Staffelung auf zwei unterschiedlichen Laufbändern wird somit nicht erreicht. Verschiedene Anpassungsversuche und Formulierungen, etwa der explizite Hinweis auf getrennte Laufbänder, führten zu keiner Verbesserung des Ergebnisses.

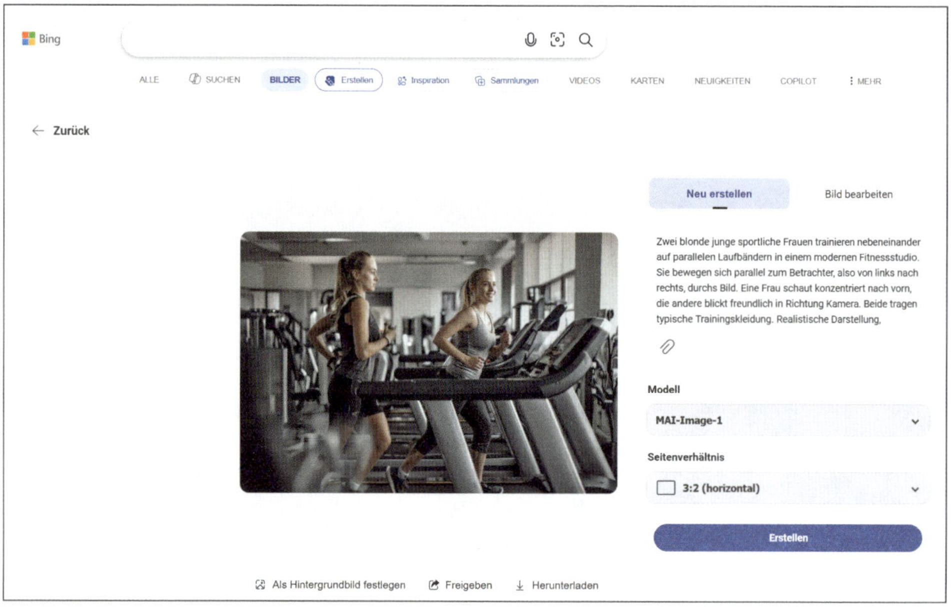

DALL-E 3

Der gleiche Prompt wurde auch mit dem Modell DALL-E 3 generiert, das ebenfalls verfügbar ist. Die resultierenden Bilder wirken jedoch insgesamt deutlich artifizieller und weniger realistisch. Der visuelle Eindruck entspricht nicht mehr dem aktuellen Stand moderner Bildgeneratoren, insbesondere im Hinblick auf die Erzeugung realistischer Darstellungen. Inhaltlich zeigen sich zudem ähnliche Probleme wie bei den zuvor getesteten Modellen. Insbesondere die räumliche Tiefe wird nicht überzeugend dargestellt. Die beiden Frauen bewegen sich auch hier nicht eindeutig auf separaten Laufbändern. Teilweise befinden sich die dargestellten Personen nicht klar auf den jeweiligen Laufflächen, wodurch die intendierte Szene nicht korrekt umgesetzt wird. Insgesamt bleibt das Ergebnis sowohl hinsichtlich der Bildwirkung als auch der inhaltlichen Präzision hinter den Erwartungen zurück.

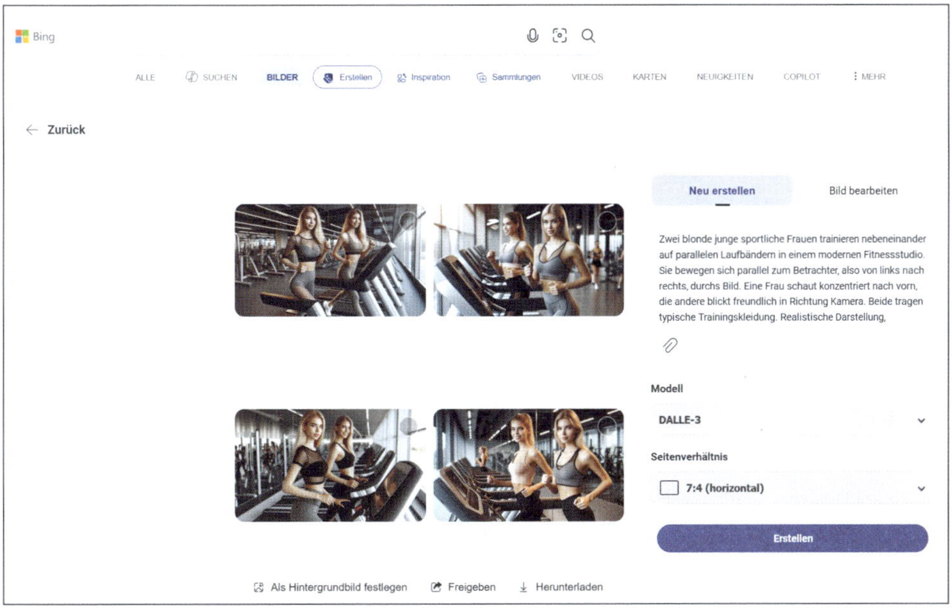

5.3 Beispiel-Prompts für den Bing Image Creator

Porträt

```
Ultra-realistisches Porträt einer jungen Frau, weiches,
natürliches Fensterlicht, geringe Tiefenschärfe, 85-mm-
Objektiv, detaillierte Hautstruktur mit leichten
Unreinheiten, cineastische Beleuchtung, neutraler
Hintergrund.
```

MAI-Image-1

GPT-4o

Komplexe Szene

```
Belebter Straßenmarkt in Tokio bei Nacht, Neonlichter,
Regenreflexionen auf dem Boden, viele Menschen mit
Regenschirmen, Essensstände, aufsteigender Dampf, sehr
detailreich, cineastische Komposition.
```

MAI-Image-1

GPT-4o

Architektur

```
Modernes Architekturgebäude mit Glasfassade, klare
geometrische Linien, Weitwinkelperspektive, sommerlicher
Himmel, sehr saubere Komposition, hoher Detailgrad.
```

MAI-Image-1

Hände

```
Nahaufnahme von Händen, die ein silberfarbenes Smartphone
halten, natürliche Haltung, realistische Finger,
weiches Licht, geringe Tiefenschärfe, hoher Detailgrad.
```

MAI-Image-1

Text im Bild

```
Modernes Posterdesign für ein Fitness-Event, klare
Typografie mit dem Text „SUMMER FITNESS 2026“,
reduziertes Layout, minimalistischer Stil, hohe
Kontraste.
```

GPT-4o

Produktbild

```
Professionelles Produktfoto einer luxuriösen Armbanduhr
auf einer reflektierenden Oberfläche, Studiobeleuchtung,
klare Reflexionen, hochwertiger Werbestil, sehr
detailliert.
```

MAI-Image-1

Fantasy

```
Futuristische Stadt, die über den Wolken schwebt, fliegende
Fahrzeuge, leuchtende Lichter, Sonnenuntergangsstimmung,
sehr detailreich, epische Szenerie, cineastisch.
```

MAI-Image-1

Illustration

```
Kinderbuch-Illustration eines kleinen Fuchses im
Wald, weicher Aquarellstil, warme Farben, freundliche
Atmosphäre, handgemalter Look.
```

DALL-E 3

Bewegung/Action

```
Läufer im Sprint durch Regen bei Nacht, starke
Bewegungsunschärfe, dramatische Beleuchtung,
Wasserspritzer, cineastische Sportfotografie.
```

MAI-Image-1

Surreal

```
Ein riesiger Wal schwimmt durch eine Stadtlandschaft,
surreale Szene, realistisches Licht, sehr detailliert,
traumhafte Atmosphäre.
```

MAI-Image-1

Food

```
Nahaufnahme eines Gourmet-Burgers, geschmolzener Käse,
knuspriger Speck, frisches Gemüse, Studiobeleuchtung,
ultra-realistische Food-Fotografie.
```

MAI-Image-1

Innenraum

```
Gemütliches, modernes Wohnzimmer mit großen Fenstern,
natürliches Licht, Holzboden, Pflanzen, minimalistisches
Möbeldesign, hoher Detailgrad, realistische
Innenarchitektur.
```

MAI-Image-1

6. Canva

Canva zählt zu den bekanntesten und meistgenutzten Online-Designplattformen weltweit. Ursprünglich wurde der Dienst als einfaches Werkzeug zur Erstellung von Grafiken, Präsentationen und Social-Media-Posts entwickelt, hat sich aber in den letzten Jahren zu einer umfassenden Kreativplattform mit integrierten KI-Funktionen weiterentwickelt.

Eine der wichtigsten Erweiterungen ist der KI-Bildgenerator ***Magic Media***, mit dem sich Bilder allein auf Basis einer Texteingabe erzeugen lassen.

Der KI-Generator in Canva nutzt eine von OpenAI lizenzierte Technologie. Dadurch entstehen realistische, detailreiche und qualitativ hochwertige Bildmotive, die sich direkt in Designprojekte einfügen lassen.

Für die Nutzung ist eine Registrierung mit einem Canva-Konto erforderlich. Diese Anmeldung ist kostenlos und erfolgt über die üblichen Wege per E-Mail, Google- oder Microsoft-Konto. Sie ist notwendig, damit Canva die erstellten Inhalte verwalten, temporär speichern und den Nutzungsstatus korrekt zuordnen kann.

Canva kann grundsätzlich kostenlos verwendet werden. In der Gratisversion stehen bereits zahlreiche KI-Funktionen, Vorlagen und Designwerkzeuge zur Verfügung, jedoch mit gewissen Einschränkungen bei Qualität, Geschwindigkeit und Bildanzahl. Wer regelmäßig oder professionell arbeitet, kann auf ***Canva Pro*** oder ***Canva for Teams*** upgraden. Diese kostenpflichtigen Varianten bieten erweiterte KI-Kapazitäten, höhere Auflösungen und eine priorisierte Verarbeitung.

Für den Einstieg und das gelegentliche Erstellen von KI-Bildern ist die kostenlose Version völlig ausreichend. Sie ermöglicht es, ohne technische Hürden und ohne Vorkenntnisse eigene Bilder zu erzeugen und diese direkt weiterzuverarbeiten.

Zum Redaktionsschluss zeigt sich bei Canva ein Übergang zwischen zwei Benutzeroberflächen: Wenn Sie bereits seit Längerem ein Canva-Konto besitzen, wird Ihnen häufig noch die ältere Magic-Media-Oberfläche angezeigt.

Neue Nutzer hingegen sehen das aktuellere Interface-Design der sogenannten Canva AI Zentrale. Dieses bündelt mehrere KI-Werkzeuge (*Image*, *Design*, *Doc*, *Code* und *Video clip*) unter einer gemeinsamen Oberfläche.

Aus diesem Grund zeigt dieses Kapitel vor allem die englischsprachige Benutzeroberfläche.

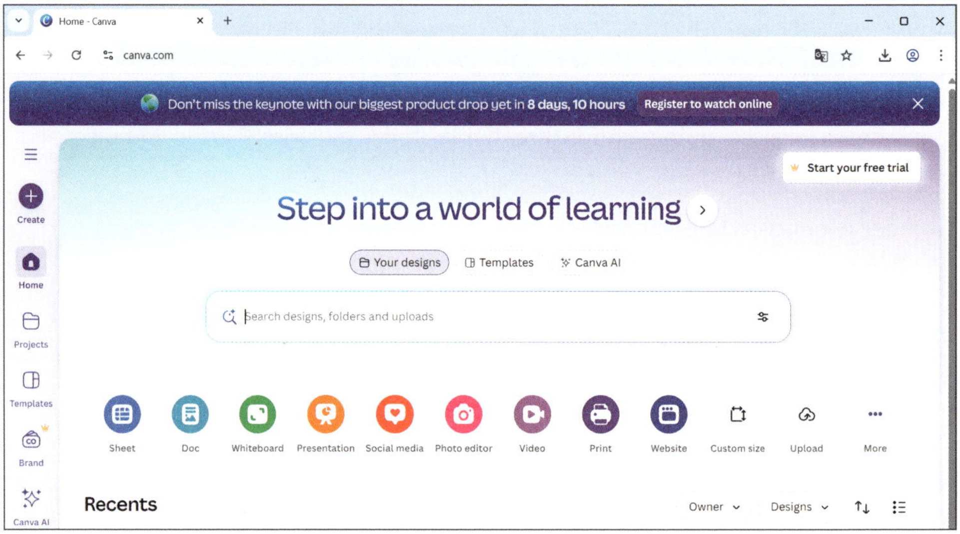

Der Grund für die parallele Existenz beider Varianten liegt darin, dass Canva den Wechsel zur neuen Plattform schrittweise vollzieht. Bestandskonten bleiben aus Gründen der Stabilität und Datensicherheit vorerst in der klassischen Umgebung, während neue Konten automatisch auf das modernisierte Interface migriert werden.

Im Laufe des Jahres 2026 soll dieser Übergang laut Unternehmensangaben vollständig abgeschlossen sein. Canva ist über die Adresse www.canva.com erreichbar.

Nachdem Sie sich bei Canva angemeldet bzw. registriert haben, können Sie im anschließend angezeigten Eingabefeld direkt den gewünschten Prompt eingeben und danach auf die rechts daneben befindliche Pfeilschaltfläche (*Submit*) klicken. Daraufhin erzeugt Canva vier Bildvarianten, die unterhalb des Eingabefeldes angezeigt werden.

Auch in diesem Beispiel wurde zunächst dieser Prompt verwendet:

```
Zwei junge sportliche blonde Frauen beim Cardiotraining
im Fitnessstudio auf Laufbändern, moderne Sportkleidung,
freundlicher Ausdruck, realistisch.
```

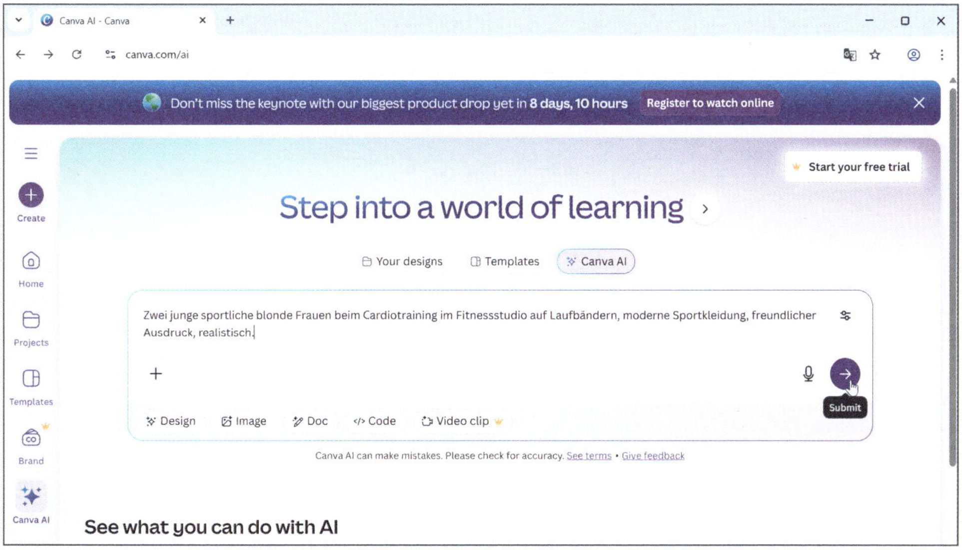

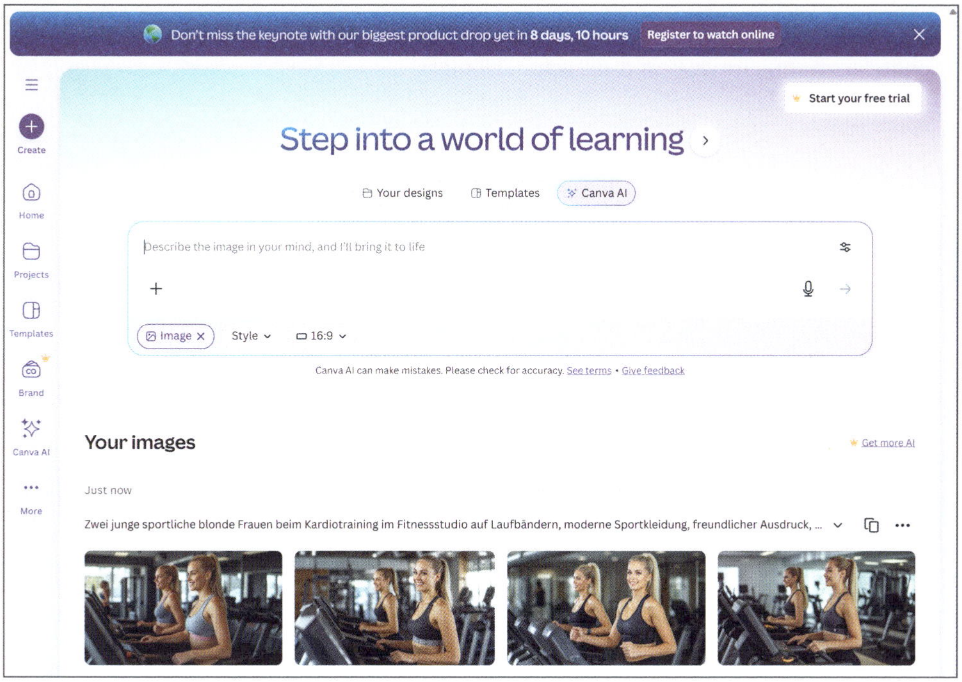

Mit einem Klick auf eines der erzeugten Bilder wird dieses in einer vergrößerten Ansicht dargestellt.

In der rechten oberen Ecke dieser Ansicht finden Sie ein Download-Symbol. Klicken Sie darauf, um das Bild herunterzuladen.

Voreingestellt werden die Bilder im Dateiformat JPEG gespeichert. Im Download-Dialog können Sie jedoch auch andere Formate auswählen, zum Beispiel PNG.

Canva vergibt den Dateinamen automatisch, indem es dazu die ersten Wörter des verwendeten Prompts heranzieht.

Im Ergebnis erzielte Canva auf Anhieb fotorealistische Bilder mit einem überzeugenden Look. Allerdings wirkten diese noch etwas zu statisch und zeigten zu wenig Laufdynamik.

Aus diesem Grund wurde der Prompt entsprechend angepasst und eine erneute Berechnung gestartet. Dazu wurde der folgende Prompt in das Eingabefeld eingefügt und erneut ausgeführt:

```
Zwei junge sportliche blonde Frauen beim Cardiotraining
im Fitnessstudio auf parallelen Laufbändern. Sie
bewegen sich nebeneinander von links nach rechts
durchs Bild, mit natürlicher Laufbewegung und leichtem
Bewegungsunschärfeeffekt an Armen und Laufbändern. Eine
Frau schaut konzentriert nach vorn, die andere lächelt in
Richtung Kamera. Beide tragen moderne Trainingskleidung.
Realistische Körperhaltung, authentische Beleuchtung, klare
Raumtiefe, dynamische Darstellung, fotorealistischer Stil.
Kamera auf Augenhöhe, mittlere Brennweite, Fokus auf die
beiden Läuferinnen, Hintergrund leicht unscharf.
```

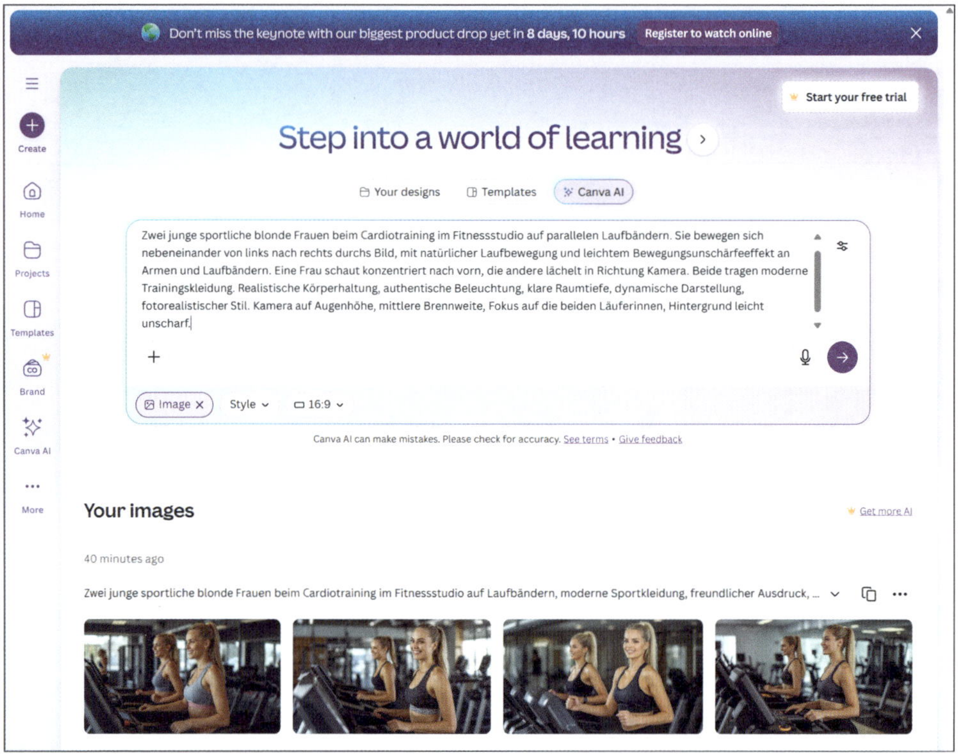

In der Folge generiert Canva erneut vier Bilder, die nun deutlich dynamischer wirken. Damit Sie sich ein besseres Bild von den Ergebnissen machen können, finden Sie diese nachfolgend in vergrößerter Darstellung.

Da die bisher erzielten Ergebnisse zwar überzeugend, aber noch nicht ausreichend laufdynamisch wirkten, wurde der folgende Prompt formuliert.

Ziel war es, die Bewegung der Läuferinnen noch natürlicher und kraftvoller darzustellen – insbesondere durch eine stärkere Betonung des Arm-Bein-Gegentakts sowie eine sichtbarere Körperspannung.

```
Zwei junge sportliche blonde Frauen beim intensiven
Cardiotraining im Fitnessstudio auf parallelen
Laufbändern. Sie laufen nebeneinander von links nach
rechts durchs Bild mit natürlicher Laufbewegung und
deutlichem Arm-Bein-Gegentakt: jeweils ein Arm nach
vorn, der andere nach hinten, dynamisch abgewinkelt und
leicht vom Körper entfernt. Sichtbare Bewegungsspannung
in Schultern und Oberarmen, authentische Körperhaltung,
realistische Laufbewegung. Leichte Bewegungsunschärfe an
Armen, Beinen und Laufbändern, fotorealistischer Stil,
natürliche Beleuchtung, klare Raumtiefe, Fokus auf die
Läuferinnen, Kamera auf Augenhöhe, mittlere Brennweite,
unscharfer Hintergrund.
```

Daraufhin erzeugte Canva vier deutlich dynamischere Bildvarianten. Drei davon waren jedoch aufgrund ungünstiger Perspektive oder unvorteilhafter Bildkomposition nicht wirklich brauchbar.

Ein Ergebnis hingegen überzeugte sowohl in der Laufdynamik als auch in der gesamten Darstellung – dieses ist nachstehend in vergrößerter Form dargestellt.

6.1 Plakat (Poster) erstellen

Das zuvor erzeugte Bild soll nun für die Gestaltung eines Posters verwendet werden. Klicken Sie dazu auf das gewünschte Bild, um es in der vergrößerten Ansicht anzeigen zu lassen. In dem daraufhin geöffneten Dialogfenster finden Sie im rechten Bereich unter *Edit in Canva AI* die Schaltfläche *Make a poster*. Klicken Sie darauf, um das Bild automatisch in ein Poster-Layout zu übernehmen und den Designmodus zu öffnen.

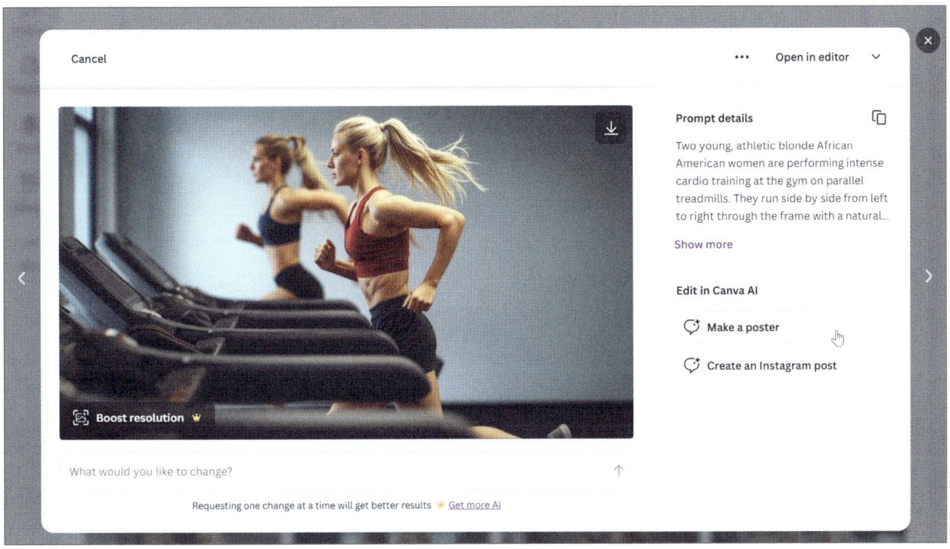

Daraufhin öffnet sich ein neues Fenster, in dem Canva automatisch verschiedene Poster-Vorschläge generiert. In diesem Fall werden vier verschiedene Layout-Entwürfe angezeigt, die auf dem zuvor gewählten Bild basieren. Wählen Sie mit einem Klick eine der angezeigten Vorlagen aus, um diese weiterzubearbeiten und an Ihre eigenen Vorstellungen anzupassen.

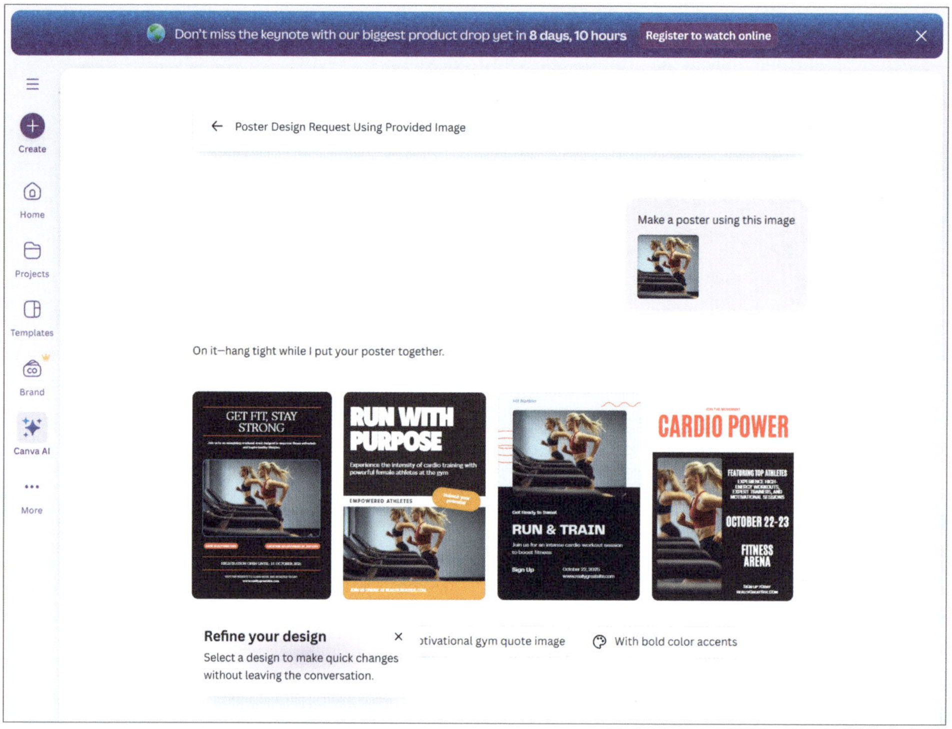

Nachdem Sie eine der Poster-Vorlagen ausgewählt haben, wird der gewählte Entwurf in einer vergrößerten Ansicht geöffnet. In diesem Bearbeitungsmodus können Sie einzelne Elemente wie Texte, Farben oder Schriften direkt anklicken und anpassen.

Im gezeigten Beispiel wurde der obere Schriftzug *Join the Movement* ausgewählt und durch die deutschsprachige Variante *Starte deine Power-Session* ersetzt. Ebenso können Sie weitere Textfelder bearbeiten – etwa *Featuring Top Athletes* in *Top Trainer* – oder andere Beschriftungen übersetzen und anpassen.

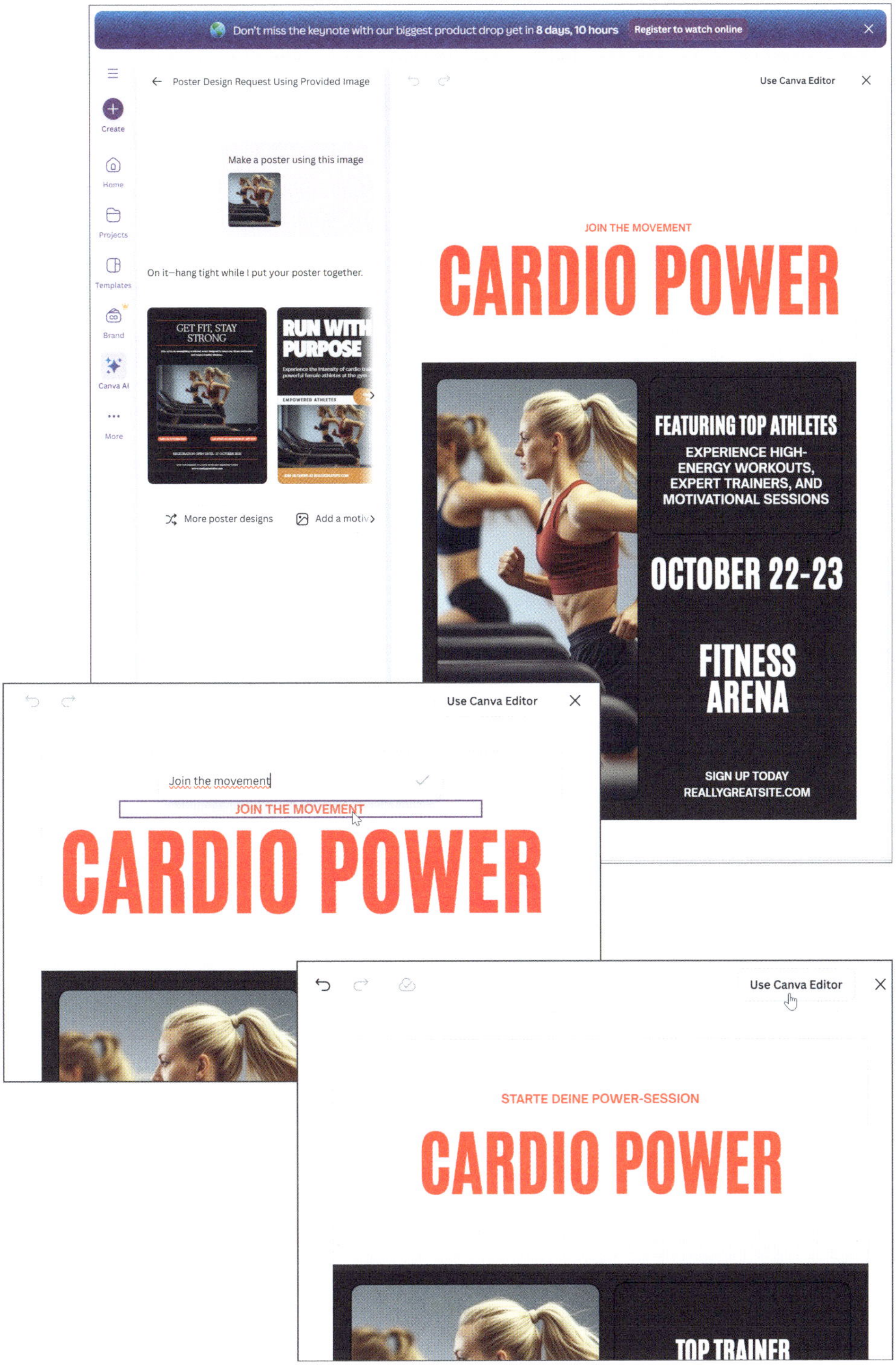
Don't miss the keynote with our biggest product drop yet in 8 days, 10 hours
Register to watch online
Poster Design Request Using Provided Image
Use Canva Editor
Create
Home
Projects
Templates
Brand
Canva AI
More
Make a poster using this image
On it—hang tight while I put your poster together.
GET FIT, STAY STRONG
RUN WITH PURPOSE
EMPOWERED ATHLETES
More poster designs
Add a motiv
JOIN THE MOVEMENT
CARDIO POWER
FEATURING TOP ATHLETES
EXPERIENCE HIGH-ENERGY WORKOUTS, EXPERT TRAINERS, AND MOTIVATIONAL SESSIONS
OCTOBER 22-23
FITNESS ARENA
SIGN UP TODAY
REALLYGREATSITE.COM
Use Canva Editor
Join the movement
JOIN THE MOVEMENT
CARDIO POWER
Use Canva Editor
STARTE DEINE POWER-SESSION
CARDIO POWER
TOP TRAINER

Sobald Sie mit dem Layout und den Texten zufrieden sind, klicken Sie oben rechts auf *Share* und wählen anschließend *Download*, um das fertige Plakat herunterzuladen.

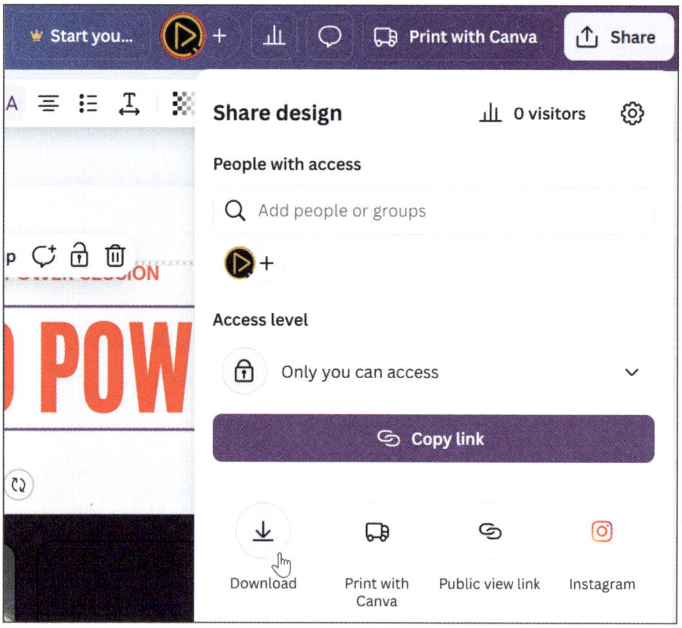

Dabei vergibt Canva automatisch einen Dateinamen, der sich aus den ersten Wörtern des Projekttitels zusammensetzt.

Die maximale Auflösung für den Download liegt in der kostenlosen Version bei 1.587 × 2.245 Pixeln.

Wenn Sie Poster in höherer Auflösung oder größeren Druckformaten exportieren möchten, ist ein kostenpflichtiges Canva-Abo erforderlich – etwa *Canva Pro* oder *Canva for Teams*. Diese Versionen ermöglichen den Export in deutlich höheren Auflösungen und bieten zusätzliche Dateiformate sowie erweiterte Designfunktionen.

STARTE DEINE POWER-SESSION
CARDIO POWER
TOP TRAINER
POWER-WORKOUTS, MOTIVATION PUR, ENDURANCE FLOW
OCTOBER 22-23
FITNESS HOUSE FLENSBURG
JETZT ANMELDEN
REALLYGREATSITE.COM

6.2 Instagram-Post erstellen

Um aus dem bereits erzeugten Bild einen Instagram-Post zu gestalten, klicken Sie erneut auf das gewünschte Bild. Es wird – wie schon beim Erstellen des Posters – in einer vergrößerten Ansicht angezeigt. Klicken Sie nun im Bereich *Edit in Canva AI* auf die Schaltfläche *Create an Instagram post.*

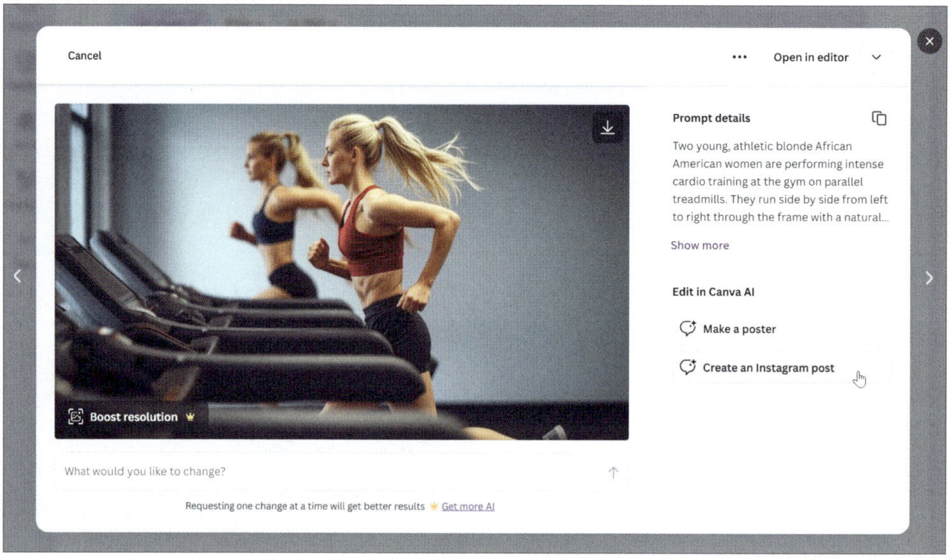

Daraufhin öffnet sich ein neuer Arbeitsbereich. Canva wechselt automatisch in den KI-Dialogmodus und erkennt anhand der gewählten Option, dass Sie einen Instagram-Post erstellen möchten. Im Hintergrund startet der KI-Prozess und generiert auf Basis des gewählten Bildes mehrere Designvorschläge.

Nach kurzer Zeit werden vier unterschiedliche Layout-Entwürfe angezeigt, die speziell für Instagram optimiert sind. Wählen Sie einen der Vorschläge durch Anklicken aus, um diesen in der vergrößerten Ansicht zu öffnen und anschließend weiterzubearbeiten.

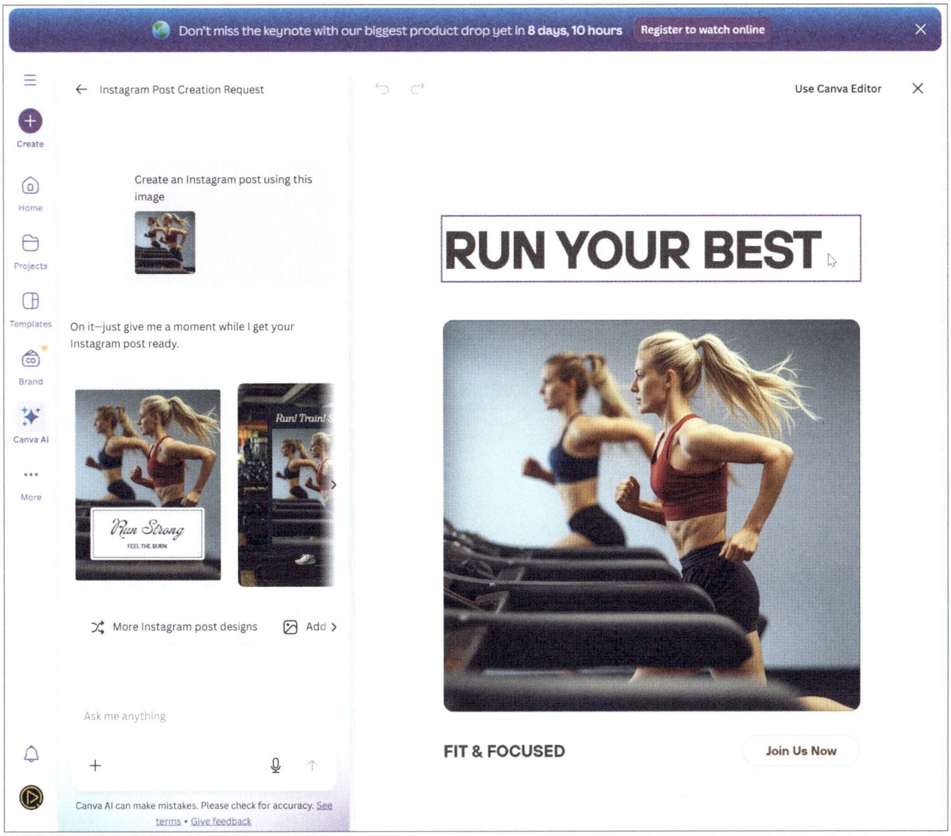

Da Canva die automatisch generierten Instagram-Post-Layouts zunächst in englischer Sprache erstellt, muss die Sprache über einen zusätzlichen Prompt umgestellt werden.

Formulieren Sie dazu im Eingabefeld unten im KI-Dialog beispielsweise folgenden Hinweis:

```
Create this Instagram post in German with a motivating
and energetic tone. Translate all captions, slogans and
labels into German.
```

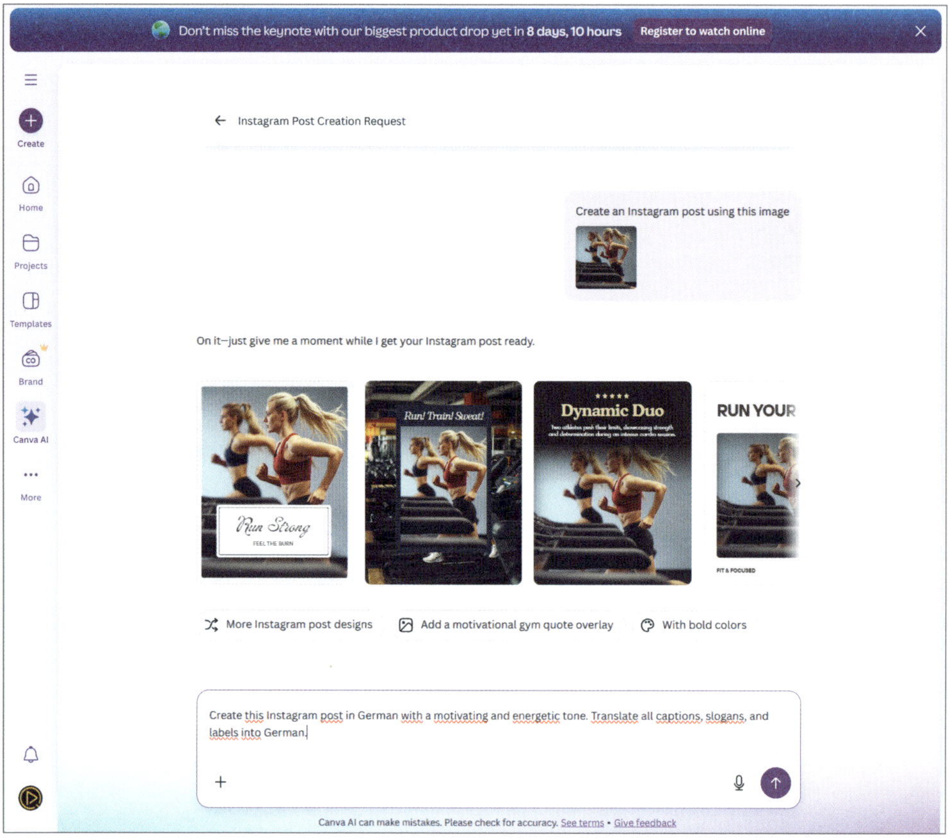

Daraufhin aktualisiert Canva die Entwürfe und zeigt mehrere deutschsprachige Varianten an. Wählen Sie die passende Variante mit einem Klick aus. Das Design wird nun vergrößert dargestellt.

Bei Bedarf können Sie nun einzelne Elemente, etwa Überschriften, durch Anklicken bearbeiten und neue Texte eingeben. Wenn Sie darüber hinaus Änderungen vornehmen möchten, die sich in diesem Bereich nicht umsetzen lassen, klicken Sie oben rechts auf *Use Canva Editor*. Ich habe das in diesem Fall gemacht, weil die Überschrift zunächst voreingestellt linksbündig formatiert war und das an dieser Stelle nicht mehr gepasst hat.

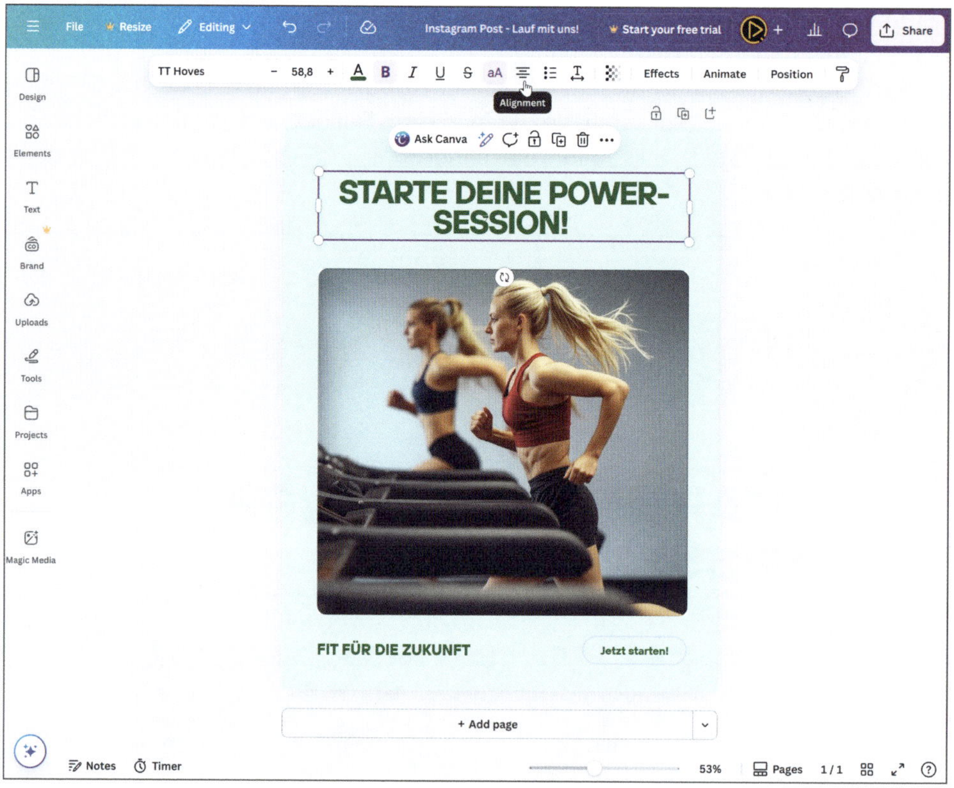

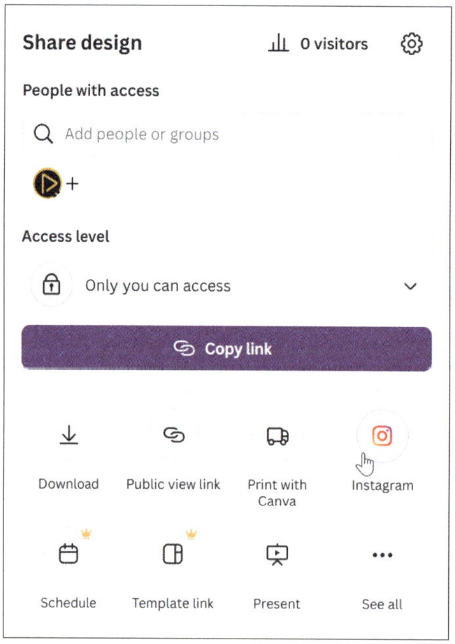

Im *Canva Editor* können Sie dann über die Schaltfläche *Alignment* die Ausrichtung anpassen – also zwischen linksbündig, zentriert oder rechtsbündig wählen. Sobald Sie alle Anpassungen vorgenommen haben, klicken Sie oben rechts auf *Share* und wählen im folgenden Dialog *Instagram*. Damit können Sie den fertigen Post direkt veröffentlichen oder planen.

7. Stable Diffusion

Stable Diffusion zählt zu den bekanntesten Systemen im Bereich der KI-Bildgenerierung. Entwickelt wurde es 2022 von der britischen Firma Stability AI in Zusammenarbeit mit Forschern der Ludwig-Maximilians-Universität München und dem Team von Runway ML. Ziel war es, eine Open-Source-Alternative zu geschlossenen Systemen wie ***DALL-E*** oder ***Midjourney*** zu schaffen.

Zwar lassen sich mit ***Stable Diffusion*** zweifellos beeindruckende Bilder erzeugen – dafür existieren unzählige Beispiele –, doch zeigt sich immer wieder, dass das Modell Schwierigkeiten hat, bestimmte Aspekte gezielt zu steuern. Besonders bei der präzisen Vorgabe von Blickwinkeln, Bewegungsrichtungen oder räumlichen Ausrichtungen reagiert das System unzuverlässig. Das zeigt sich auch in dem hier behandelten Beispiel.

Hinweis

Stable Diffusion kann auch lokal installiert und betrieben werden. Dies setzt jedoch eine leistungsfähige Grafikkarte, ausreichend Arbeitsspeicher und ein gewisses technisches Grundverständnis voraus. Im Rahmen dieses Buches wird diese Vorgehensweise nicht beschrieben, da die Vergleichbarkeit mit den anderen hier vorgestellten online verfügbaren KI-Generatoren dadurch nicht mehr gegeben wäre. Wenn Sie sich für die lokale Installation interessieren, finden Sie über eine einfache Internetsuche zahlreiche Anleitungen und Download-Quellen.

Die bekannteste Plattform, auf der Stable Diffusion direkt ausprobierbar und nutzbar ist, ist ***Dream Studio***. Diese Plattform dient auch als Grundlage für das folgende Beispiel. ***Dream Studio*** funktioniert vollständig im Browser und ist unter https://dreamstudio.ai erreichbar. Nach der kostenlosen Registrierung erhalten Sie ein Startguthaben in Höhe von 100 Credits und können direkt mit der Bildgenerierung beginnen. Dieses Startguthaben wird nicht automatisch erneuert. Sobald die Credits aufgebraucht sind, können Sie weitere Credits nur über einen kostenpflichtigen Tarif erwerben.

Nach der Anmeldung erscheint zunächst ein Begrüßungsfenster mit der Überschrift *Welcome to Dream Studio*, das auf Wunsch einige Hinweise zum Umgang mit der Plattform zeigt. Mit einem Klick auf *Continue* wechseln Sie jeweils zum nächsten Hinweis. Wenn Sie diese Einführung überspringen möchten, klicken Sie einfach unten auf *Skip Tutorial*.

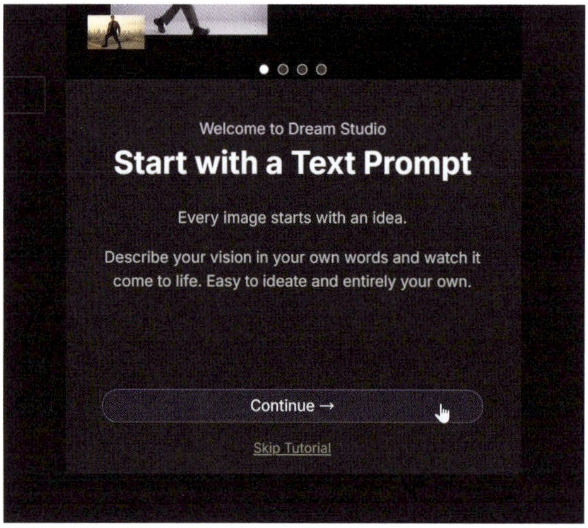

Anschließend wird die Hauptoberfläche von Dream Studio angezeigt. Beginnen wir oben links bzw. mit *Project: My First Project*. In diesem Fall brauchen Sie hier keine Veränderungen vorzunehmen. Zukünftig werden Sie an dieser Stelle jedoch sehr wahrscheinlich ein neues Projekt anlegen wollen, um Ihre Bilder übersichtlich zu organisieren. Mit anderen Worten: Für jedes eigene Vorhaben empfiehlt es sich, ein separates Projekt anzulegen. So behalten Sie leichter den Überblick über die von Ihnen erzeugten Bilder.

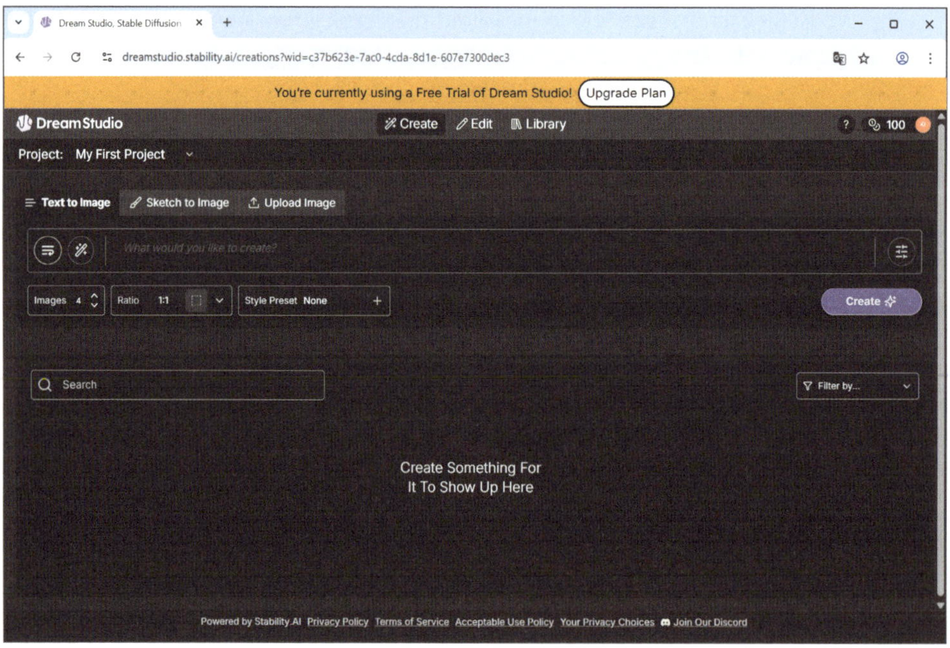

Direkt darunter sehen Sie drei Reiter. *Text to Image* erzeugt ein Bild aus einem Prompt. *Sketch to Image* verwandelt eine hochgeladene Skizze in ein fertiges Bild, und *Upload Image* nutzt ein vorhandenes Bild als Ausgangspunkt für Varianten.

Unter dem Texteingabefeld finden Sie einige zusätzliche Einstellungen. Mit *Images* bestimmen Sie, wie viele Bilder gleichzeitig erzeugt werden sollen. Über *Ratio* legen Sie das Seitenverhältnis fest, zum Beispiel 1:1 oder 16:9. Im Feld *Style Preset* können Sie einen voreingestellten Stil auswählen, etwa *Photographic*, *Digital Art* oder *Cinematic*. Diese Optionen lassen sich später jederzeit anpassen.

In diesem Abschnitt beginnen wir, wie schon in den vorherigen Kapiteln, mit demselben Ausgangs-Prompt, den wir auch bei den anderen Bildgeneratoren verwendet haben. Es handelt sich dabei um die Szene mit den beiden Sportlerinnen. Während der Prompt in den früheren Beispielen in vielen Fällen Schritt für Schritt aufgebaut wurde, starten wir hier direkt mit einer komplexen Version.

Das erlaubt einen unmittelbaren Vergleich, wie Dream Studio bzw. Stable Diffusion diesen Prompt interpretiert und umsetzt. Das Seitenverhältnis (Ratio) wurde dabei auf 16:9 eingestellt und das Preset *Style* unverändert gelassen.

```
Zwei junge sportliche blonde Frauen beim intensiven
Cardiotraining im Fitnessstudio auf parallelen
Laufbändern. Sie laufen nebeneinander von links nach
rechts durchs Bild mit natürlicher Laufbewegung und
deutlichem Arm-Bein-Gegentakt: jeweils ein Arm nach
vorn, der andere nach hinten, dynamisch abgewinkelt und
leicht vom Körper entfernt. Sichtbare Bewegungsspannung
in Schultern und Oberarmen, authentische Körperhaltung,
realistische Laufbewegung. Leichte Bewegungsunschärfe an
Armen, Beinen und Laufbändern, fotorealistischer Stil,
natürliche Beleuchtung, klare Raumtiefe, Fokus auf die
Läuferinnen, Kamera auf Augenhöhe, mittlere Brennweite,
unscharfer Hintergrund.
```

Bei Verwendung eines deutschsprachigen Prompts zeigt Dream Studio die Fehlermeldung *Error Generating Image: Non English Prompt. English is the only supported language for this service.* Mit anderen Worten: In Dream Studio werden nur englische Prompts akzeptiert. Daher habe ich den deutschen Prompt durch den folgenden englischsprachigen ersetzt und erneut auf *Create* geklickt.

Der Prompt in Englisch:

```
Two young, athletic blonde women are engaged in an
intense cardio workout at the gym, running side by side on
parallel treadmills. They move from left to right across
the image with a natural running motion and a clear arm-
leg counterbalance: one arm swings forward while the
other moves back, both dynamically bent and slightly away
from the body. There is visible muscle tension in the
shoulders and upper arms, showing an authentic, realistic
posture and running form. A slight motion blur is visible
on their arms, legs, and the treadmills, emphasizing
movement. The scene is rendered in a photorealistic
style with natural lighting, clear depth of field, and the
focus on the two runners. The camera is positioned at eye
level with a medium focal length, while the background
remains softly blurred.
```

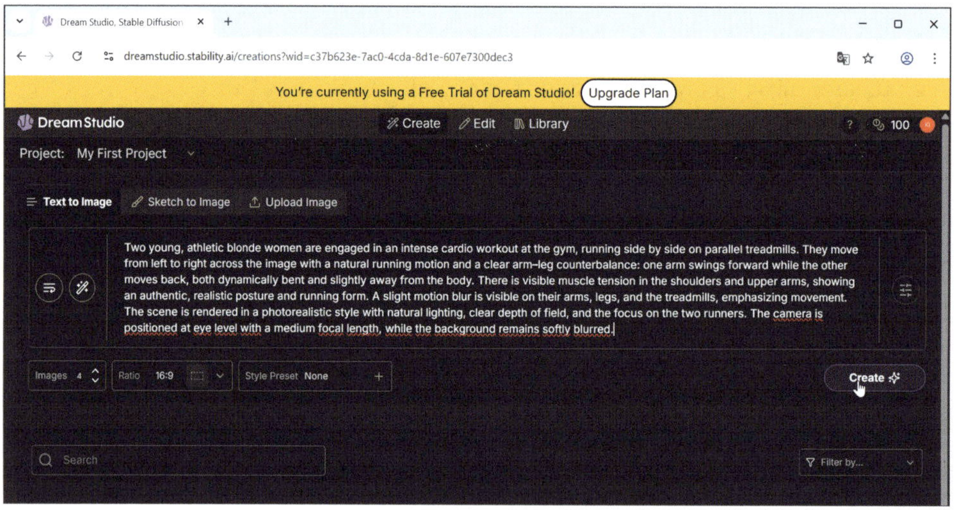

Es fällt auf, dass eine wichtige Prompt-Anweisung ignoriert wurde: Anstelle der geforderten seitlichen Ansicht mit einer Bewegung von links nach rechts wurde in allen drei Fällen eine Rückansicht generiert. Die Bewegung verläuft somit in die Tiefe des Raums und nicht quer durch das Bild. In einem der Ergebnisse fehlt jedoch bei der linken Läuferin das rechte Bein vollständig. Bei der rechten Läuferin desselben Bildes befinden sich zudem beide Beine gleichzeitig in der Luft, wodurch die Bewegung unnatürlich und nicht sehr realistisch wirkt.

91%
Details
Properties
Prompt
Two young, athletic blonde women are engaged in an intense cardio workout at the gym, running side by side on parallel treadmills. They move from left to right across the image with a natural running motion and a clear arm-leg counterbalance: one arm swings forward while the other moves back, both dynamically bent and slightly away from the body. There is visible muscle tension in the shoulders and upper arms, showing an authentic, realistic posture and running form. A slight motion blur is visible on their arms, legs, and the treadmills, emphasizing movement. The scene is rendered in a photorealistic style with natural lighting, clear depth of field, and the focus on the two runners. The camera is positioned at eye level with a medium focal length, while the background remains softly blurred.
Organization
Project: My First Project
Add Tag +

In der Praxis ließ sich das Problem, eine korrekte Seitenansicht der Läuferinnen zu erzeugen, nicht lösen. Trotz mehrfacher Anpassungen der Formulierungen erzeugte das System ausschließlich Ansichten von hinten.

8. Midjourney

Der KI-Bildgenerator ***Midjourney*** wurde 2022 vom gleichnamigen US-amerikanischen Unternehmen entwickelt. Das Tool zählt heute zu den bekanntesten und technisch ausgereiftesten Angeboten im Bereich der generativen Bildgestaltung.

In der Anfangsphase war Midjourney ausschließlich über die Kommunikationsplattform ***Discord*** nutzbar, bei der die Bildgenerierung über Bot-Befehle erfolgte. Dieses Modell blieb bis Sommer 2024 bestehen, bevor das Unternehmen die Nutzung über ein eigenes Webinterface freigab. Seitdem lässt sich Midjourney direkt im Browser bedienen, erreichbar unter www.midjourney.com.

Eine Testversion gab es zum Redaktionsschluss nicht; wenn Sie Midjourney verwenden möchten, müssen Sie ein Abonnement abschließen. Der günstigste Tarif liegt derzeit bei rund zehn Euro pro Monat und ist monatlich kündbar.

8.1 Tarifmodelle und Nutzung

Midjourney verwendet für die Bild- und Videoberechnung sogenannte GPU-Zeitkontingente. Die GPU-Time bezeichnet dabei die Zeitspanne bzw. die Rechenzeit, die Midjourney auf seinen Servern für die Erstellung von Bildern oder Videos nutzt. Dieser Zustand wird als Fast-Modus bezeichnet. Ist das monatliche Fast-Kontingent aufgebraucht, wechselt das System – je nach Tarif – automatisch in den Relax-Modus. In diesem Modus werden Aufträge mit geringerer Priorität und längeren Wartezeiten bearbeitet, allerdings ohne Einschränkung des Gesamtvolumens. Im günstigsten Tarif, dem Basic Plan, steht dieser Relax-Modus nicht zur Verfügung. Nutzer müssen dort bei Bedarf zusätzliches Rechenzeitkontingent erwerben.

Ein weiterer Aspekt betrifft die Sichtbarkeit der erzeugten Inhalte. Alle mit Midjourney erstellten Bilder und Videos sind standardmäßig öffentlich sichtbar. Nur in den höherwertigen Tarifen Pro Plan und Mega Plan steht ein sogenannter Stealth-Modus zur Verfügung, der die privaten Projekte von der öffentlichen Galerie ausschließt.

Darüber hinaus bieten die höheren Tarife weitere Funktionen wie parallele Bild- und Videoaufträge, den integrierten Bildeditor sowie die Möglichkeit, HD-Videos zu erzeugen. Diese Staffelung erlaubt es, den Leistungsumfang individuell an den jeweiligen Bedarf anzupassen: Während gelegentliche Anwender meist mit dem Basic Plan auskommen, richtet sich der Mega Plan an professionelle Nutzer, die Midjourney regelmäßig bzw. intensiv verwenden.

Preis- und Funktionsübersicht

	Basic Plan	Standard Plan	Pro Plan	Mega Plan
Preis (monatlich)	10 $	30 $	60 $	120 $
Preis (jährlich, -20 %)	8 $	24 $	48 $	96 $
Fast-GPU-Time	3,3 Std./Monat	15 Std./Monat	30 Std./Monat	60 Std./Monat
Relax-GPU-Time	nicht verfügbar	unbegrenzt	unbegrenzt	unbegrenzt
Parallel Jobs (Image/Video)	3/1	3/3	12/6	12/12
Video-generierung	SD	SD & HD	SD & HD	SD & HD
Bildeditor	verfügbar	verfügbar	verfügbar	verfügbar
GPU-Top-Ups	optional (Preis nicht angegeben)	optional	optional	optional
Stealth-Mode	–	–	verfügbar	verfügbar

Hinweis
Midjourney entwickelt seine Bildmodelle regelmäßig weiter. Nach Version 7 folgte mit Version 8.1 ein neueres Modell, das unter anderem schneller arbeitet, Prompts besser umsetzt und Details zuverlässiger beibehält.

Links auf der Startseite können Sie über *Subscribe* ein Abonnement abschließen. Nach erfolgreicher Registrierung und Zahlung gelangen Sie direkt in Ihr persönliches *Studio*, in dem später alle von Ihnen erstellten Bilder und Projekte angezeigt werden. Dort finden Sie auch das Eingabefeld *What will you imagine?*, über das Sie neue Prompts eingeben können. Midjourney akzeptiert Eingaben in natürlicher Sprache, bevorzugt jedoch Englisch. Prompts in deutscher Sprache werden zwar grundsätzlich verstanden, führen aber gelegentlich zu weniger präzisen Ergebnissen. Eine feste Syntax ist nicht erforderlich, dennoch haben sich bestimmte Strukturen bewährt – etwa die Kombination aus Motivbeschreibung, Stilangabe und technischen Zusätzen wie *–ar 16:9* für das Seitenverhältnis oder *–v 8.1* für die Modellversion.

Nachdem Sie Ihren Prompt abgeschickt haben, erzeugt Midjourney direkt im Browser vier Bildvorschläge. Je nach Tarif und Auslastung dauert der Vorgang zwischen wenigen Sekunden und etwa einer Minute. Anschließend können Sie die Vorschläge über die Schaltflächen *V* und *U* variieren oder hochskalieren. Der Ablauf entspricht im Prinzip dem früheren Discord-Verfahren, ist aber deutlich übersichtlicher gestaltet.

Ihre fertigen Ergebnisse werden automatisch im persönlichen Archiv gespeichert. Dort können Sie sie herunterladen, kopieren oder im integrierten Editor weiterbearbeiten. Außerdem lassen sich Projekte anlegen, sortieren und verwalten, was den Überblick insbesondere bei regelmäßigem Einsatz erleichtert. Die neue Weboberfläche ist darauf ausgelegt, den gesamten Prozess – von der Anmeldung bis zur fertigen Bildausgabe – ohne Discord und ohne technische Hürden zu ermöglichen.

Auch in diesem Fall kommt derselbe Referenz-Prompt zum Einsatz, der bei allen anderen KI-Bildgeneratoren in diesem Buch verwendet wird. Auf diese Weise lässt sich vergleichen, wie Midjourney mit derselben Aufgabenstellung umgeht und welche Besonderheiten oder Unterschiede sich im Ergebnis zeigen.

Prompt:

```
Zwei junge sportliche blonde Frauen beim intensiven
Cardiotraining im Fitnessstudio auf parallelen
Laufbändern. Sie laufen nebeneinander von links nach
rechts durchs Bild mit natürlicher Laufbewegung und
deutlichem Arm-Bein-Gegentakt: jeweils ein Arm nach
vorn, der andere nach hinten, dynamisch abgewinkelt und
leicht vom Körper entfernt. Sichtbare Bewegungsspannung
in Schultern und Oberarmen, authentische Körperhaltung,
realistische Laufbewegung. Leichte Bewegungsunschärfe an
Armen, Beinen und Laufbändern, fotorealistischer Stil,
natürliche Beleuchtung, klare Raumtiefe, Fokus auf die
Läuferinnen, Kamera auf Augenhöhe, mittlere Brennweite,
unscharfer Hintergrund.
```

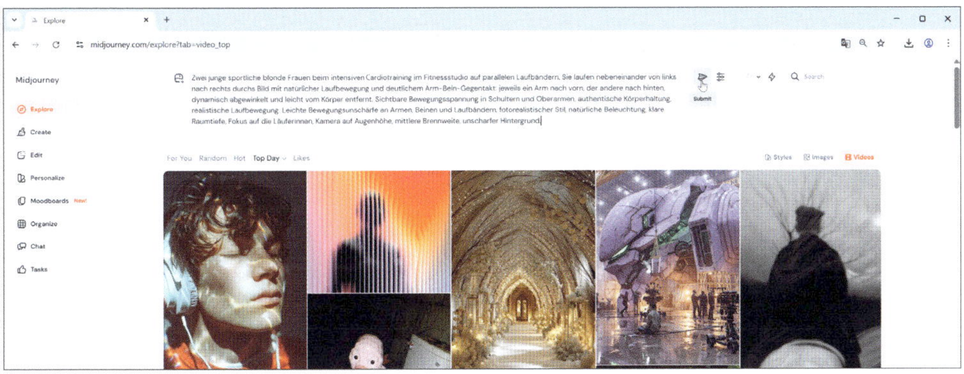

Midjourney setzt den Referenz-Prompt insgesamt überzeugend um. Das System überträgt die inhaltliche Vorgabe präzise und zeigt zwei sportliche Frauen beim Lauftraining im Fitnessstudio auf parallelen Laufbändern – so wie im Prompt beschrieben. Die Körperhaltungen sind anatomisch korrekt und wirken grundsätzlich authentisch, auch wenn die Bewegungsdynamik etwas zu ruhig ausfällt. Anstelle eines intensiven Cardiotrainings entsteht eher der Eindruck eines gleichmäßigen, kontrollierten Laufens.

Die im Prompt geforderte Bewegungsunschärfe an Armen, Beinen und Laufbändern ist nur ansatzweise vorhanden. Midjourney tendiert auch in der aktuellen Version dazu, Bewegungen einzufrieren, statt sie mit realistischer Bewegungsunschärfe darzustellen. Die übrige Bildschärfe – insbesondere Tiefenunschärfe und Fokusverlauf – ist dagegen stimmig umgesetzt und unterstützt die räumliche Wirkung des Motivs. Die Körperhaltungen, vor allem im Schulter- und Armbereich, zeigen eine realistisch wirkende Spannung und lassen die körperliche Aktivität erkennen.

Hinsichtlich Lichtführung, Farbstimmung und Bildaufbau liefert Midjourney Ergebnisse auf sehr hohem Niveau. Die Beleuchtung wirkt natürlich und gleichmäßig, die Raumtiefe ist klar erkennbar, und die Fokusebene liegt stimmig auf den Läuferinnen. Auch der fotorealistische Stil wird konsequent umgesetzt, einschließlich natürlicher Hauttöne und glaubwürdiger Materialdarstellung.

Auffällig ist, dass Midjourney dazu neigt, die Gesichter sehr weich und harmonisch darzustellen – ein typisches Verhalten der KI, die tendenziell ästhetisierte, idealisierte Varianten bevorzugt. Dennoch wirken die Ergebnisse realistisch und glaubwürdig. Insgesamt gelingt Midjourney mit diesem Prompt ein überzeugendes fotorealistisches Ergebnis, das in Komposition und Bildästhetik überzeugt, in der Darstellung von Bewegung und Bewegungsunschärfe jedoch noch Verbesserungspotenzial zeigt.

8.2 Vergleich zwischen deutsch- und englischsprachigem Prompt

Im nächsten Schritt wurde überprüft, ob und in welchem Maß die Sprache des Prompts Einfluss auf das Ergebnis hat. Dazu wurde derselbe Inhalt, der zuvor in deutscher Sprache formuliert war, wortgetreu ins Englische übersetzt und erneut mit Midjourney ausgeführt. Ziel dieses Vergleichs war es, herauszufinden, ob die KI englischsprachige Eingaben präziser interpretiert und in der Bildausgabe stärker auf Details wie Bewegung, Dynamik oder fotografische Effekte reagiert. Gerade bei Begriffen mit technischem Bezug – etwa zu Beleuchtung, Schärfe oder Perspektive – zeigte sich häufig, dass Midjourney auf englische Formulierungen sensibler reagiert.

Prompt:

```
Two young athletic blonde women doing intense cardio
training in a gym on parallel treadmills. They are running
side by side from left to right across the image with
a natural running motion and a clear arm-leg counter
movement: one arm forward, the other backward, dynamically
bent and slightly away from the body. Visible tension in
shoulders and upper arms, authentic body posture, realistic
running motion. Slight motion blur on arms, legs, and
treadmill belts, photorealistic style, natural lighting,
clear depth of field, focus on the runners, camera at eye
level, medium focal length, blurred background.
```

Im direkten Vergleich mit der ersten Bildserie zeigt sich deutlich, dass Midjourney den englischen Prompt wesentlich präziser interpretiert. Die Darstellung der Laufbewegung wirkt dynamischer und natürlicher, die Körperhaltungen sind besser ausbalanciert, und die Bewegungsspannung ist klarer zu erkennen.

Vor allem im Bereich der Arme und Schultern gelingt es dem System nun, eine authentische Laufhaltung abzubilden, die nicht mehr so stark an eine Pose erinnert wie zuvor.

Auch die geforderte Bewegungsunschärfe wird erkennbar umgesetzt, wenn auch dezent. In den Haaren, Armen und teilweise in den Laufbändern ist eine leichte Unschärfe vorhanden, die das Gefühl tatsächlicher Bewegung verstärkt, ohne die Bildschärfe insgesamt zu beeinträchtigen. Damit erreicht Midjourney eine realistische Balance zwischen Dynamik und Detailgenauigkeit – ein Effekt, der bei der deutschsprachigen Prompt-Version vollständig fehlte.

In Bezug auf Lichtstimmung, Raumtiefe und fotorealistischen Stil bleibt die Qualität auf hohem Niveau. Die Beleuchtung wirkt authentisch, Hauttöne und Texturen sind glaubwürdig, und die Fokusebene ist präzise gesetzt. Durch die Verwendung des englischen Prompts zeigt sich außerdem eine differenziertere Lichtführung mit feinen Glanzlichtern, die körperliche Aktivität und Bewegung zusätzlich unterstreichen.

Insgesamt verdeutlicht dieser Vergleich, wie entscheidend die Sprachwahl für die Ergebnisqualität ist. Während der deutsche Prompt zwar verstanden wurde, führte er zu deutlich statischeren und neutraleren Bildern. Erst die englische Fassung ermöglichte eine überzeugende Umsetzung der geforderten Bewegungsdynamik. Wer mit Midjourney arbeitet und Wert auf präzise technische oder fotografische Effekte legt, sollte seine Prompts daher konsequent in englischer Sprache formulieren.

Parameter

Zusätzliche Steuerbefehle werden über sogenannte Parameter eingegeben. Parameter dienen dazu, bestimmte technische oder gestalterische Eigenschaften eines Bildes festzulegen – etwa das Seitenverhältnis, den Detailgrad oder die Modellversion. Parameter werden immer am Ende eines Prompts angegeben und beginnen mit zwei Bindestrichen. Direkt dahinter folgt die Abkürzung des gewünschten Befehls und gegebenenfalls ein Wert.

So legt zum Beispiel *–ar 16:9* das Bildseitenverhältnis fest, während *–v 7* bestimmt, dass das Modell Version 7 verwendet wird. Weitere gängige Parameter sind etwa *--chaos* (Variation der Ergebnisse), *--stylize* oder kurz *--s* (künstlerische Ausprägung), *--q* (Qualität bzw. Berechnungsaufwand) und *--no* (Ausschluss bestimmter Bildelemente). Mehrere Parameter können kombiniert werden, indem sie nacheinander an den Prompt angehängt werden.

Parametername	Schreibweise	Erläuterung
Seitenverhältnis (Aspect Ratio)	--ar <Breite:Höhe>	Legt das Format des Bildes fest. Standard ist 1:1. Häufig genutzte Werte sind 3:2, 4:3, 16:9 (Querformat) oder 2:3, 3:4, 9:16 (Hochformat). Der Wertebereich ist technisch flexibel, wird aber jenseits von 2:1 oder 1:2 meist beschnitten.
Chaos (Variation)	--chaos <0–100>	Bestimmt, wie stark die erzeugten Bilder voneinander abweichen. Niedrige Werte (0–20) führen zu ähnlichen, stabilen Ergebnissen, höhere Werte (über 50) zu unberechenbareren, experimentelleren Varianten. Standardwert ist 0.

Parametername	Schreibweise	Erläuterung
Stilisierung (Stylize/Style Strength)	--stylize <0–1000> oder –s <0–1000>	Gibt an, wie stark Midjourney eigene künstlerische Interpretationen einfließen lässt. Niedrige Werte erzeugen sachlichere Bilder, hohe Werte betonen Stil und Atmosphäre. Der Standardwert liegt bei 100.
Qualität (Quality)	--quality <0.25–1> oder –q <0.25–1>	Bestimmt, wie viel Rechenzeit pro Bild verwendet wird. Höhere Werte erzeugen detailliertere Ergebnisse, benötigen aber mehr GPU-Zeit. Der Standardwert ist 1. Niedrigere Werte (z. B. 0.5) rechnen schneller und sparsamer.
Negativer Parameter (No-Parameter)	--no <Begriff>	Schließt unerwünschte Elemente aus. Beispiel: *--no people* erzeugt ein menschenleeres Bild. Es können auch mehrere Begriffe kombiniert werden, etwa *--no text, watermark*.
Bildgewicht (Image Weight)	--iw <0.0–2.0>	Wird nur genutzt, wenn ein oder mehrere Referenzbilder hochgeladen werden. Der Wert bestimmt, wie stark das Bild den Stil oder Inhalt der Generierung beeinflusst. Standardwert ist 1.
Wiederholbarkeit (Seed)	--seed <Zahl>	Legt den Zufallswert für die Generierung fest. Gleiche Seeds mit identischen Prompts führen zu nahezu gleichen Ergebnissen. Wertebereich: 0 bis 4.294.967.295. Wird kein Seed angegeben, wählt Midjourney automatisch einen zufälligen.
Kachelmodus (Tile)	--tile	Erzeugt nahtlos wiederholbare Muster, z. B. für Texturen oder Hintergrunddesigns. Keine Werte erforderlich. Aktiviert einfach den Kachelmodus.
Weirdness (Weird)	--weird <0–3000>	Erhöht die Abweichung vom typischen Midjourney-Stil. Niedrige Werte sind subtil, hohe Werte liefern absurde oder künstlerisch verfremdete Ergebnisse. Standard ist 0.
Stilmodus (Style Raw)	--style raw	Reduziert die automatische ästhetische Nachbearbeitung durch Midjourney und führt zu neutraleren, realistischeren Bildern. Sinnvoll bei sachlichen oder dokumentarischen Motiven. Kein Zahlenwert erforderlich.

8.3 Verfeinerung durch Parameter

Im nächsten Schritt wurde versucht, den ursprünglichen englischen Prompt mithilfe ausgewählter Parameter weiter zu verfeinern. Ziel war es, Bildwirkung, Dynamik und Realismus gezielt zu verbessern. Besonderes Augenmerk lag dabei auf einer natürlicheren Körperbewegung, einer sichtbareren Bewegungsunschärfe und einer insgesamt glaubwürdigeren Licht- und Raumwirkung. Durch den Einsatz bestimmter Parameter lässt sich Midjourney gezielt steuern, um Schärfe, Stilintensität und Kompositionswirkung zu beeinflussen.

Für diesen Versuch wurden folgende Parameter eingesetzt:

- **--style raw**
  Entfernt die standardmäßige ästhetische Glättung, mit der Midjourney Bilder oft visuell »verschönert«. Dadurch wirken Texturen, Lichtverläufe und Bewegungen natürlicher. Besonders bei Szenen mit Bewegung führt dieser Parameter zu realistischeren Ergebnissen, da die Motive weniger glatt und künstlich wirken.
- **--ar 16:9**
  Legt das Seitenverhältnis im Querformat fest. Dieses Format eignet sich besonders gut für Bewegungsszenen, weil es den Bewegungsfluss horizontal unterstützt und der Bildkomposition mehr Raum in Laufrichtung gibt. Der häufig verwendete Begriff »filmisches Querformat« beschreibt im Prinzip dasselbe, ist hier aber nicht zwingend erforderlich – das Standardformat 16:9 erfüllt den gleichen Zweck.
- **--q 1**
  Steuert die Berechnungsqualität. Der Wert 1 bietet einen guten Kompromiss zwischen Detailtreue und Rechenaufwand. Höhere Werte erhöhen zwar die Rechenzeit, führen aber nicht automatisch zu einer realistischeren Bewegungsdarstellung.
- **--chaos 12**
  Erhöht die Variation zwischen den einzelnen Entwürfen leicht. So entstehen unterschiedliche Bewegungsphasen und Haltungen, ohne dass das Gesamtergebnis zu zufällig wirkt.
- **--s 250**
  Bestimmt, wie stark Midjourney eigene stilistische Interpretationen einfließen lässt. Mit einem mittleren Wert von 250 bleibt das Ergebnis realistisch, erhält aber eine subtile ästhetische Prägung. Niedrigere Werte wirken dokumentarischer, höhere künstlerischer.

Der überarbeitete Prompt lautet:

```
Two young athletic blonde women doing intense cardio
training in a modern gym on parallel treadmills, running
side by side from left to right with a natural running
motion and clear arm-leg counter movement: one arm
forward, the other backward, dynamically bent and slightly
away from the body. Visible muscle tension in shoulders
and upper arms, authentic body posture, realistic running
movement. Slight motion blur on arms, legs and treadmill
belts, photorealistic style, natural gym lighting,
cinematic depth of field, focus on the runners, camera
at eye level, medium focal length, blurred background,
captured with slow shutter speed 1/60 s. --style raw
--ar 16:9 --q 1 --chaos 12 --s 250
```

Die aktuelle Bildreihe zeigt eine klare Verbesserung bei Licht, Dynamik und Realismus, weicht inhaltlich jedoch von der Vorgabe ab. Bereits in der vorherigen Serie liefen bei einem Bild die Frauen nicht in die geforderte Richtung. Jetzt ist das Problem ausgeprägter: Fast alle Varianten zeigen eine Bewegung von rechts nach links, gefordert war von links nach rechts. Nur eine Ausnahme folgt der korrekten Laufrichtung.

Auch die Vorgabe, dass es sich um zwei blonde Frauen handeln soll, wird nicht genau umgesetzt. Teilweise erscheinen mehr als zwei Personen, und nicht alle sind blond. Technisch wirken die Ergebnisse überzeugend mit stimmiger Beleuchtung, realistischer Schweißbildung, glaubhafter Bewegungsunschärfe und klarer Raumtiefe.

Inhaltlich bleibt jedoch festzuhalten, dass Midjourney Richtungsangaben und Merkmale wie Anzahl und Haarfarbe nicht durchgehend nach den Angaben des Prompts umsetzt.

8.4 Präzisierung durch gezielte Wortwahl

Die Qualität eines Prompts hängt wesentlich von der Wortwahl ab. Allgemeine oder vage Begriffe führen meist zu austauschbaren Ergebnissen. Verwenden Sie stattdessen ausdrucksstarke und spezifische Adjektive. So lässt sich beispielsweise *groß* durch *monumental*, *gigantisch* oder *gewaltig* ersetzen, während *schön* präziser durch *anmutig*, *zauberhaft* oder *prachtvoll* beschrieben werden kann. Je differenzierter die Sprache, desto klarer versteht Midjourney die gewünschte Bildwirkung.

Stilrichtungen, Farben und Kunstrichtungen

Sie können Midjourney gezielt in bestimmte stilistische Richtungen lenken. Durch zusätzliche Begriffe wie *illustration*, *watercolor*, *cubist*, *vintage* oder *pop art* beeinflussen Sie den künstlerischen Charakter des Bildes. Auch Epochenangaben, Farbschemata oder Beleuchtungsstile wirken sich auf das Ergebnis aus, etwa *1950s diner at night, retro colors, vintage decor, cinematic lighting*. Solche Beschreibungen definieren Stimmung und Atmosphäre deutlich präziser als reine Motivangaben.

Perspektive und Bildausschnitt

Begriffe aus der Fotografie oder Filmgestaltung helfen, die Komposition zu steuern. Mit Zusätzen wie *bird's-eye view*, *close-up*, *wide angle*, *eye level* oder *aerial view* legen Sie fest, aus welcher Perspektive die Szene gezeigt werden soll. Auch hier gilt: Je genauer die Beschreibung, desto gezielter kann Midjourney das gewünschte Bild gestalten.

8.5 Ergebnisse interpretieren und verfeinern

Nach Abschluss der Berechnung erscheinen vier kleine Vorschaubilder. Mit einem Klick lassen sich diese vergrößert darstellen. Wenn Sie das Bild weiter vergrößern möchten, können Sie es im Browser öffnen und dort den Zoom des Browsers verwenden.

Neue Varianten erzeugen

Gefällt Ihnen keine der vorgeschlagenen Varianten, können Sie mit der Schaltfläche *Wiederholen* eine neue Berechnung starten. Midjourney verwendet dabei denselben Prompt, erzeugt aber vier neue, leicht abgewandelte Ergebnisse. So können Sie gezielt unterschiedliche Bildansätze vergleichen.

Realistischere Darstellungen

Standardmäßig haben Midjourney-Bilder häufig einen leicht künstlerischen Stil. Um realistischere Ergebnisse zu erzielen, empfiehlt sich der Zusatz *--style raw* kombiniert mit einer entsprechenden Beschreibung.

Beispiel-Prompt:

```
/imagine prompt: a photorealistic image of sailboats on
a lake, surrounded by mountains, realistic lighting,
35mm lens, shallow depth of field, --style raw, --v 7
```

Durch die Kombination aus präziser Beschreibung und *raw*-Stil entsteht ein deutlich natürlicheres Bild.

Hochskalieren (Upscaling)

Sobald Sie eine Variante ausgewählt haben, können Sie sie in höherer Auflösung berechnen lassen. Unterhalb der Vorschaubilder finden Sie die Schaltflächen *U1* bis *U4*. Jede steht für eines der vier angezeigten Bilder.

Nach dem Hochskalieren beträgt die Bildgröße bei quadratischen Formaten 1.024 × 1.024 Pixel. Andere Seitenverhältnisse führen zu unterschiedlichen Auflösungen, zum Beispiel:

- 16:9 = 1.280 × 720 Pixel
- 4:3 = 1.664 × 1.248 Pixel

9. Google Gemini (Nano Banana)

Der KI-Bildgenerator von Google basiert auf der Imagen-Technologie, die von Google DeepMind entwickelt wurde und heute Teil der Google-Gemini-Modellfamilie ist. Imagen wurde erstmals 2022 vorgestellt und seitdem kontinuierlich weiterentwickelt. Die Integration in Gemini erfolgte schrittweise und ist inzwischen in vielen Regionen direkt verfügbar.

Wie viele andere KI-Bildgeneratoren hat auch der in Google Gemini integrierte Bildgenerator in kurzer Zeit mehrere Modellversionen durchlaufen und wurde kontinuierlich weiterentwickelt. Zum Redaktionsschluss dieses Buches verwendet Google Gemini das Modell Nano Banana 2.0.

Für die Nutzung der Bildgenerierung ist ein Google-Konto erforderlich. Ohne Anmeldung lassen sich die entsprechenden Funktionen nicht verwenden. Der Zugriff erfolgt über die Web-App von Gemini unter gemini.google.com.

Hinweis

Eine Web-App ist im Prinzip eine Website, die wie eine eigenständige Anwendung funktioniert.

Ich habe zunächst einmal den folgenden Prompt verwendet:

```
Bitte erstelle mir ein Bild: zwei junge Frauen im
Fitnesscenter beim Cardiotraining
```

Hinweis

Sie können mit einem Klick auf das Mikrofon-Symbol den Prompt auch bequem einsprechen.

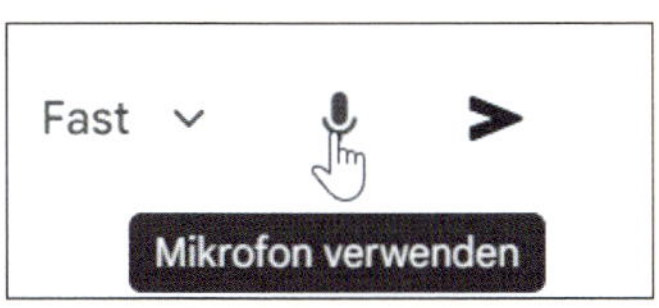

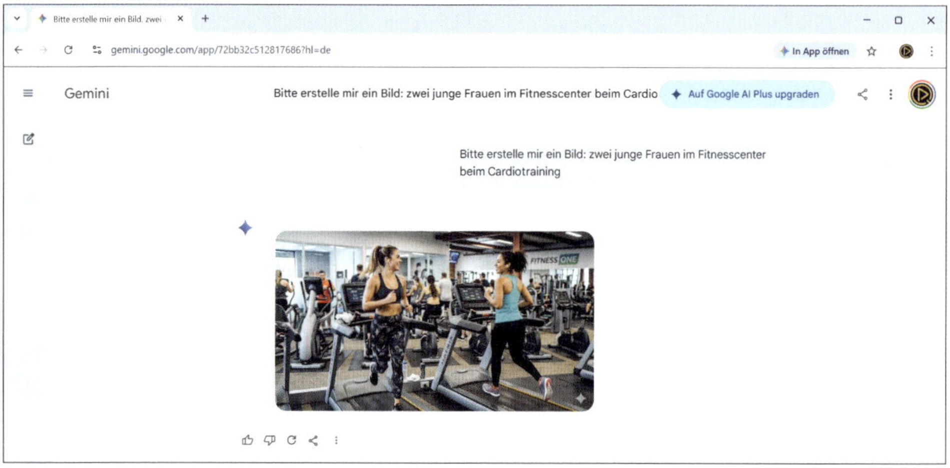

Das erzeugte Bild zeigt zwei Frauen auf Laufbändern, jedoch bewegt sich die linke Frau in die falsche Richtung. Deshalb habe ich einen weiteren präziseren Prompt erstellt:

```
Bitte erstelle mir ein Bild: Zwei junge sportliche blonde
Frauen laufen nebeneinander auf parallelen Laufbändern
im modernen Fitnessstudio. Sie bewegen sich parallel zum
Betrachter, also von links nach rechts, durchs Bild. Eine
Frau schaut konzentriert nach vorn, die andere lächelt
kurz in Richtung Kamera. Beide tragen moderne, realistische
Sportkleidung. Realistische Körperhaltung, natürliche
Bewegung, authentische Beleuchtung, klare Raumtiefe,
fotorealistischer Stil, Kamera auf Augenhöhe.
```

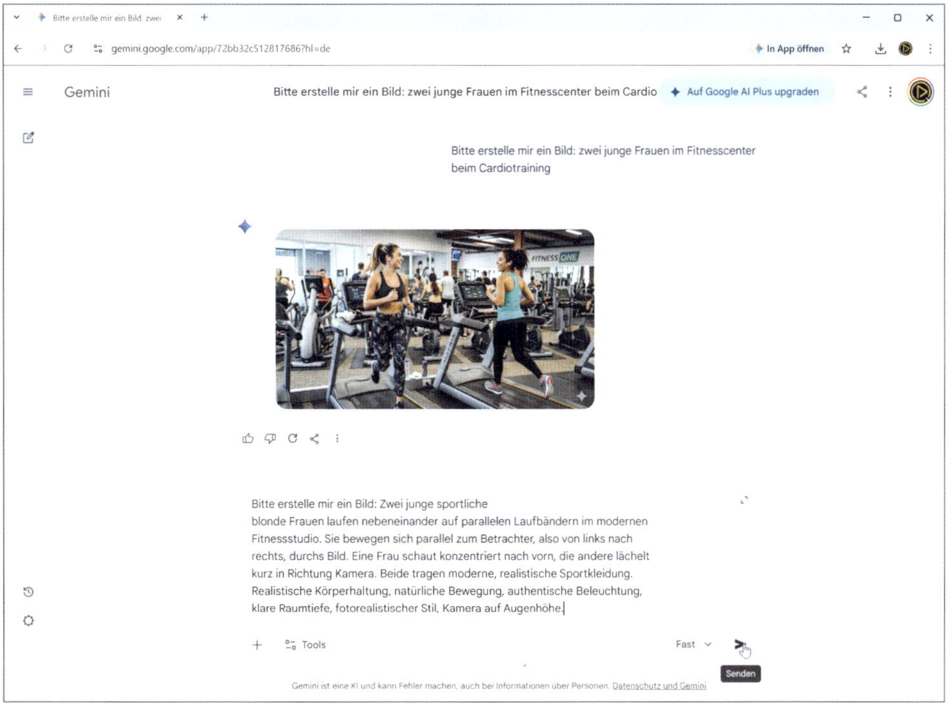

Dieser Ansatz hat das Problem jedoch nicht gelöst. Beide Frauen laufen nach wie vor in entgegengesetzter Richtung.

Der nachstehende Prompt brachte schließlich die Lösung:

```
Zwei junge sportliche blonde Frauen laufen synchron
nebeneinander auf zwei parallelen Laufbändern in einem
modernen Fitnessstudio. Beide sind in Seitenansicht
dargestellt, ihre Körper, Füße und Blickrichtung zeigen
eindeutig nach rechts. Beide bewegen sich klar von links
nach rechts durch das Bild. Keine entgegengesetzte
Bewegung. Eine Frau schaut fokussiert nach vorne, die
andere lächelt leicht zur Kamera, ohne ihre Laufrichtung
zu ändern. Realistische Sportkleidung, natürliche
Bewegung, fotorealistischer Stil, klare Raumtiefe,
Kamera auf Augenhöhe.
```

Das erzeugte Bild zeigt nun zwei Frauen auf parallelen Laufbändern, die sich eindeutig in die gleiche Richtung bewegen. Die Laufrichtung ist konsistent umgesetzt und entspricht der Beschreibung im Prompt. Die Körperhaltung, die Schrittfolge sowie die Ausrichtung der Personen wirken stimmig und nachvollziehbar. Allerdings könnte das Bild noch etwas Bewegungsunschärfe vertragen.

Um sicherzustellen, dass das Bild überarbeitet wird, habe ich es in die Zwischenablage kopiert und dann erneut in den leeren Prompt-Eingabebereich eingefügt. Hierzu habe ich den Cursor über das Bild bewegt und auf die sich somit zeigende Schaltfläche *Kopieren* geklickt.

Hinweis

Auf diese Weise können Sie auch die Schaltflächen zum Teilen und zum Download des Bildes anzeigen lassen.

Daraufhin habe ich das Bild in den leeren Prompt-Bereich eingefügt. Das können Sie machen, indem Sie wahlweise das bekannte Tastenkürzel Strg+V verwenden oder im Kontextmenü des Prompt-Bereichs (Rechtsklick auf das Prompt-Feld) den Befehl *Einfügen* auswählen. Dabei macht Sie Gemini darauf aufmerksam, dass Sie die Rechte an eingefügten Bildern haben müssen. Klicken Sie hier auf *Zustimmen*.

Anschließend habe ich hier den nachstehenden Prompt eingegeben:

```
Füge eine leichte, realistische Bewegungsunschärfe an den
Armen und Beinen der beiden Frauen hinzu, insbesondere an
Händen und Füßen. Die Unschärfe soll subtil und natürlich
wirken, wie bei einer echten Laufbewegung (Motion Blur
durch längere Belichtungszeit). Gesichter, Oberkörper
und das Laufband bleiben scharf.
```

In diesem Fall führt Google Gemini keine Bearbeitung durch: Das Bild wird unverändert angezeigt, eine Bewegungsunschärfe wird nicht hinzugefügt – hier zeigt sich eine Grenze von Nano Banana 2.0.

9.1 Stilauswahl

Die Stilauswahl für die Bildgenerierung ist eine Funktion in Google Gemini, mit der vordefinierte visuelle Stile für generierte Bilder ausgewählt werden können. Über die Stilauswahl können Sie somit bequem festlegen, in welchem Look ein Bild erzeugt wird. Die Auswahl beeinflusst Farben, Lichtstimmung, Detailgrad und den künstlerischen Charakter des Ergebnisses, ohne dass diese Aspekte im Prompt ausführlich beschrieben werden müssen. Sie ist beim Einstieg direkt über die Schaltfläche *Bild erstellen* unterhalb der Prompt-Zeile erreichbar und kann im weiteren Verlauf über das Menü *Tools* aufgerufen werden, wenn die Schaltfläche nicht mehr angezeigt wird.

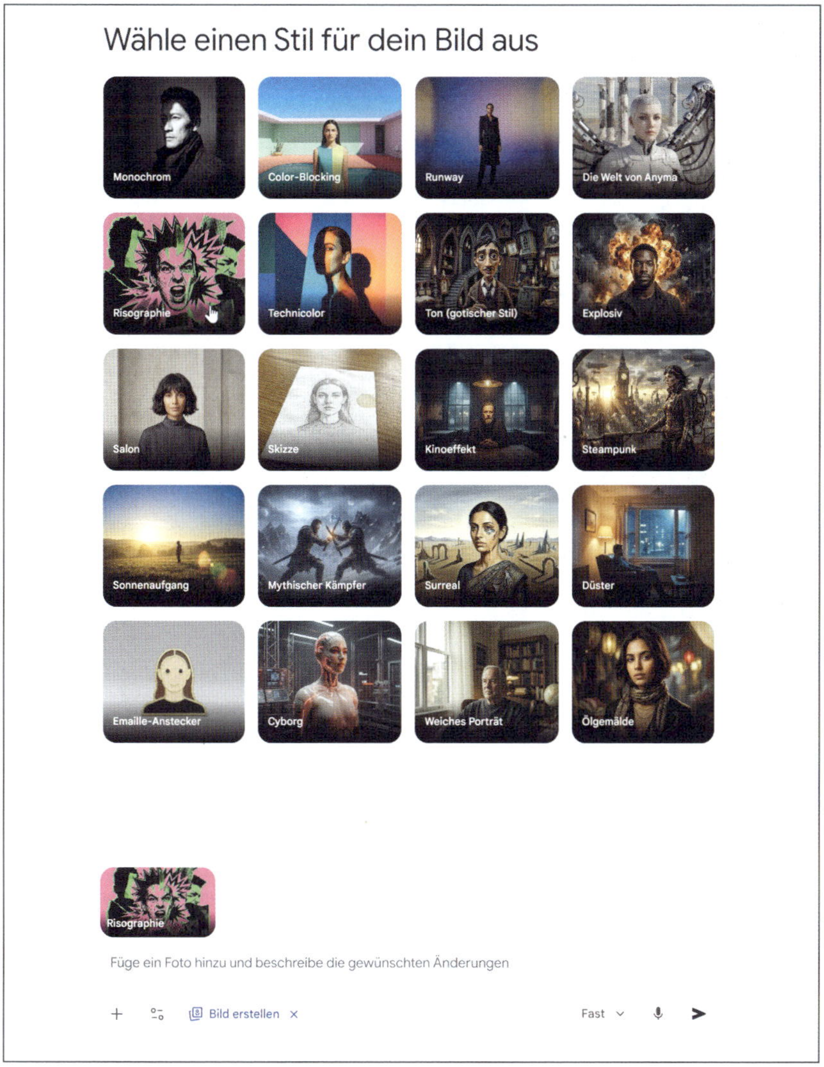

9.2 App-Version

Gemini ist auch als App für Android und iOS verfügbar und stellt dort im Wesentlichen die gleiche Funktionalität für die Bildgenerierung bereit wie in der Web-App. Die nachstehenden Abbildungen zeigen die iOS-Variante.

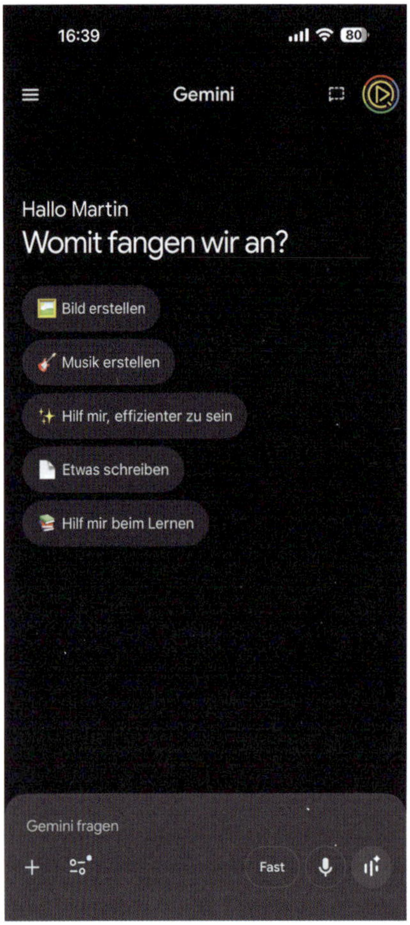

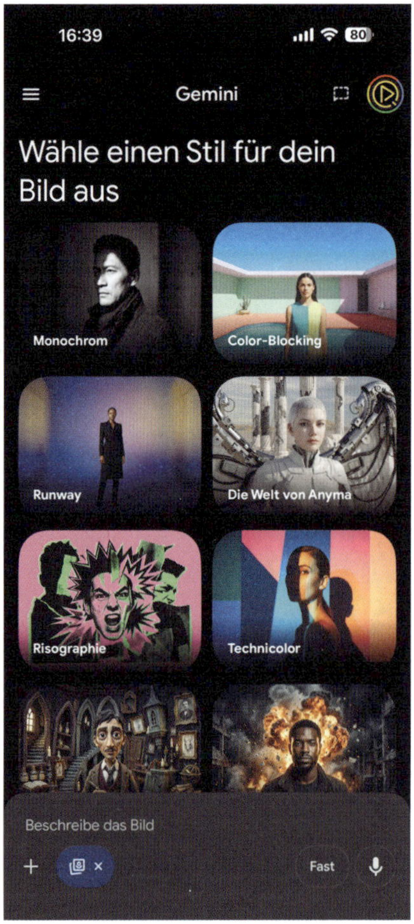

Hinweis

Für Unternehmen und Entwickler steht zusätzlich ein Zugang über die Cloud-Plattform ***Vertex AI*** zur Verfügung, über den Gemini per API eingebunden werden kann.

9.3 Beispiel-Prompts und -Looks

Porträt

```
Ultra-realistisches Porträt einer jungen Frau, weiches,
natürliches Fensterlicht, geringe Tiefenschärfe, 85-mm-
Objektiv, detaillierte Hautstruktur mit leichten
Unreinheiten, cineastische Beleuchtung, neutraler
Hintergrund.
```

Komplexe Szene

```
Belebter Straßenmarkt in Tokio bei Nacht, Neonlichter,
Regenreflexionen auf dem Boden, viele Menschen mit
Regenschirmen, Essensstände, aufsteigender Dampf, sehr
detailreich, cineastische Komposition.
```

Architektur

```
Modernes Architekturgebäude mit Glasfassade, klare
geometrische Linien, Weitwinkelperspektive, sommerlicher
Himmel, sehr saubere Komposition, hoher Detailgrad.
```

Hände

```
Nahaufnahme von Händen, die ein silberfarbenes Smartphone
halten, natürliche Haltung, realistische Finger,
weiches Licht, geringe Tiefenschärfe, hoher Detailgrad.
```

Text im Bild

```
Modernes Posterdesign für ein Fitness-Event, klare
Typografie mit dem Text „SUMMER FITNESS 2026“,
reduziertes Layout, minimalistischer Stil, hohe
Kontraste.
```

Produktbild

```
Professionelles Produktfoto einer luxuriösen Armbanduhr
auf einer reflektierenden Oberfläche, Studiobeleuchtung,
klare Reflexionen, hochwertiger Werbestil, sehr
detailliert.
```

Fantasy

```
Futuristische Stadt, die über den Wolken schwebt, fliegende
Fahrzeuge, leuchtende Lichter, Sonnenuntergangsstimmung,
sehr detailreich, epische Szenerie, cineastisch.
```

Illustration

```
Kinderbuch-Illustration eines kleinen Fuchses im
Wald, weicher Aquarellstil, warme Farben, freundliche
Atmosphäre, handgemalter Look.
```

Bewegung/Action

```
Läufer im Sprint durch Regen bei Nacht, starke
Bewegungsunschärfe, dramatische Beleuchtung,
Wasserspritzer, cineastische Sportfotografie.
```

Surreal

```
Ein riesiger Wal schwimmt durch eine Stadtlandschaft,
surreale Szene, realistisches Licht, sehr detailliert,
traumhafte Atmosphäre.
```

Food

```
Nahaufnahme eines Gourmet-Burgers, geschmolzener Käse,
knuspriger Speck, frisches Gemüse, Studiobeleuchtung,
ultra-realistische Food-Fotografie.
```

Innenraum

```
Gemütliches, modernes Wohnzimmer mit großen Fenstern,
natürliches Licht, Holzboden, Pflanzen, minimalistisches
Möbeldesign, hoher Detailgrad, realistische
Innenarchitektur.
```

10. Leonardo.AI

Leonardo.Ai ist eine webbasierte Plattform für die KI-gestützte Bildgenerierung, die sich seit ihrer Veröffentlichung 2023 zu einem der beliebtesten Tools für Kreative und Entwickler entwickelt hat. Das System kombiniert eigene Modelle wie *Leonardo Diffusion XL*, *Vision XL* und *Kino XL* mit angepassten Stable-Diffusion-Varianten und ermöglicht damit sowohl realistische als auch stilisierte Bildstile auf professionellem Niveau. Anders als klassische Generatoren bietet Leonardo.AI umfangreiche Bearbeitungs- und Nachbearbeitungsfunktionen direkt in der Plattform, darunter *Realtime Canvas* für gezielte Änderungen, *Upscaling*, *Textur-Generierung* und *Modelltraining*.

Leonardo.Ai ist somit nicht nur ein reiner Bildgenerator, sondern eine vollwertige Kreativplattform, die KI-gestützte Bildproduktion, Stilentwicklung und Workflow-Automatisierung in einer zentralen Oberfläche vereint. Eine mobile App für iOS und Android steht ebenfalls zur Verfügung, wobei der volle Funktionsumfang aktuell nur in der Webversion nutzbar ist.

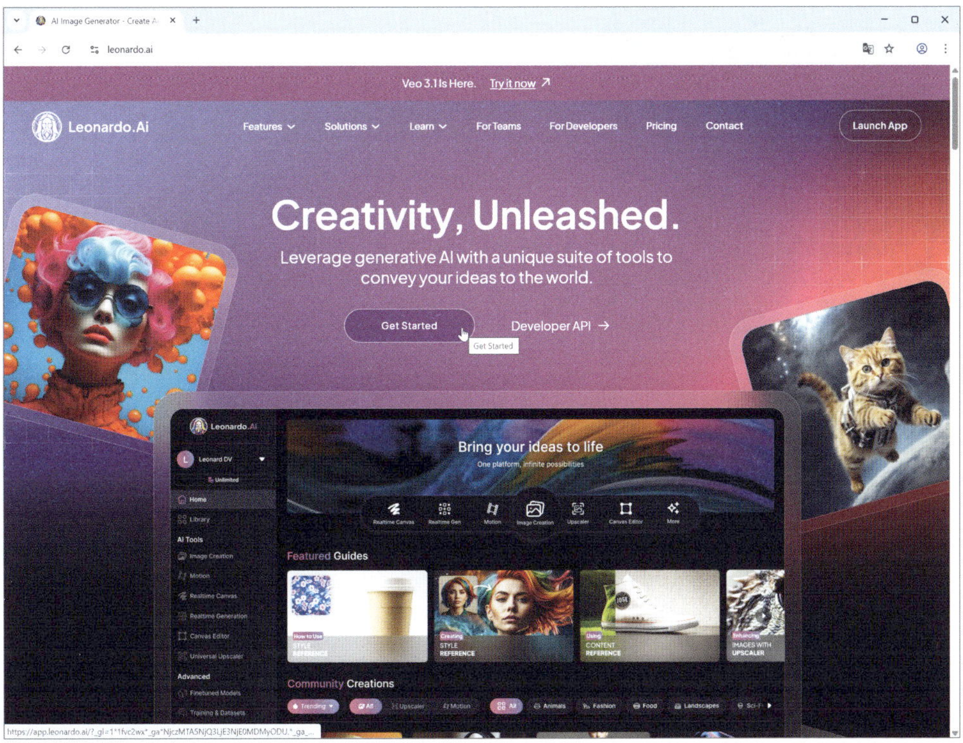

Die Nutzung erfolgt online über https://leonardo.ai. Nach der kostenlosen Registrierung steht Nutzern ein tägliches Kontingent von 150 Tokens zur Verfügung, mit denen sich Bilder erzeugen und bearbeiten lassen. Diese Tokens entsprechen im Prinzip den Credits, die man von anderen Plattformen kennt – also einem Guthaben, das bestimmt, wie viel Rechenleistung oder wie viele Generierungen man nutzen kann. Der tatsächliche Verbrauch pro Bild hängt von Faktoren wie Modell, Auflösung und Bildanzahl pro Prompt ab.

Um Leonardo.Ai zu nutzen, ist eine Anmeldung zwingend erforderlich. Ohne Benutzerkonto lassen sich keine Bilder erzeugen oder Funktionen der Plattform aufrufen. Der Einstieg ist unkompliziert und dauert nur wenige Minuten.

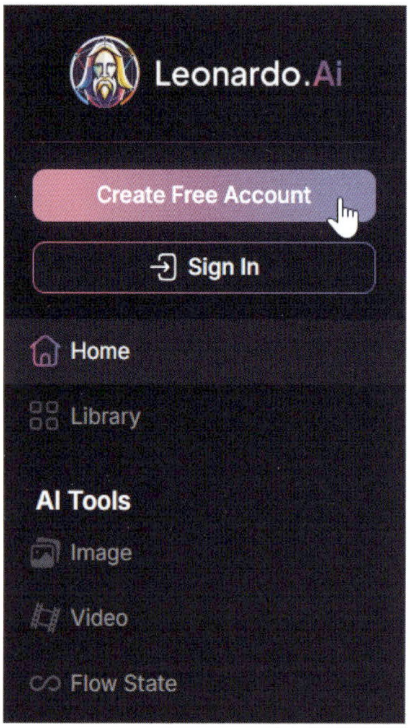

Die Startseite, die Sie unter https://leonardo.ai aufrufen können, zeigt zentral die Schaltfläche *Get Started*. Anschließend öffnet sich ein neuer Screen, der in seiner linken oberen Ecke die Schaltfläche *Create Free Account* zeigt. Ein Klick darauf startet den eigentlichen Anmeldeprozess, der wahlweise über eine eigene E-Mail-Adresse oder über ein bestehendes Konto bei Google, Microsoft oder Apple durchgeführt werden kann.

Nach Abschluss der Registrierung erscheint oben links der eigene Benutzername. Direkt darunter wird das aktuell verfügbare Guthaben angezeigt, also die Anzahl der verfügbaren Tokens. Neu registrierte Nutzer erhalten standardmäßig 150 Tokens, die täglich automatisch erneuert werden.

Damit ist der Account eingerichtet, und alle wesentlichen Bereiche – darunter *Library*, *Image*, *Realtime Canvas* oder *Universal Upscaler* – stehen im Menü auf der linken Seite zur Verfügung.

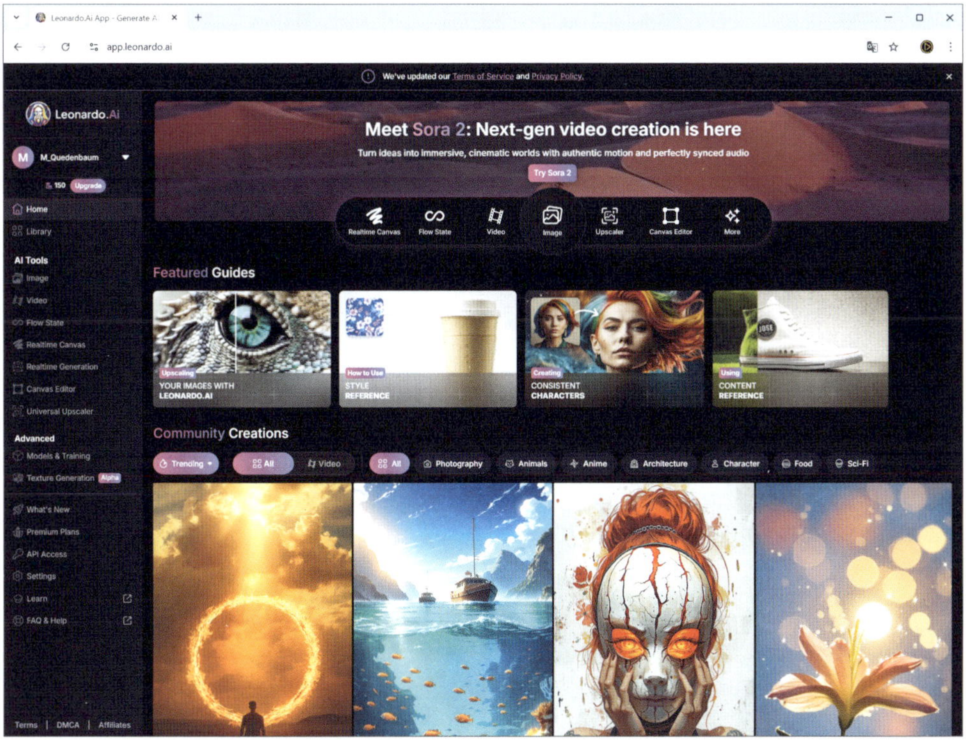

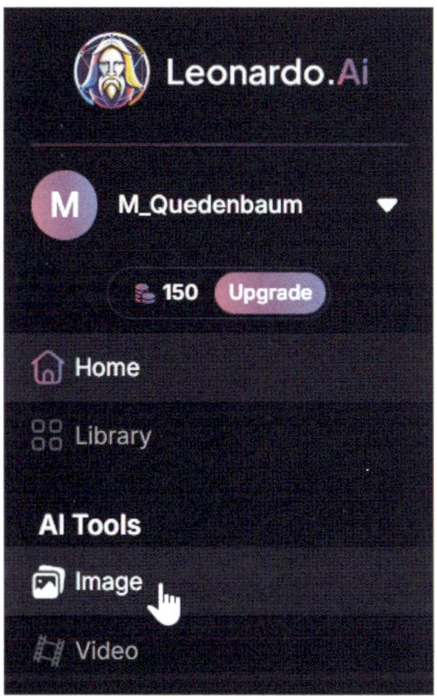

Um ein neues Bild zu erzeugen, klicken Sie auf der linken Seite im Bereich *AI Tools* auf *Image*.

Daraufhin öffnet sich der Arbeitsbereich für die Bildgenerierung. Am oberen Rand befindet sich ein Eingabefeld, in das der gewünschte Prompt eingegeben wird.

In diesem Beispiel lautet der Prompt zunächst:

```
Zwei junge sportliche blonde Frauen beim Cardiotraining
im Fitnessstudio auf Laufbändern, moderne Sportkleidung,
freundlicher Ausdruck, realistisch.
```

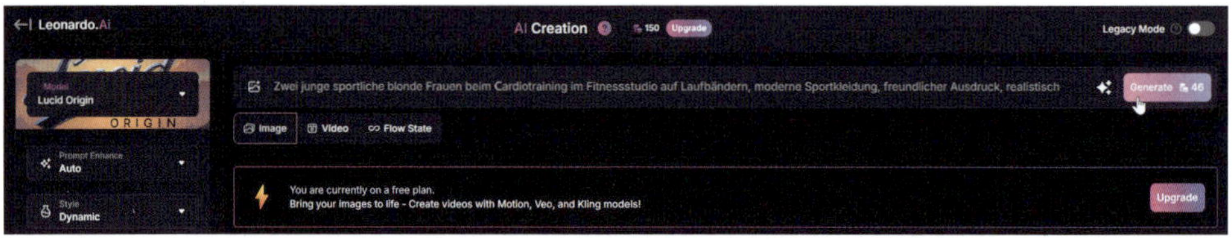

Nach dem Bestätigen des Prompts mit *Generate* beginnt Leonardo.AI automatisch mit der Berechnung. Standardmäßig werden vier Varianten des gewünschten Motivs erzeugt, die nebeneinander angezeigt werden.

> **Tipp**
>
> Zum Ausprobieren reicht es vollkommen aus, zunächst nur ein Bild pro Durchlauf zu generieren. Um Tokens sparsam einzusetzen, empfiehlt es sich besonders in der Anfangsphase, die Anzahl der zu erzeugenden Bilder von vier auf eins zu reduzieren.
>
> So können Sie die Plattform in Ruhe kennenlernen und sich schrittweise an den gewünschten Stil herantasten, ohne Ihr tägliches Guthaben unnötig zu verbrauchen.

Nach einem Klick auf eines der erzeugten Bilder öffnet sich die *Detailansicht*. Hier wird das gewählte Bild vergrößert dargestellt, ergänzt um alle zugehörigen Informationen und Bearbeitungsfunktionen.

In diesem Fall erscheint das Ergebnis fotorealistisch, stimmig und dem Prompt entsprechend. Auf drei der vier Bilder trägt die Frau im Vordergrund ein mehr oder weniger kleines Tattoo am Oberarm. Solche Details lassen sich bei Bedarf durch eine präzisere Formulierung des Prompts vermeiden oder im Nachgang problemlos korrigieren – entweder direkt im Bereich *Realtime Canvas* von Leonardo.Ai, mithilfe eines der zahlreichen Online-Bildeditoren oder ganz klassisch in Programmen wie etwa **Adobe Photoshop**.

Der Bereich *Realtime Canvas* bietet eine KI-basierte Retusche-Funktion, mit der sich markierte Bildbereiche gezielt verändern oder entfernen lassen.

Auf der rechten Seite der Detailansicht werden mehrere Funktionen angezeigt. Deren Bedeutung erläutere ich Ihnen in der folgenden Tabelle.

Funktion	Beschreibung
Remix	Öffnet das gewählte Bild im Prompt-Editor, um auf Basis des bestehenden Motivs eine leicht abgewandelte Version zu erzeugen. Ideal, um mit kleinen Anpassungen verschiedene Varianten eines Bildes zu testen.
Upscale	Erhöht die Auflösung und Detailtiefe des gewählten Bildes. Dabei wird das Motiv KI-basiert und ohne sichtbaren Qualitätsverlust verfeinert. Besonders nützlich, wenn das Bild später weiterverarbeitet oder gedruckt werden soll.
Create Video	Wandelt das statische Bild in eine kurze animierte Sequenz um. Leonardo.AI erzeugt eine leichte Kamerabewegung oder Tiefenwirkung, die das Bild lebendiger erscheinen lässt.
Use as Guide	Legt das ausgewählte Bild als visuelle Referenz für eine neue Generierung fest. So kann Leonardo.AI Stil, Komposition oder Farbgebung des ursprünglichen Bildes in nachfolgenden Bildern beibehalten.

10.1 Weitere Funktionen

Unterhalb der oben erläuterten Funktionen befinden sich weitere Schaltflächen, die sich auf das Bildmanagement und die Sichtbarkeit beziehen. Einige zusätzliche Optionen sind über die Schaltfläche mit den drei Punkten (...) erreichbar.

Schaltfläche/Funktion	Beschreibung
Download Image	Lädt das aktuell angezeigte Bild direkt auf das eigene Gerät herunter. Das Bild wird standardmäßig im PNG-Format gespeichert und behält die volle Auflösung.
Copy Link	Erstellt einen direkten Link zum Bild auf Leonardo.Ai. Der Link kann geteilt oder in Projektdokumentationen eingefügt werden.
Upgrade to Premium to Delete Image	Das Löschen von Bildern ist nur mit einem kostenpflichtigen Account möglich. In der kostenlosen Version bleiben erzeugte Bilder dauerhaft in der eigenen Bibliothek sichtbar.
Copy Image	Kopiert das aktuell angezeigte Bild in die Zwischenablage. Es kann anschließend direkt in andere Programme eingefügt werden.

Schaltfläche/Funktion	Beschreibung
This Image is Public/ Subscribe to a paid plan to generate private images	Zeigt an, dass das Bild öffentlich sichtbar ist. Nur mit einem kostenpflichtigen Abo können Bilder privat generiert und gespeichert werden.
Remove Background	Entfernt automatisch den Hintergrund des aktuellen Bildes und stellt das Motiv auf transparentem Hintergrund frei.
Unzoom Image	Rekonstruiert den ursprünglichen Bildausschnitt, falls zuvor ein Zoom oder ein Ausschnitt erstellt wurde. Nützlich, um wieder die komplette Szene zu sehen.
Edit with Canvas	Öffnet das Bild in *Realtime Canvas*, wo gezielte Änderungen oder Retuschen vorgenommen werden können.
Edit Character Pose	Ermöglicht es, die Haltung oder Körperposition einer dargestellten Figur manuell anzupassen. Besonders hilfreich bei Charakterbildern oder figürlichen Motiven.
Organize	Bietet Funktionen zur Verwaltung der eigenen Bilder. Sie können Bilder in Sammlungen verschieben, umbenennen oder kategorisieren.
Copy Seed	Kopiert den sogenannten Seed-Wert des Bildes, also die zufällige Ausgangsbasis der Generierung. Mit demselben Seed lassen sich ähnliche oder nahezu identische Ergebnisse reproduzieren.
Report Image	Meldet das Bild an das Leonardo.AI-Team, etwa bei Regelverstößen, Urheberrechtsproblemen oder technischen Fehlern.

10.2 Retusche in Realtime Canvas

Um ein vorhandenes Bild direkt in Leonardo.Ai zu bearbeiten, klicken Sie in der Detailansicht des gewünschten Bildes auf das Symbol mit den drei Punkten und wählen anschließend den Befehl *Edit in Canvas*. Dadurch öffnet sich der Realtime-Canvas-Editor, in dem sich gezielte Änderungen am Bild durchführen lassen.

Links im Werkzeugbereich steht unter anderem das Tool *Mask Lasso* zur Verfügung. Mit diesem Werkzeug markieren Sie den Bereich, der bearbeitet oder ersetzt werden soll. Dazu umranden Sie den betreffenden Bildausschnitt – in diesem Fall das unerwünschte Tattoo – mit gedrückter Maustaste. Die markierte Fläche wird daraufhin in einer magentafarbenen Schraffur dargestellt, was bedeutet, dass dieser Bereich für die Neuberechnung freigegeben ist.

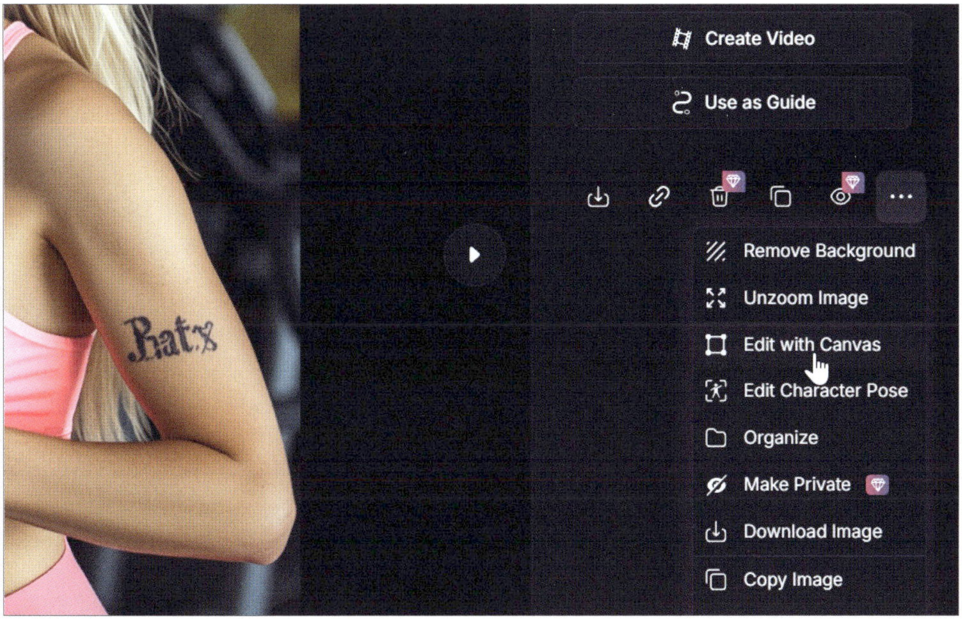
Create Video
Use as Guide
Remove Background
Unzoom Image
Edit with Canvas
Edit Character Pose
Organize
Make Private
Download Image
Copy Image

Mask Lasso

Hinweis

Leonardo.Ai stellt zwei unterschiedliche Werkzeuge zur Verfügung, die bei der Arbeit mit Bildern verschiedene Aufgaben erfüllen: den *Canvas Editor* und den Bereich *Realtime Canvas*.

Der *Canvas Editor* dient dazu, vorhandene Bilder gezielt zu verändern oder zu retuschieren. Einzelne Bereiche lassen sich markieren und mithilfe von Prompts überarbeiten, etwa um Objekte zu entfernen, Details zu verändern oder neue Elemente hinzuzufügen. Er ist somit das Werkzeug für präzise Nachbearbeitungen und Korrekturen vorhandener Motive.

Realtime Canvas dagegen ist ein kreatives Zeichenwerkzeug. Hier können Sie eine einfache Skizze anlegen und sie anschließend mit einem Prompt zu einem vollständigen Bild weiterentwickeln. Die KI interpretiert dabei die groben Formen und ergänzt sie eigenständig um passende Details.

Während der *Canvas Editor* also in erster Linie zur Überarbeitung vorhandener Bilder gedacht ist, eignet sich *Realtime Canvas* dafür, aus einer Skizze heraus neue Bildideen entstehen zu lassen.

Im unteren Bereich des Fensters befindet sich das Eingabefeld für den Prompt. Hier legen Sie fest, wie der ausgewählte Bereich verändert werden soll.

```
Tattoo vom Arm entfernen, natürliche Hautstruktur,
realistische Beleuchtung.
```

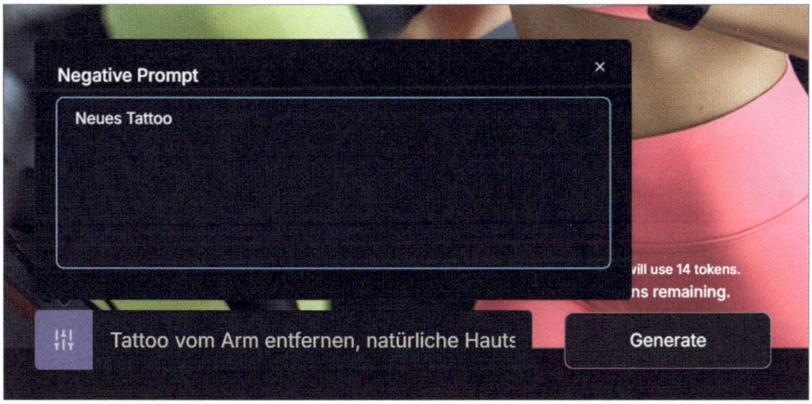

Darunter befindet sich die Schaltfläche *Negative Prompt*. Klicken Sie darauf und geben Sie in dem sich dann öffnenden Eingabebereich Begriffe ein, die in der neuen Version des markierten Bereichs nicht erscheinen sollen – etwa:

```
Neues Tattoo
```

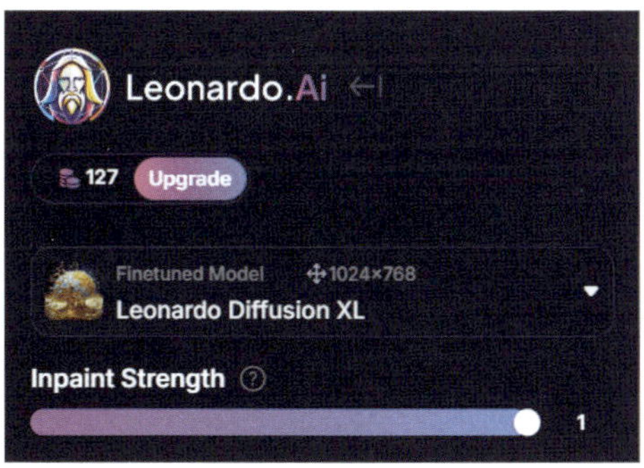

Rechts oben sehen Sie den Schieberegler *Inpaint Strength*. Dieser bestimmt, wie stark der markierte Bereich neu berechnet wird. Ein Wert von 1.0 sorgt dafür, dass Leonardo. AI den Bereich vollständig ersetzt und keinerlei Bildanteile aus der Originalversion beibehält. Das ist besonders sinnvoll, wenn ein Objekt oder Detail – etwa ein Tattoo, Text oder Symbol – vollständig entfernt werden soll.

Zum Schluss klicken Sie unten auf *Generate*. Leonardo berechnet daraufhin den maskierten Bereich neu und fügt ihn nahtlos in das Gesamtbild ein. Nach wenigen Sekunden erscheinen die neuen Varianten. Wählen Sie das Ergebnis aus, das am besten zur ursprünglichen Bildstimmung passt.

In diesem Beispiel wurden drei Varianten erzeugt. Bei zweien davon hat das System trotz des definierten *Negative Prompt*, in dem ausdrücklich angegeben war, dass kein Tattoo erscheinen soll, erneut jeweils ein Tattoo hinzugefügt. Nur in einer Variante wurde das ursprüngliche Tattoo tatsächlich entfernt. Dieses Ergebnis konnte zudem erst im zweiten Anlauf erzielt werden, da beim ersten Versuch keine der drei Varianten eine saubere Retusche aufwies.

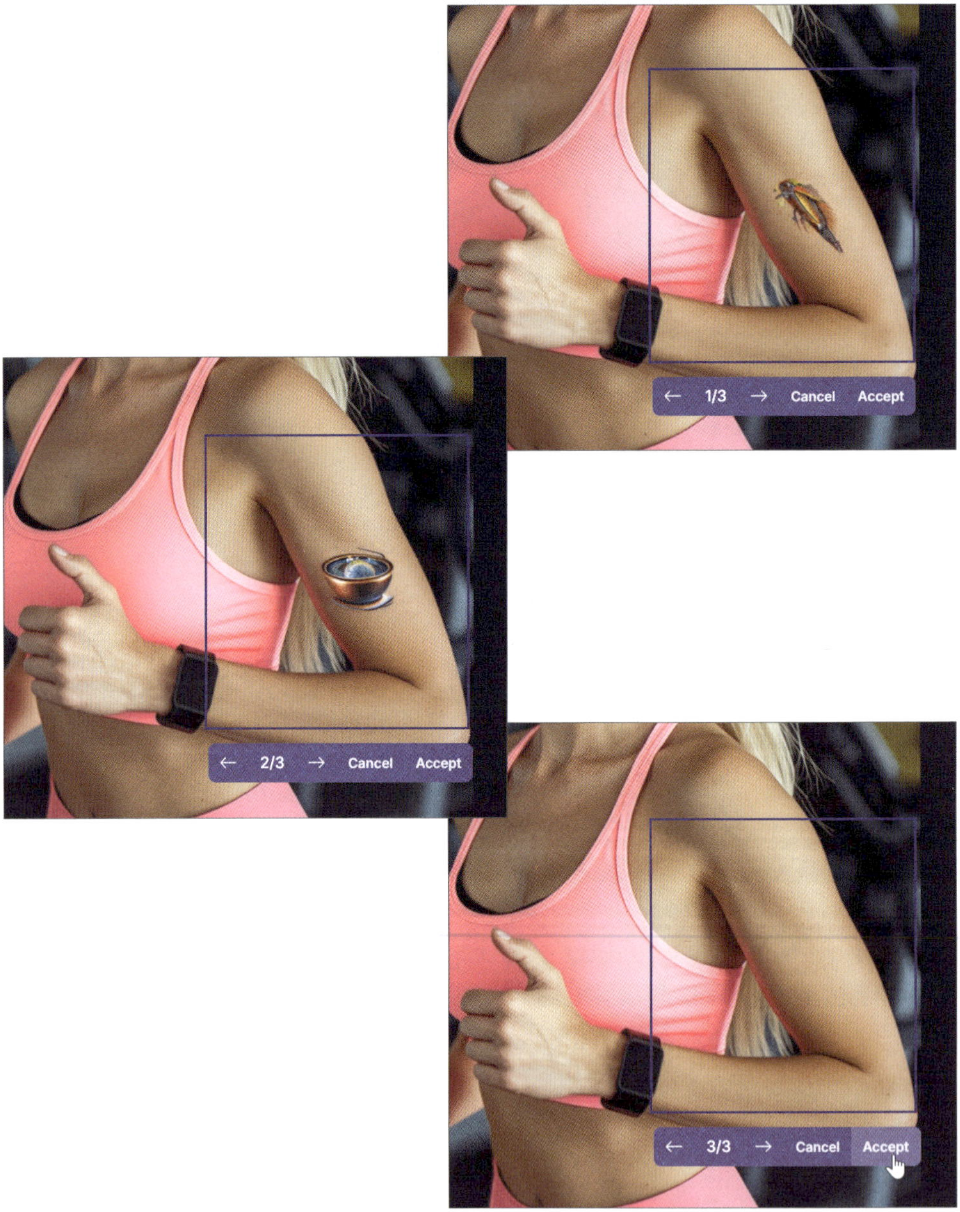

Die Retusche-Funktion im *Canvas Editor* arbeitet also nicht immer zuverlässig und liefert teils unvorhersehbare Resultate. Sollte das bei Ihnen ebenfalls der Fall sein oder sich kein zufriedenstellendes Ergebnis in vertretbarer Zeit erzielen lassen, empfiehlt es sich, die Retusche nach dem Herunterladen des Bildes in einem anderen Programm vorzunehmen – etwa über eines der bekannten Online-Bildbearbeitungsportale oder in einem klassischen Programm wie beispielsweise Adobe Photoshop.

Um das bearbeitete oder retuschierte Bild zu sichern, klicken Sie im *Canvas Editor* auf der linken Seite auf die Schaltfläche *Download Artwork*. Dadurch wird die aktuelle Version des Bildes auf Ihrem Computer gespeichert, in der Regel im PNG-Format. Dieser Schritt ist zwingend erforderlich, da Leonardo.AI die im *Canvas Editor* vorgenommenen Änderungen nicht automatisch speichert.

Das liegt daran, dass das System strikt zwischen generierten Bildern, die automatisch in der eigenen Bibliothek (Library) abgelegt werden, und im *Canvas Editor* bearbeiteten Bildern unterscheidet. Der Grund dafür liegt in der technischen Struktur der Plattform: Der *Canvas Editor* arbeitet als separate Arbeitsumgebung, die nicht permanent mit der Cloud-Datenbank von Leonardo.AI verbunden ist. Dadurch sollen Serverlast und unbeabsichtigte Speicherungen von Zwischenständen vermieden werden. Wenn Sie also ein bearbeitetes Bild sichern möchten, müssen Sie es aus dem *Canvas Editor* heraus bzw. mit der Funktion *Download Artwork* herunterladen. Anschließend können Sie den *Canvas Editor* über den oben links dargestellten Navigationslink *Exit the editor* verlassen.

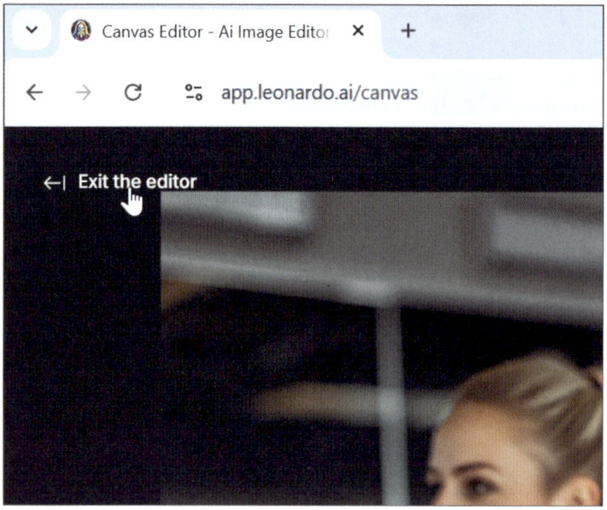

11. Retusche

Bei der Arbeit mit KI-Bildgeneratoren entstehen häufig Ergebnisse, die auf den ersten Blick überzeugend wirken, bei näherer Betrachtung jedoch kleinere Unsauberkeiten oder störende Details enthalten. Das können etwa fehlerhafte Hände, unnatürliche Schatten, unerwünschte Objekte, Schriftfragmente oder – wie in Kapitel 10 gezeigt – Tattoos sein, die sich mit normalen Prompts nur schwer oder gar nicht entfernen lassen.

Nicht alle Plattformen bieten eigene Werkzeuge, um solche Bildfehler direkt zu korrigieren. Und selbst wenn entsprechende Funktionen vorhanden sind, führen sie nicht immer zuverlässig zum gewünschten Ergebnis. In solchen Fällen ist es oft einfacher, die Retusche manuell durchzuführen. Dafür eignen sich sowohl klassische Bildbearbeitungsprogramme wie Adobe Photoshop als auch verschiedene Onlinetools und Smartphone-Apps.

In diesem Kapitel werden verschiedene Ansätze vorgestellt, mit denen sich KI-generierte Bilder nachträglich korrigieren oder bereinigen lassen – von der Retusche in Adobe Photoshop bis hin zu webbasierten und mobilen Alternativen, die sich auch ohne Vorkenntnisse leicht bedienen lassen.

11.1 Adobe Photoshop

Nachdem Sie das zu bearbeitende Bild in Adobe Photoshop geöffnet haben, wählen Sie zunächst den Bereich aus, der retuschiert werden soll – in diesem Beispiel das Tattoo. Für die Auswahl können Sie eines der im Programm verfügbaren Auswahl-Werkzeuge verwenden, etwa das *Lasso-Werkzeug* oder das *Polygon-Lasso-Werkzeug*.

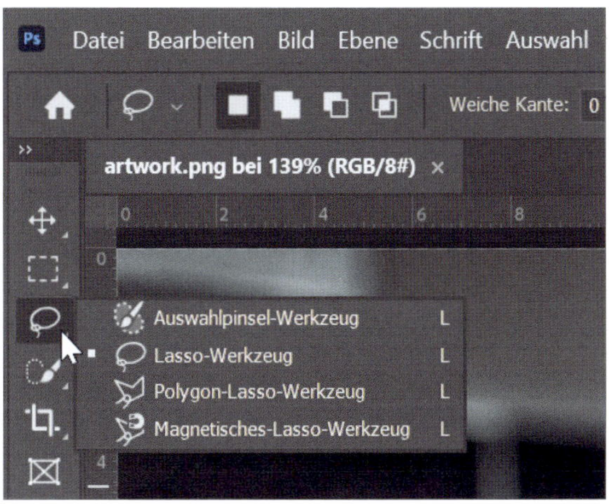

Die Auswahl muss dabei nicht millimetergenau sein; es genügt, den betreffenden Bereich grob zu umrahmen. Wichtig ist nur, dass das gesamte zu entfernende Objekt innerhalb der Auswahl liegt.

Nach dem Erstellen der Auswahl erscheint automatisch die sogenannte kontextbezogene Taskleiste. In dieser Leiste befindet sich die Funktion *Generatives Füllen*. Klicken Sie darauf und bestätigen Sie anschließend mit der [↵]-Taste oder klicken Sie auf der rechten Seite der kontextbezogenen Taskleiste auf *Generieren*.

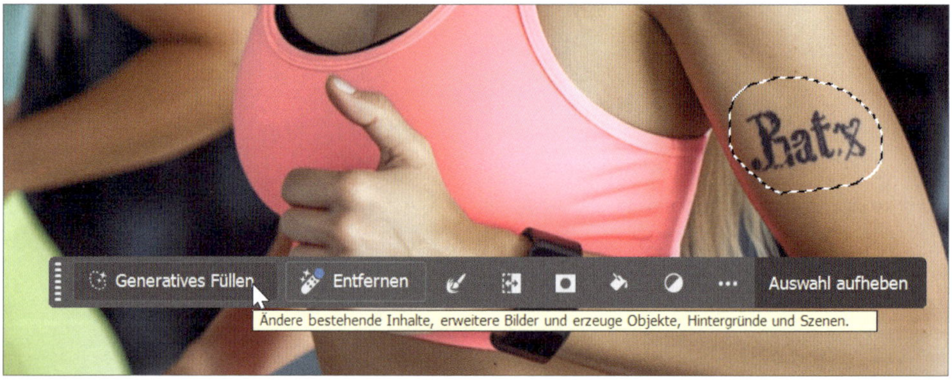

Tipp

Falls die kontextbezogene Taskleiste nach der Auswahl nicht automatisch erscheint, können Sie sie manuell über den Befehl *Fenster/Kontextbezogene Taskleiste* einblenden.

Adobe Photoshop erstellt daraufhin drei Varianten einer generativen Füllung, die mithilfe des Modells *Firefly Image 3* erzeugt werden.

Sie können zwischen diesen Varianten wechseln und diejenige auswählen, die das überzeugendste Ergebnis liefert. Die generative Füllung wird dabei in einer neuen Bildebene über dem Originalbild angelegt, sodass die ursprünglichen Bilddaten unverändert erhalten bleiben.

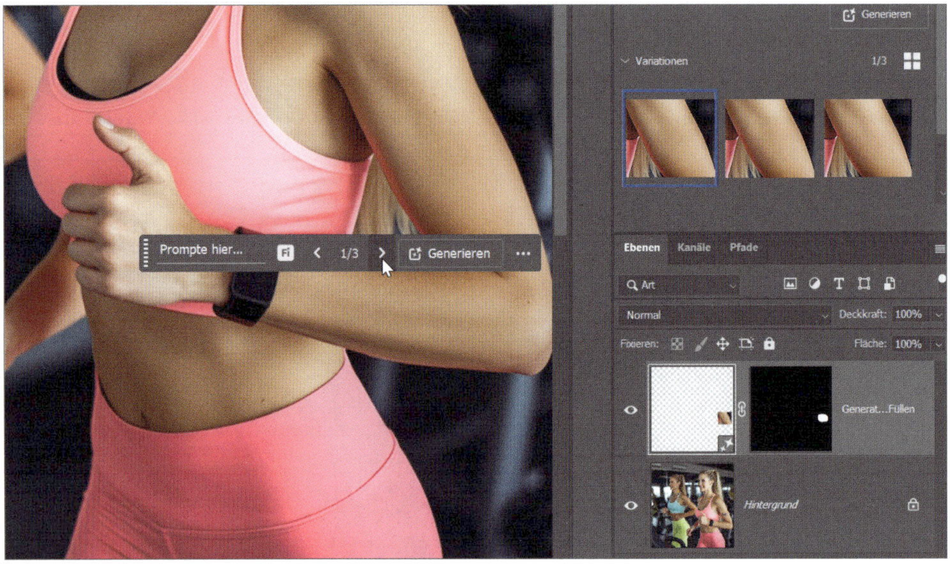

Nachdem Sie die generative Füllung angewandt und die gewünschte Variante ausgewählt haben, können Sie das Ergebnis anschließend speichern. Wenn Sie das Bild in einem gängigen Format wie JPEG oder PNG sichern möchten – also in der Regel in demselben Format, in dem Sie es auch geöffnet haben – verwenden Sie dafür **nicht** den Befehl *Datei/Speichern* oder *Datei/Speichern unter*. Diese beiden Befehle bieten ausschließlich Produktionsformate wie PSD oder TIFF an, die für die Weiterverwendung oder Veröffentlichung eines retuschierten Bildes meist nicht geeignet sind.

Um das bearbeitete Bild wieder als JPEG oder PNG zu speichern, wählen Sie stattdessen den Befehl *Datei/Kopie speichern unter*. Beim Speichern über diesen Befehl werden zudem alle sichtbaren Ebenen – einschließlich der durch die generative Füllung erzeugten Ebene – automatisch zu einem einzigen Bild zusammengeführt. Das Ergebnis ist eine Bilddatei, die sich sofort weiterverwenden oder veröffentlichen lässt.

Retusche-Werkzeuge

In manchen Fällen oder bei komplexeren Bildbereichen kann es vorkommen, dass auch die generative Füllung nicht das gewünschte Ergebnis liefert. Besonders bei unregelmäßigen Strukturen oder schwierigen Übergängen erzielt die KI gelegentlich unnatürliche Ergebnisse oder hinterlässt sichtbare Spuren. In solchen Fällen können Sie auf eines der klassischen Retusche-Werkzeuge von Adobe Photoshop zurückgreifen. Diese Werkzeuge bieten mehr Kontrolle und ermöglichen somit im Zweifelsfall präzise Korrekturen von Hand, wenn die Funktion *Generatives Füllen* kein ausreichendes Ergebnis liefert.

Eine ausführliche Darstellung der einzelnen Retusche-Werkzeuge würde hier den Rahmen sprengen, daher finden Sie in der nachfolgenden Tabelle eine Übersicht mit dem groben Funktionsprinzip.

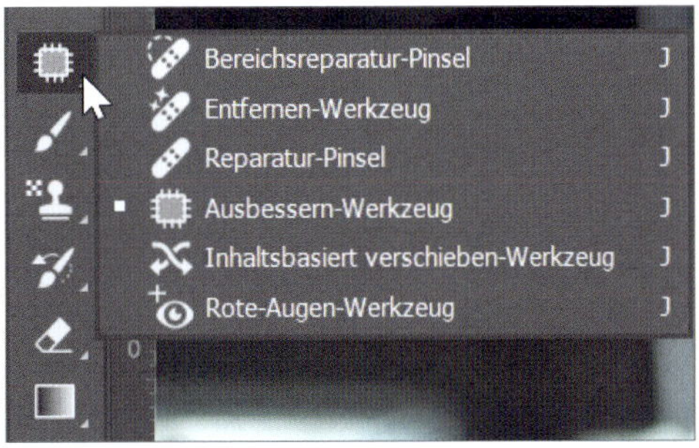

Werkzeugname	Funktion
Bereichsreparatur-Pinsel	Entfernt kleinere Störungen wie Flecken, Kratzer oder Hautunreinheiten automatisch. Einfach den betroffenen Bereich markieren, Photoshop ersetzt ihn mit passenden Pixeln aus der Umgebung. Ideal für schnelle Korrekturen ohne Nacharbeit.
Entfernen-Werkzeug	Dient zum gezielten Entfernen unerwünschter Objekte. Es funktioniert ähnlich wie der *Bereichsreparatur-Pinsel*, bietet aber feinere Steuerungsmöglichkeiten über den Bereich, der zum Ersetzen herangezogen wird.
Reparatur-Pinsel	Ermöglicht präzise Korrekturen durch das manuelle Festlegen eines Quellbereichs. Klicken Sie dazu mit gedrückter Alt-Taste auf den gewünschten Quellbereich und malen Sie dann über die Problemstelle. Besonders geeignet für Kanten oder komplexe Texturen, bei denen automatische Werkzeuge an ihre Grenzen stoßen.
Ausbessern-Werkzeug	Kombiniert manuelle Auswahl mit automatischer Anpassung. Der markierte Bereich wird auf eine passende Stelle gezogen, Photoshop gleicht Struktur, Farbe und Helligkeit automatisch an.
Inhaltsbasiert verschieben-Werkzeug/ Rote-Augen-Werkzeug	Diese beiden Werkzeuge sind keine klassischen Retusche-Werkzeuge. Das *Inhaltsbasiert verschieben-Werkzeug* dient dem Umpositionieren von Objekten, während das *Rote-Augen-Werkzeug* speziell für Porträts gedacht ist, um rote Pupillen zu korrigieren.
Kopierstempel	Kopiert Bildbereiche pixelgenau von einer Stelle bzw. dem gewünschten Quellbereich zur anderen. Klicken Sie zunächst mit gedrückter Alt-Taste auf den gewünschten Quellbereich. Tragen Sie diesen anschließend auf den Problembereich auf oder stempeln Sie an den entsprechenden Stellen. Der *Kopierstempel* ist besonders hilfreich, wenn andere Werkzeuge unpassende Ergebnisse liefern. Erfordert etwas Übung, bietet aber maximale Kontrolle über die Retusche.

11.2 Photopea

Photopea ist ein kostenloses, webbasiertes Bildbearbeitungsprogramm, das in seiner Funktionsweise stark an Adobe Photoshop erinnert. Es bietet eine Vielzahl professioneller Werkzeuge und kann direkt im Browser genutzt werden, ohne dass eine Installation erforderlich ist. Besonders praktisch ist Photopea für Nutzer, die gelegentlich Retuschen oder kleinere Korrekturen vornehmen möchten, aber keine kostenpflichtige Software besitzen.

Um mit Photopea zu arbeiten, geben Sie im Browser die Adresse www.photopea.com ein. Nach dem Laden der Startseite klicken Sie auf *Vom Computer öffnen* und wählen anschließend das gewünschte Bild von Ihrem Rechner aus.

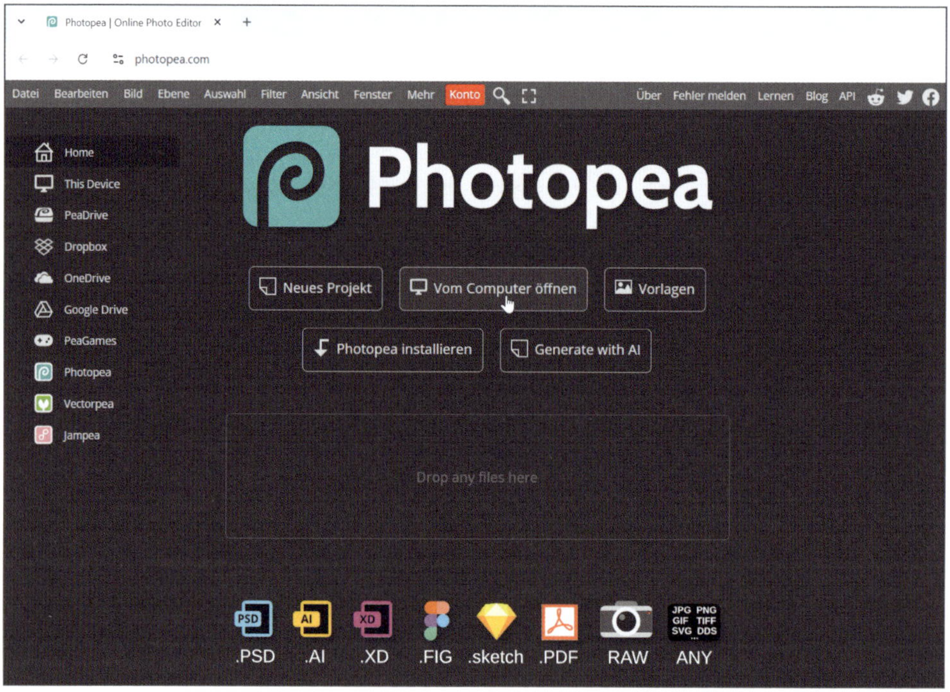

Sobald das Bild geöffnet ist, wählen Sie in der Werkzeugleiste auf der linken Seite das *Ausbessern-Werkzeug* aus.

Damit umkreisen Sie grob den Bereich, der retuschiert werden soll – in unserem Beispiel also das Tattoo am Arm.

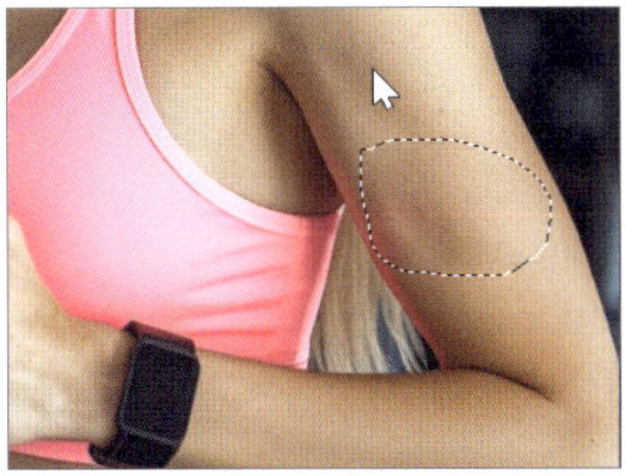

Nach dem Umranden erscheint die typische gestrichelte Auswahl, wie man sie auch aus Photoshop kennt. Klicken Sie nun innerhalb der Auswahl und ziehen Sie sie auf einen Bereich, der als Ersatztextur dienen soll, in diesem Fall auf den Oberarm der Frau.

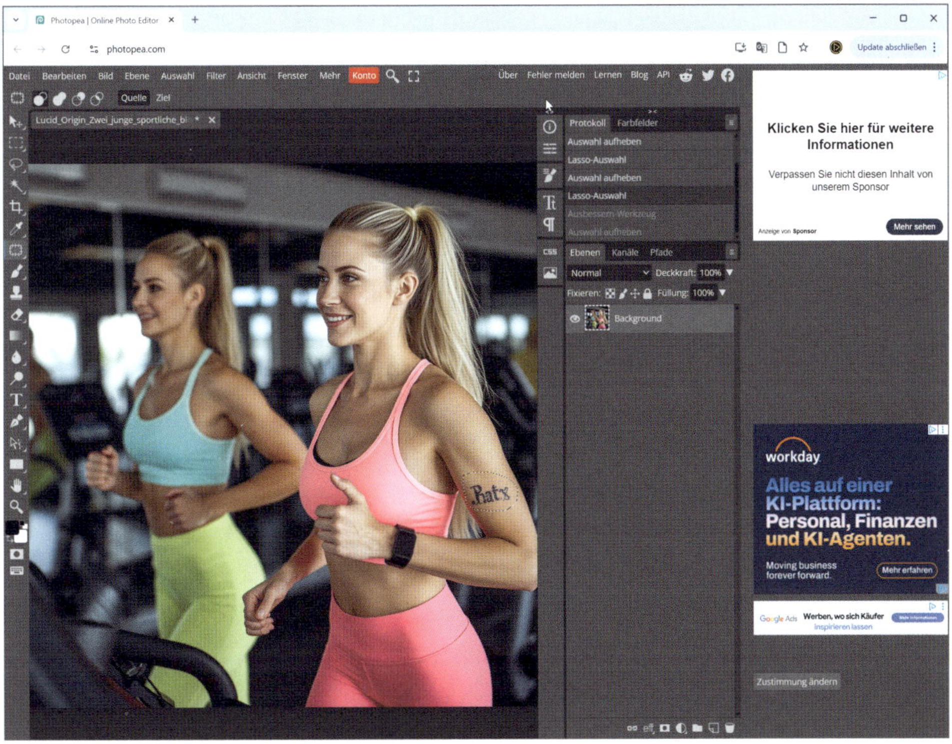

Photopea ersetzt den ausgewählten Bereich automatisch mit der Struktur und Farbe des Zielbereichs. So lässt sich die unerwünschte Stelle – wie hier das Tattoo – realistisch und ohne sichtbare Übergänge retuschieren. Mit dem Befehl *Datei/Speichern* wird das korrigierte Bild auf Ihrem Computer gespeichert bzw. die Originaldatei überschrieben.

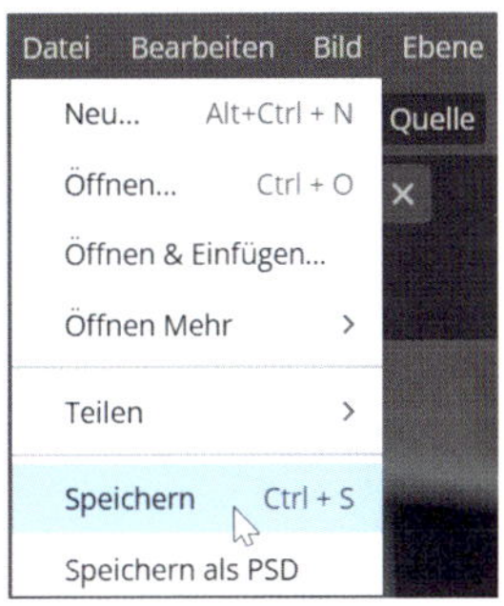

Onlinetools und Apps zur Bildretusche

In diesem Kapitel haben Sie gesehen, wie sich Retuschen sowohl mit Adobe Photoshop als auch mit dem Onlinetool Photopea durchführen lassen. Darüber hinaus stehen zahlreiche weitere Programme und Onlinedienste zur Verfügung, mit denen Sie Bilder retuschieren bzw. störende Elemente daraus entfernen können. Eine Auswahl solcher Lösungen finden Sie in der folgenden Tabelle.

Name	Adresse	Kurzbeschreibung
Pixlr	https://www.pixlr.com	Intuitiver Webeditor mit Werkzeugen für Retusche, Freistellen und Farbkorrektur. Kostenlos mit eingeschränkten Funktionen, Abo-Version verfügbar.
Fotor	https://www.fotor.com	Einfaches Onlinetool mit Beauty- und Objektentfernungsfunktionen. Teilweise KI-gestützt, Basisversion kostenlos.
iLoveIMG	https://www.iloveimg.com	Minimalistische Web-App mit einfachem Object-Remover-Werkzeug. Kostenlos, schnell und ohne Anmeldung nutzbar.
Cleanup.pictures	https://cleanup.pictures	KI-gestütztes Tool zum Entfernen unerwünschter Objekte oder Textfragmente, sehr einfach zu bedienen. Basisversion kostenlos.
Snapseed	App für Android/iOS	Mobile App von Google mit professionellen Retusche- und Korrekturfunktionen. Kostenlos.
TouchRetouch	App für Android/iOS	Spezialisiert auf das Entfernen störender Objekte, etwa Kabel, Flecken oder Personen. Einmaliger Kaufpreis, keine Abo-Kosten.
Adobe Photoshop Express	App für Android/iOS	Leichtgewichtige Variante von Photoshop mit grundlegenden Retusche-Tools. Kostenlos, optionale Premium-Funktionen.

12. ChatGPT

ChatGPT ist ein KI-gestützter Chatbot des US-amerikanischen Unternehmens OpenAI, der Ende 2022 veröffentlicht wurde und sich seither zu einem der bekanntesten KI-Produkte weltweit entwickelt hat. Das System basiert auf der sogenannten GPT-Modellreihe (**G**enerative **P**retrained **T**ransformer) und ist darauf ausgelegt, natürliche Sprache zu verstehen und selbstständig zu erzeugen. Ursprünglich war ChatGPT ausschließlich auf die Textverarbeitung ausgelegt – also auf das Beantworten von Fragen, das Erstellen von Texten oder das Führen natürlicher Gespräche.

Mit der Zeit hat OpenAI die Möglichkeiten des Systems schrittweise erweitert. Einen entscheidenden Entwicklungsschritt markierte die Integration der Bildgenerierung. Sie ist heute direkt in ChatGPT eingebettet und wird über aktuelle Bildmodelle von OpenAI bereitgestellt. Damit können Sie heute durch einfache Texteingaben (Prompts) Bilder erzeugen, bearbeiten oder kombinieren – ohne ein separates Tool oder Grafikprogramm verwenden zu müssen.

ChatGPT kann im Browser unter chat.openai.com oder über die offizielle App für iOS und Android genutzt werden. Abonnement-Nutzer haben damit auch mobil vollen Zugriff auf alle Bildfunktionen.

Wichtig ist dabei: Die Bildgenerierung ist mittlerweile auch im kostenlosen Tarif von ChatGPT verfügbar, unterliegt dort jedoch Nutzungseinschränkungen. Dazu zählen begrenzte Generierungen, eine langsamere Verarbeitung und mögliche Wartezeiten bei hoher Auslastung. Wer den Bildgenerator häufiger und mit höheren Limits nutzen möchte, benötigt ein kostenpflichtiges Abo wie ChatGPT Plus, das derzeit 23 Euro pro Monat kostet.

12.1 Die neuen Möglichkeiten der Bildgenerierung

Mit der Modellgeneration GPT-4o begann bei OpenAI ein grundlegender technischer Wandel in der Bildgenerierung. Erstmals wurde diese Funktion nicht mehr als separates Zusatzsystem betrieben, sondern direkt in das Sprachmodell integriert. Diese Architektur wurde in den folgenden Versionen weiterentwickelt. Zum Redaktionsschluss ist GPT 5.5 das neuste Modell, das Text und Bild gemeinsam verarbeitet.

Für Sie als Anwender bedeutet diese Integration, dass Sprache und Bild in einem durchgehenden Arbeitsprozess genutzt werden können. Sie können Bilder erzeugen, beschreiben, verändern und weiterentwickeln, ohne zwischen verschiedenen Werkzeugen wechseln zu müssen. Das Modell ist in der Lage, sich im Gespräch auf zuvor erzeugte oder hochgeladene Bilder zu beziehen und diese als Grundlage für weitere Schritte zu verwenden.

Im Vergleich zu früheren KI-Systemen arbeitet die Bildgenerierung bei umfangreichen Beschreibungen deutlich zuverlässiger. Mehrere Objekte, unterschiedliche Oberflächen, Lichtverhältnisse und räumliche Anordnungen lassen sich in einem einzelnen Bild zusammenführen. Auch die Darstellung von Text innerhalb von Bildern, etwa auf Schildern, Benutzeroberflächen oder Verpackungen, ist wesentlich stabiler als bei älteren Modellen, auch wenn weiterhin Fehler auftreten können.

Ein zentrales Merkmal der aktuellen Modelle ist die Fähigkeit, Bildinhalte über mehrere Arbeitsschritte hinweg wiederzuerkennen. Damit Figuren, Objekte oder visuelle Stile dabei gleich bleiben, ist jedoch eine klare Beschreibung notwendig. Das System erkennt nicht selbstständig, was Sie implizit meinen, sondern folgt ausschließlich Ihren textlichen Angaben. Wenn Sie Änderungen vornehmen möchten, sollten Sie daher genau benennen, auf welches Element eines vorherigen Bildes sich Ihre Anweisung bezieht. Je eindeutiger diese Bezugnahme ist, desto konsistenter bleibt das Ergebnis.

Durch diese Eigenschaften eignet sich die integrierte Bildgenerierung nicht nur für kreative Anwendungen, sondern auch für sachliche Einsatzbereiche. Dazu zählen unter anderem erste Designentwürfe, Produktideen, erklärende Abbildungen oder visuelle Skizzen zur Unterstützung von Texten. Die Technologie ersetzt keine professionelle Grafiksoftware, bietet aber eine niedrigschwellige Möglichkeit, visuelle Inhalte schnell zu entwickeln und zu überarbeiten.

12.2 Interaktive Bildbearbeitung und Stilvielfalt

Ein zentrales Merkmal moderner KI-gestützter Bildgenerierung ist die sogenannte Multi-Turn Generation, also die mehrstufige Bildgenerierung. Sie können mit dem System in natürlicher Sprache kommunizieren und Ihre Bilder Schritt für Schritt verfeinern, so als würden Sie mit einem Designer zusammenarbeiten. Das System merkt sich frühere Versionen, versteht Änderungswünsche und kann bestehende Bilder als Grundlage für neue Varianten verwenden.

Durch das Training auf einer sehr breiten Basis unterschiedlicher Bildstile beherrscht das System sowohl fotorealistische Darstellungen als auch künstlerische Stile, von Aquarellen über Comics bis zu präzisen technischen Illustrationen.

So lässt sich jedes Motiv an den gewünschten Kontext anpassen, sei es eine realistische Produktaufnahme, ein Storyboard oder eine stilisierte Infografik.

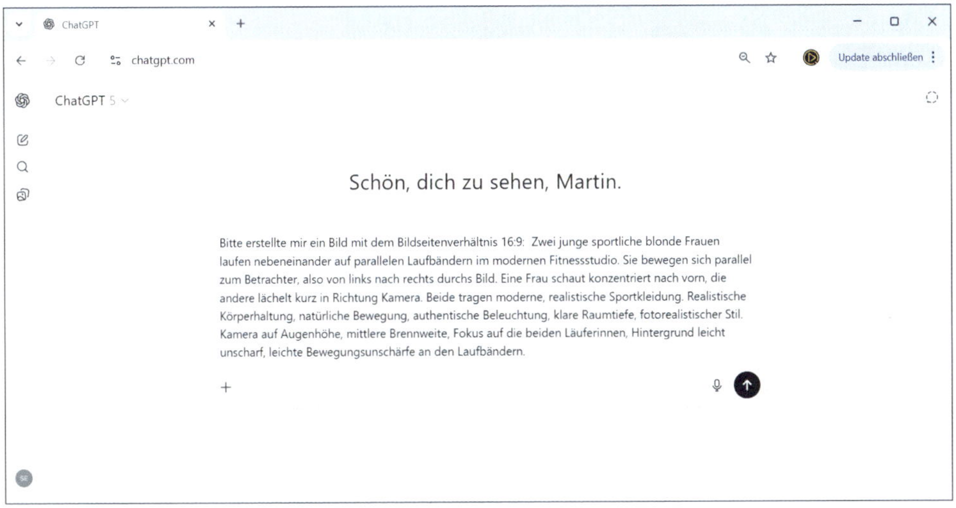

Nach der Bildgenerierung lässt sich das Ergebnis gezielt weiterbearbeiten. Klicken Sie dazu zunächst auf das erzeugte Bild, um es in der vergrößerten Ansicht zu öffnen. Anschließend wählen Sie oben rechts das Auswahl-Werkzeug *Bereich bearbeiten* aus.

Mit diesem Werkzeug können Sie gezielt Bildbereiche markieren. In diesem Beispiel wurden die Arme der vorderen Läuferin ausgewählt. Anschließend erstellen Sie einen neuen Prompt, der nur auf diese Auswahl angewendet wird, etwa »Erhöhe die Bewegungsunschärfe der markierten Arme«.

ChatGPT passt daraufhin ausschließlich die markierten Bereiche an, während der Rest des Bildes unverändert bleibt. So lassen sich gezielt Details optimieren, ohne das gesamte Bild neu erzeugen zu müssen.

12.3 Kuratierte Stile

Beim Erstellen von Bildern mit ChatGPT können Stilbezeichnungen bzw. kuratierte Stile als effiziente Abkürzungen im Prompt eingesetzt werden. Anstatt einen visuellen Stil detailliert über zahlreiche einzelne Attribute zu beschreiben, genügt häufig bereits ein einzelner Stilbegriff, um eine klar definierte Bildästhetik zu erzeugen. ChatGPT erkennt diese Begriffe als etablierte Stilreferenzen und setzt sie direkt in einen entsprechenden visuellen Look um.

Der praktische Vorteil liegt in der deutlichen Vereinfachung und Verkürzung von Prompts. Ein gut gewählter Stilbegriff ersetzt oft mehrere beschreibende Sätze zu Technik, Material, Farbgebung oder Darstellungsform. Gerade bei schrittweisem Arbeiten beschleunigt dies den Bildgenerierungsprozess erheblich.

Im Dezember 2025 wurde die Benutzeroberfläche um den Bereich *Bilder* erweitert, der über den gleichnamigen Eintrag auf der linken Seite aufgerufen werden kann. In diesem Bereich werden verschiedene kuratierte Stilvorlagen angeboten, die per Klick ausgewählt werden können. Dazu zählen unter anderem Stile wie *Skizze*, *Urlaubsporträt*, *Dramatisch* oder *Plüschi*, aber auch stärker thematische Varianten wie *Baseball-Wackelkopf* oder *3D Glam-Puppe*. Nach Auswahl eines solchen Stils wird das gewünschte Bild automatisch in der entsprechenden visuellen Anmutung erzeugt. Zusätzlich finden sich im unteren Bereich weitere Vorschläge unter der Rubrik *Etwas Neues entdecken*. Dort werden alternative Anwendungsfälle angeboten, etwa das Erstellen einer Grußkarte oder eines Albumcovers.

Ganz unten (hier nicht vollständig abgebildet) werden Ihnen im Bereich *Meine Bilder* alle bisher von Ihnen erstellten Bilder angezeigt. Diese sind so jederzeit, insbesondere für eine Überarbeitung, verfügbar.

Die Bilderzeugung ist somit auf zwei Wegen möglich. Sie können Bilder wie bisher direkt im Chat generieren, indem Sie einen entsprechenden Prompt formulieren, oder Sie nutzen den neuen Bereich *Bilder*, um auf die dort angezeigten Stilvorlagen oder auf bereits erstellte Bilder zugreifen zu können.

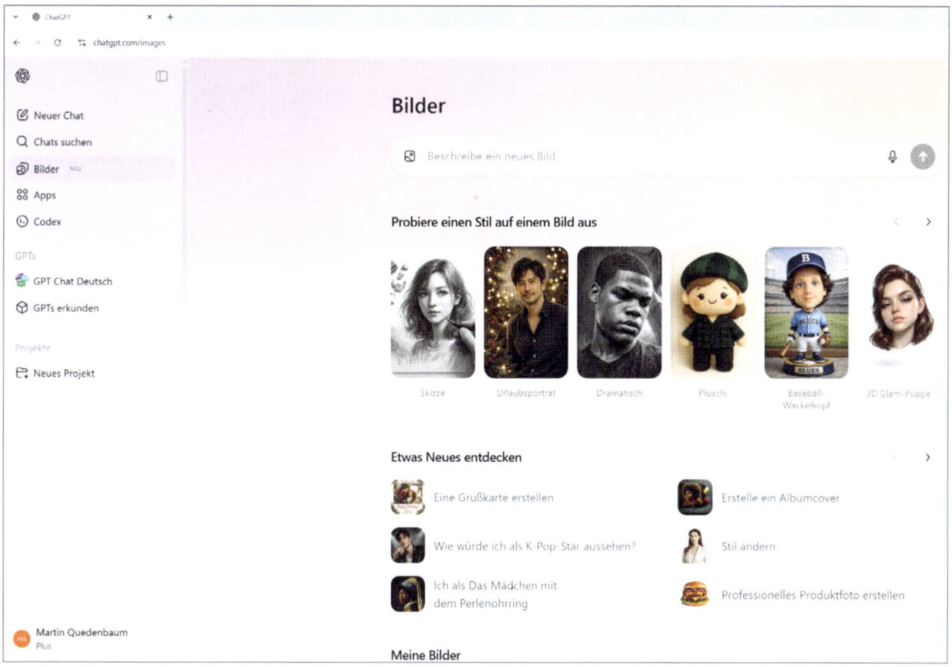

Da sich im Laufe der Zeit eine große Anzahl solcher Stilbezeichnungen etabliert hat, habe ich Ihnen in der folgenden Tabelle einige davon aufgelistet (ohne Anspruch auf Vollständigkeit). Neben der deutschen Bezeichnung ist jeweils auch der englischsprachige Prompt-Begriff aufgeführt. Dieser wird von ChatGPT teilweise zuverlässiger interpretiert und sollte im Zweifelsfall bevorzugt verwendet werden.

Obwohl diese Übersicht im Kontext von ChatGPT erstellt wurde, sind die aufgeführten Stile nicht exklusiv auf ChatGPT beschränkt. Viele dieser Bezeichnungen werden auch von anderen KI-Bildgeneratoren verstanden oder zumindest ähnlich interpretiert.

Es empfiehlt sich daher, diese Stilbegriffe auch in anderen Tools auszuprobieren, zu kombinieren und bei Bedarf anzupassen.

Kategorie	Stilbezeichnung (Deutsch)	Kurzbeschreibung	Typische Prompt-Begriffe
Fotografie und Realismus	Fotorealistisch	hohe Detailtreue	photorealistic
Fotografie und Realismus	Hyperrealistisch	übersteigerte Details	hyperrealistic
Fotografie und Realismus	Cinematischer Stil	filmische Lichtführung	cinematic lighting
Fotografie und Realismus	Filmstil-Look	Szene wie aus einem Film	film style
Fotografie und Realismus	Studiofotografie	kontrolliertes Licht	studio lighting
Fotografie und Realismus	Porträtfotografie	Fokus auf Gesicht	portrait photography
Zeichnung und Illustration	Illustration	gezeichneter Stil	illustration
Zeichnung und Illustration	Handgezeichnet	sichtbare Linien	hand drawn
Zeichnung und Illustration	Skizzenstil	Entwurfscharakter	sketch
Zeichnung und Illustration	Bleistiftzeichnung	monochrom	pencil drawing
Zeichnung und Illustration	Tuschezeichnung	hoher Kontrast	ink drawing
Zeichnung und Illustration	Linienzeichnung	Konturen	line art
Zeichnung und Illustration	Kinderbuch-Illustration	weich, vereinfacht	children book illustration

Kategorie	Stilbezeichnung (Deutsch)	Kurzbeschreibung	Typische Prompt-Begriffe
Malerei und Kunststile	Ölgemälde	Pinselstruktur	oil painting
Malerei und Kunststile	Aquarell	transparente Farben	watercolor
Malerei und Kunststile	Gouache-Stil	matte Farben	gouache
Malerei und Kunststile	Acrylmalerei	kräftige Farben	acrylic painting
Malerei und Kunststile	Digitale Malerei	malerisch, digital	digital painting
Malerei und Kunststile	Klassische Malerei	historischer Look	classical painting
Comic und Animation	Comic-Stil	klare Formen	comic style
Comic und Animation	Manga-Stil	japanische Comics	manga style
Comic und Animation	Anime-Stil	Animationslook	anime style
Comic und Animation	Cartoon-Stil	stark vereinfacht	cartoon style
Comic und Animation	Cel Shading	flächige Schatten	cel shading
Comic und Animation	Graphic-Novel-Stil	erzählerisch, düster	graphic novel
Comic und Animation	Superhelden-Comic-Stil	dynamisch	superhero comic
Comic und Animation	Simpsons Stil	TV-Cartoon, einfach	simpsons style
Digitale Render- und Animationsstile	CGI-Stil	computergenerierte Grafik	CGI

Kategorie	Stilbezeichnung (Deutsch)	Kurzbeschreibung	Typische Prompt-Begriffe
Digitale Render- und Animationsstile	Pixar-Stil	hochwertiger Animationslook	pixar style
Digitale Render- und Animationsstile	Low-Poly-Stil	reduzierte Geometrie	low poly
Digitale Render- und Animationsstile	Isometrischer Stil	technische Perspektive	isometric
Material- und Objektstile	Spielzeugähnlicher Stil	Figurenlook	toy-like
Material- und Objektstile	LEGO-Stil	Kunststoff, Noppen	lego style
Material- und Objektstile	Gestricktes Spielzeug	Wolle, Maschen	knitted toy
Material- und Objektstile	Plüsch-Stil	weich, flauschig	plush style
Material- und Objektstile	Claymation-Stil	Knetanimationslook	claymation
Material- und Objektstile	Stoffpuppen-Stil	Filz, Textil	felt puppet
Material- und Objektstile	Papiercollage	geschnittenes Papier	paper collage
Markenbasierte Referenzstile	Ghibli-Stil	handgezeichnet, poetisch	ghibli style
Markenbasierte Referenzstile	Barbie-Stil	Mode-Spielzeug-Look	barbie style

Ausgangsbild

Cinematischer Stil

Tuschezeichnung

Aquarell-Stil

LEGO-Stil

Skizzen-Stil

Pixar-Stil

Ghibli-Stil

Low-Poly-Stil

Handgezeichnet

Barbie-Stil

Stoffpuppen-Stil

Simpsons Stil

Isometrischer Stil

Comic-Stil

Claymation-Stil

Manga-Stil

12.4 Beispiel: Erstellung einer Speisekarte mit ChatGPT

Ein wesentlicher Vorteil von ChatGPT gegenüber vielen anderen KI-Bildgeneratoren besteht darin, dass ChatGPT recht zuverlässig mit Schrift bzw. Typografie umgehen kann. Texte werden häufig lesbar und konsistent dargestellt und enthalten in der Regel weniger Fehler als bei anderen Bildgeneratoren. Dadurch eignet sich ChatGPT besonders gut für grafische Anwendungen, bei denen Text eine zentrale Rolle spielt, etwa bei Speisekarten, Flyern, Plakaten oder Infografiken. Dennoch sollte der erzeugte Text immer überprüft werden, da Fehler weiterhin möglich sind.

Im folgenden Beispiel wurde eine komplette Bistro-Speisekarte erstellt, inklusive Logo, Layout und Inhalt. Der empfohlene Ablauf ist dabei bewusst einfach gehalten:

Zunächst wird der inhaltliche Teil vorbereitet. Dazu gehören die Namen der Speisen und Getränke sowie die Preise. Diese Inhalte können direkt eingetippt, diktiert oder aus einem bestehenden Dokument übernommen werden, zum Beispiel aus einer Word-Datei oder einer einfachen Textliste. ChatGPT eignet sich hervorragend, um diese Inhalte zu strukturieren, zu korrigieren oder realistische Preisvorschläge zu machen.

Im nächsten Schritt wird ChatGPT gebeten, ein passendes Logo zu entwerfen. In diesem Beispiel genügte ein sehr einfacher Prompt, etwa:

```
Erstelle ein Logo für ein italienisches Bistro mit dem
Namen Bella Italia.
```

Das Logo kann anschließend weiter verfeinert oder durch alternative Varianten ergänzt werden.

Anschließend wird das Layout der Speisekarte definiert. Hier empfiehlt es sich, ein klares Format vorzugeben, etwa:

```
DIN A4, einmal mittig gefaltet, sodass zwei DIN-A5-
Seiten entstehen.
```

ChatGPT kann daraufhin eine leere grafisch gestaltete Speisekarte erzeugen, zunächst ohne Inhalte. In den beiden letzten Schritten werden Logo und Inhalte zusammengeführt. ChatGPT wird dazu aufgefordert, die zuvor erstellten Texte in das bestehende Layout einzusetzen und das Logo an einer passenden Stelle zu integrieren, etwa im oberen Bereich oder mittig auf beiden Seiten. Auf diese Weise entsteht ein konsistentes Gesamtergebnis aus Inhalt, Typografie, Layout und Gestaltung. Dieses Vorgehen lässt sich nicht nur auf Speisekarten, sondern auf nahezu alle textlastigen Designaufgaben übertragen.

Baguettes
Baguette Klassik 3,90 €
Belegt mit Butter und Salat
Baguette Käse 5,50 €
Gouda oder Emmentaler, Salat, Butter
Baguette Schinken Käse 6,90 €
Kochschinken, Gouda, Salat, Remoulade
Baguette Salami 6,90 €
Salami, Käse, Salat, Remoulade
Baguette Thunfisch 7,50 €
Thunfisch, Zwiebeln, Gurke, Salat
Vegetarisches Baguette 7,90 €
Gegrilltes Gemüse, Käse, Salat, Pesto
Kaltgetränke
Mineralwasser still oder sprudelnd (0,25 l) 2,50 €
Coca-Cola, Cola Zero, Fanta, Sprite (0,33 l) 3,20 €
Apfelsaft oder Orangensaft (0,25 l) 3,00 €
Apfelsaftschorle (0,5 l) 4,90 €
Eistee Zitrone oder Pfirsich (0,33 l) 3,20 €
Nudelgerichte
Spaghetti Napoli 8,90 €
Tomatensauce, frische Kräuter
Spaghetti Bolognese 11,90 €
Penne Arrabbiata 10,50 €
Scharfe Tomatensauce, Knoblauch, Chili
Tagliatelle Carbonara 12,90 €
Sahnesauce, Speck, Ei, Parmesan
Penne Vegetarisch 11,50 €
Gemüse der Saison, leichte Sahnesauce
Heissgetränke
Espresso 2,50 €
Espresso doppio 3,50 €
Café Crema 3,20 €
Cappuccino 3,80 €
Latte Macchiato 4,20 €
Milchkaffee 4,20 €
Heiße Schokolade 3,80 €
Tee (verschiedene Sorten)
Bella Italia
Baguettes
Baguette Klassik 3,90 €
Belegt mit Butter und Salat
Baguette Käse 5,50 €
Gouda oder Emmentaler, Salat, Butter
Baguette Schinken Käse 6,90 €
Kochschinken, Gouda, Salat, Remoulade
Baguette Salami 6,90 €
Salami, Käse, Salat, Remoulade
Baguette Thunfisch 7,50 €
Thunfisch, Zwiebeln, Gurke, Salat
Vegetarisches Baguette 7,90 €
Gegrilltes Gemüse, Käse, Salat, Pesto
Kaltgetränke
Mineralwasser still oder sprudelnd (0,25 l) 2,50 €
Coca-Cola, Cola Zero, Fanta, Sprite (0,33 l) 3,20 €
Apfelsaft oder Orangensaft (0,25 l) 3,00 €
Apfelsaftschorle (0,5 l) 4,90 €
Eistee Zitrone oder Pfirsich (0,33 l) 3,20 €
Bella Italia
Nudelgerichte
Spaghetti Napoli 8,90 €
Tomatensauce, frische Kräuter
Spaghetti Bolognese 11,90 €
Coca-Cola, Cola Zero
Penne Arrabbiata 10,50 €
Scharfe Tomatensauce, Knoblauch, Chili
Tagliatelle Carbonara 12,90 €
Sahnesauce, Speck, Ei, Parmesan
Penne Vegetarisch 11,50 €
Gemüse der Saison, leichte Sahnesauce
Heißgetränke
Espresso 2,50 €
Espresso doppio 3,50 €
Café Crema 3,20 €
Cappuccino 3,80 €
Latte Macchiato 4,20 €
Milchkaffee 4,20 €
Heiße Schokolade 3,80 €
Tee (verschiedene Sorten)
Bearbeitungen beschreiben

Die so von ChatGPT erzeugte Speisekarte liegt technisch als Pixelgrafik vor. In diesem konkreten Beispiel beträgt die Bildgröße 1.536 × 1.024 Pixel. Das klingt zunächst nach einer ordentlichen Auflösung, reicht jedoch für eine hochwertige Druckausgabe im DIN-A4-Format nicht aus. Rechnet man diese Pixelgröße auf eine übliche Druckauflösung um, ergibt sich eine reale Druckgröße von etwas weniger als 13 × 9 cm. Das bedeutet: Die Darstellung ist deutlich kleiner als ein DIN-A4-Blatt und eignet sich daher nicht als direkte Druckvorlage für eine gefaltete Speisekarte im Endformat.

Wichtig ist dabei weniger die genaue technische Herleitung, sondern das grundlegende Verständnis: ChatGPT liefert hier einen gestalterischen Entwurf, kein druckfertiges Layout. Das Ergebnis zeigt Aufbau, Typografie, Anordnung der Inhalte, Farbwelt und Stil – nicht jedoch die finale Produktionsdatei. Für den finalen Druck ist daher weiterhin der Einsatz geeigneter Layout- und Satzprogramme wie ***Adobe InDesign***, ***Affinity Publisher*** oder vergleichbarer Layout-Werkzeuge erforderlich.

Der eigentliche Nutzen liegt damit im Layout- und Entwurfsprozess. Auf diese Weise können auch ungeübte Anwender selbstständig einen ersten gestalterischen Entwurf erzeugen, den sie anschließend ihrem Grafiker oder ihrer Druckerei als konkrete Gesprächsgrundlage vorlegen können. Anstelle abstrakter Beschreibungen liegt bereits ein visuelles Konzept vor, das Aufbau, Typografie und inhaltliche Gewichtung klar erkennen lässt. Das spart Entwicklungszeit und reduziert Abstimmungsschleifen und damit auch Kosten.

Gleichzeitig funktioniert der Ansatz ebenso in die andere Richtung: Grafiker oder Druckereien können mithilfe von ChatGPT sehr schnell erste Layout-Ideen oder -Varianten erstellen, um Kunden frühzeitig visuelle Vorschläge zu präsentieren. Auch hier dient der Entwurf nicht als Endprodukt, sondern als strukturierte Ausgangsbasis für die weitere professionelle Ausarbeitung.

Hinweis zur Qualität der Logografik

Im Unterschied zum Seiten-Layout der Speisekarte kann das im Rahmen dieses Beispiels erzeugte Logo in der Praxis häufig direkt weiterverwendet werden. Das Logo wird von ChatGPT als eigenständige Grafik ausgegeben und liegt in der Regel in einer ausreichend hohen Auflösung vor, um es für digitale Medien oder als Grundlage für weitere Verarbeitungsschritte zu nutzen.

Für viele Anwendungsfälle – etwa für Webseiten, digitale Speisekarten, Social-Media-Auftritte oder einfache Druckprodukte – ist die Qualität der erzeugten Logografik bereits ausreichend. Bei Bedarf kann das Logo zudem in einem Grafikprogramm weiterbearbeitet, skaliert oder vektorisiert werden. Damit unterscheidet sich das Logo funktional vom Layout der Speisekarte: Während Letzteres als konzeptioneller Entwurf zu verstehen ist, stellt das Logo häufig bereits ein verwertbares grafisches Ergebnis dar, das ohne zwingende Neugestaltung eingesetzt werden kann.

13. KI-Videogeneratoren

Generative KI beschränkt sich nicht auf die Erzeugung einzelner Bilder. Mittlerweile lassen sich auch kurze Videosequenzen erstellen. Zahlreiche KI-Videogeneratoren werden als webbasierte Dienste angeboten und lassen sich unmittelbar im Browser verwenden. Dadurch entfällt die Installation zusätzlicher Programme, was den Einstieg erheblich vereinfacht. Bekannte Angebote wie ***DALL-E***, ***Midjourney*** oder ***Adobe Firefly*** stellen übersichtliche Benutzeroberflächen bereit, über die sich Inhalte durch einfache Texteingaben erzeugen lassen. Ideen können so ohne technischen Aufwand direkt in visuelle Ergebnisse umgesetzt werden.

13.1 Videoauflösung

Die Auflösung eines Videos bestimmt maßgeblich, wie scharf und detailreich das Bild wahrgenommen wird. Das gilt ebenso für Inhalte, die mithilfe von KI erzeugt werden. Betrachtet man die gängigen Auflösungsstandards, zeigen sich deutliche Qualitätsunterschiede.

Die bis vor 25 Jahren gängige und heute nur noch von DVD-Videos verwendete SD-Auflösung mit 720 × 576 Bildpunkten erscheint bei der Wiedergabe auf modernen hochauflösenden Displays unscharf und grobkörnig. Die Full-HD-Auflösung mit 1.920 × 1.080 Pixeln verfügt hingegen über ein Vielfaches dieser Bildpunkte und ermöglicht somit eine deutlich präzisere Darstellung.

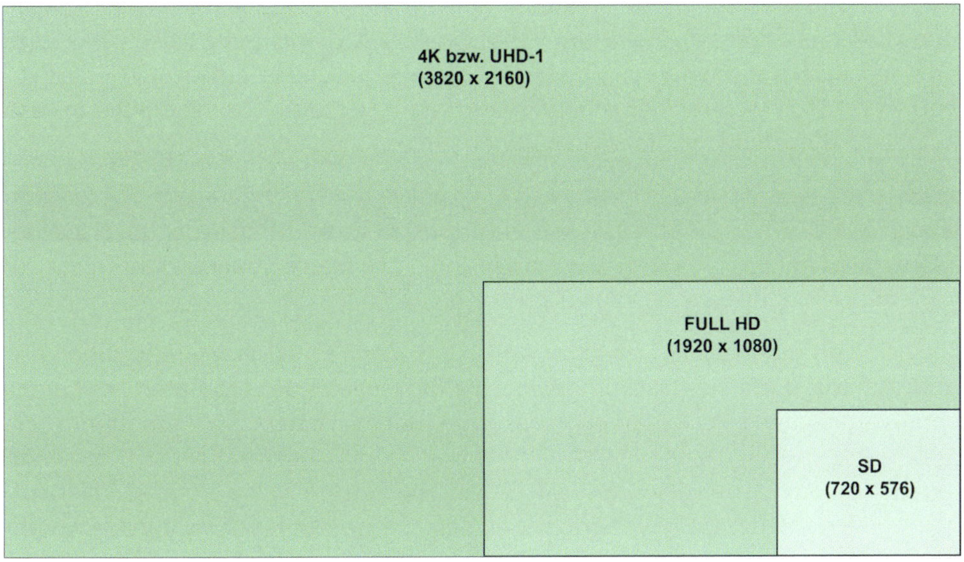

Eine noch höhere Detailtiefe bietet Ultra High Definition bzw. UHD-1. Diese gemeinhin als 4K bezeichnete Auflösung unterteilt das Bild in 3.840 × 2.160 Pixel. Die höchstmögliche Auflösung wird heutzutage mit UHD-2 bzw. 8K erreicht. Hier wird das Bild in 7.680 × 4.320 Pixel aufgelöst. Durch die stark erhöhte Pixelanzahl entstehen extrem klare Bilder, deren Qualität vor allem auf großen Displays klar zur Geltung kommt.

Von KI-Videogeneratoren erzeugte Inhalte erreichen eine Bildauflösung, die für zahlreiche Einsatzbereiche ausreichend ist. Eine Ausgabe in 4K oder 8K ist hingegen oftmals nicht möglich. Das liegt hauptsächlich am hohen Rechenaufwand, der mit der Erzeugung hochauflösender Bilder und Videosequenzen verbunden ist.

Die zugrunde liegenden KI-Modelle benötigen große Mengen an Speicher sowie erhebliche Rechenleistung, um visuelle Inhalte zu berechnen. Steigt die Auflösung weiter an, erhöhen sich Rechenzeit und Ressourcenbedarf überproportional, was den Prozess ineffizient und teuer macht.

Viele Videogeneratoren sind inzwischen in der Lage, Videos bis Full HD zu erzeugen. Höhere Auflösungen sind dagegen häufig nur in kostenpflichtigen Tarifen verfügbar. Eine Ausgabe in 4K erfolgt zudem oft nicht direkt während der Generierung, sondern über einen nachgelagerten Skalierungsschritt, der auf der jeweiligen Plattform angeboten wird (etwa bei ***Adobe Firefly Video***). Falls die jeweilige Plattform keine eigene Skalierungsfunktion bietet, können dafür auch externe Dienste genutzt werden, zum Beispiel ***Topaz Video AI***.

Auflösung nachträglich erhöhen – hochskalieren

Das nachträgliche Hochskalieren von KI-generierten Videos spielt in vielen Anwendungsfällen eine zentrale Rolle, um deren Qualität und praktische Einsetzbarkeit zu erhöhen. Auch diese Verfahren sind technisch begrenzt und liefern nicht in jedem Fall perfekte Ergebnisse. Trotzdem haben sie sich als bevorzugte Lösung etabliert, wenn Inhalte aus KI-Videogeneratoren in höheren Auflösungen benötigt werden.

Tool	Kosten	URL
Topaz Video AI	kostenpflichtig	https://letsenhance.io/

13.2 Kostenpflichtig oder gratis?

KI-Videogeneratoren werden sowohl in kostenlosen als auch in kostenpflichtigen Varianten angeboten. Dabei handelt es sich stets um eine zeitlich begrenzte Momentaufnahme. Angebote, die aktuell gratis verfügbar sind, können kurzfristig kostenpflichtig werden, während sich umgekehrt auch Preismodelle ändern können.

KI-Videogenerator	Kosten
Adobe Firefly Video	kostenpflichtig (siehe Kapitel 16)
BasedLabs	kostenpflichtig
Colossyan	Bietet sowohl kostenlose als auch kostenpflichtige Versionen an. Die kostenlose Version erlaubt das Testen der Grundfunktionen.
DaVinci AI	kostenlos
DeepBrainAI	kostenpflichtig
Elai.io	Bietet sowohl kostenlose als auch kostenpflichtige Versionen an.
Fliki	kostenlos
Google Veo	Kostenpflichtig, Zugriff am einfachsten über Google AI Studio bzw. https://aistudio.google.com/prompts/new_video. Zudem kann das Modell auch bei Verwendung des kostenpflichtigen Adobe-Firefly-Videogenerators genutzt werden.
HeyGen	kostenpflichtig
InVideo	kostenpflichtig
Kapwing	In der kostenlosen Version sind die Exportfunktionen eingeschränkt.
Magisto	Bis zu einem bestimmten Umfang kostenlos. Wasserzeichen in der kostenlosen Version.
OpenAI Sora	Kostenpflichtig, Zugriff über ChatGPT Plus oder Pro. Zudem kann das Modell Sora 2.0 auch bei Verwendung des kostenpflichtigen Adobe-Firefly-Videogenerators genutzt werden. Siehe Kapitel 14.
Runway Gen-3 oder Gen-4.5	Bis zu einem bestimmten Umfang kostenlos. Wasserzeichen in der kostenlosen Version (siehe Kapitel 15). Zudem kann das Modell Runway Gen-4.5 auch bei Verwendung des kostenpflichtigen Adobe-Firefly-Videogenerators genutzt werden.
Synthesia	Funktionen können in begrenztem Umfang kostenlos getestet werden.
Synthesys.io	Bis zu einem bestimmten Umfang kostenlos.

14. Sora

Sora ist der KI-basierte Videogenerator von OpenAI. Zum Redaktionsschluss ist Sora in Deutschland offiziell ausschließlich über die Weboberfläche unter sora.com bzw. browserbasiert verfügbar.

Der Zugriff auf Sora ist allerdings nicht für alle ChatGPT-Nutzer freigeschaltet. Sora steht aktuell ausschließlich Anwendern mit einem aktiven Plus- oder Pro-Abonnement zur Verfügung. Die Anmeldung erfolgt dabei über denselben OpenAI-Account, der auch für die Nutzung von ChatGPT verwendet wird. Umfang und Nutzungslimits unterscheiden sich je nach gewähltem Tarif.

Eine eigenständige Sora-App ist derzeit in Deutschland bzw. Europa nicht verfügbar. Auch die Generierung von Videos über die ChatGPT-App wird aktuell nicht unterstützt. Die Nutzung erfolgt primär über die Desktop-Version von ChatGPT.

14.1 Anmeldung

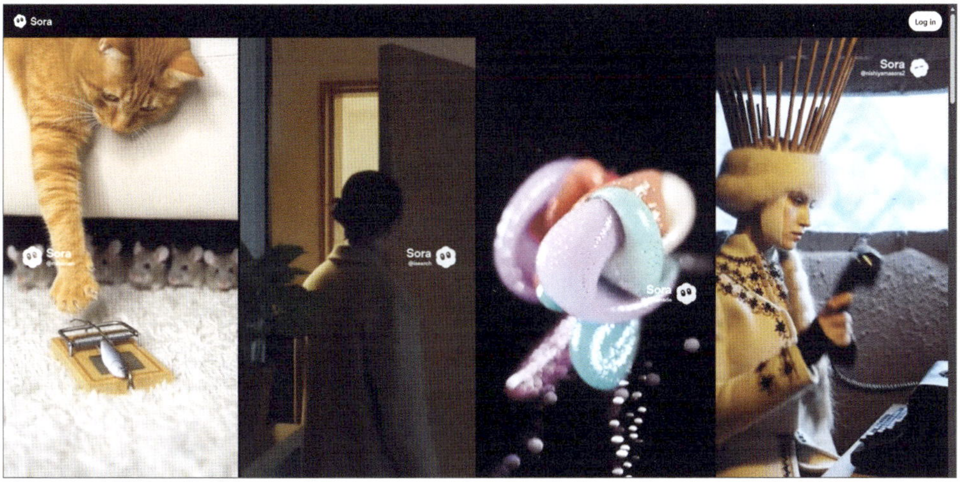

Auf sora.com klicken Sie zunächst rechts oben auf *Log in*. Im sich anschließend öffnenden Dialog wählen Sie *Anmelden*.

Daraufhin wird der OpenAI-Anmeldedialog angezeigt, der auch von ChatGPT bekannt ist. In diesem Dialog geben Sie die Zugangsdaten Ihres ChatGPT-Accounts ein.

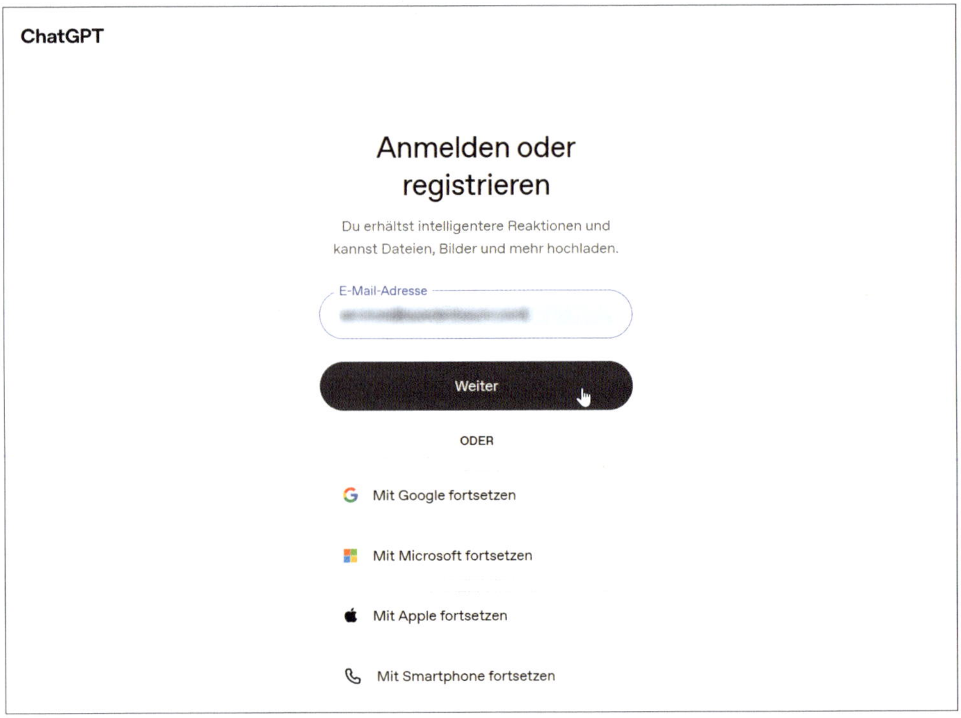

Geben Sie hier zunächst die E-Mail-Adresse Ihres ChatGPT-Accounts ein, und wählen Sie anschließend eine Methode zur Verifizierung Ihrer Identität aus. Eine gängige Option ist die Verifizierung per E-Mail. OpenAI sendet Ihnen daraufhin einen Verifizierungscode zu.

Dieser Code wird im nächsten Dialogfenster eingegeben. Nach Abschluss dieses Schrittes werden Sie zur Sora-Oberfläche weitergeleitet.

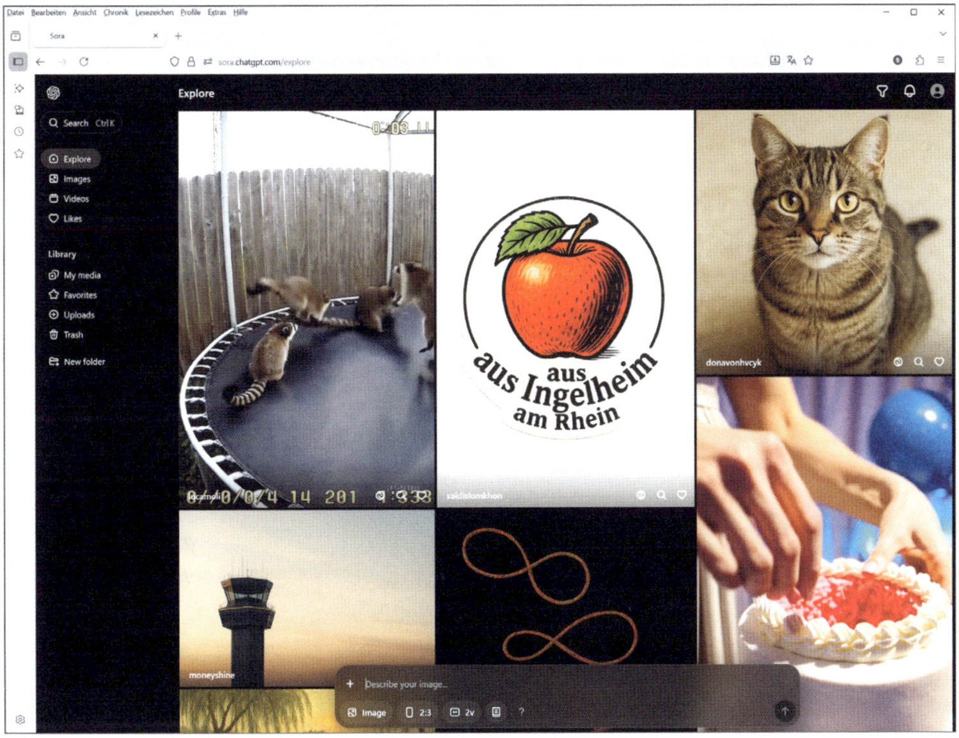

14.2 Sora vs. Sora 2

OpenAI unterscheidet zwischen der ersten Version von Sora und dem weiterentwickelten ***Sora 2***. Sora 2 wurde Ende September 2025 eingeführt und bringt technische Verbesserungen und umfangreichere Steuerungsmöglichkeiten gegenüber dem ursprünglichen Modell. Voreingestellt arbeitet sora.com allerdings derzeit noch auf Basis der ersten Version.

Im Eingabebereich wird darauf hingewiesen, dass ein neues Modell verfügbar ist, nämlich Sora 2. Dieser Hinweis enthält einen Verweis auf weiterführende Informationen zum neuen Modell.

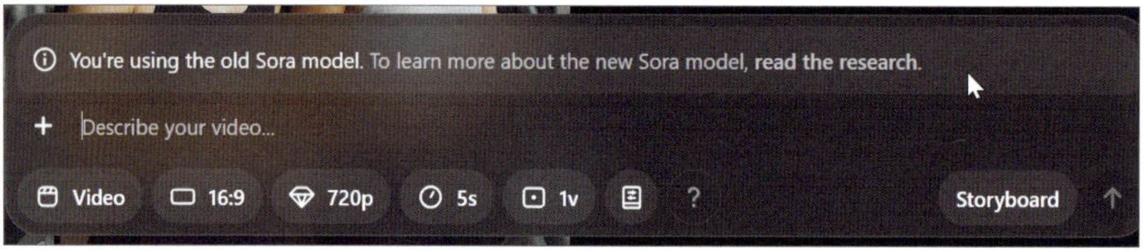

Beim Klick auf diesen Hinweis öffnet sich ein Informationsdialog, der die Eigenschaften von Sora 2 beschreibt und eine Schaltfläche zum Herunterladen der Sora-App anbietet.

Aufgrund des regional eingeschränkten Roll-outs bleibt diese Funktion für Nutzer in Deutschland jedoch ohne Wirkung. Ein Download der Sora-2-App ist hier weder über den Browser noch über ein Smartphone möglich.

Dies zeigt sich auch bei einem direkten Versuch, die App über ein iPhone zu beziehen. Hier findet sich im App Store von Apple bei der Suche nach Sora oder Sora 2 kein valides Suchergebnis. Eine mobile App steht damit aktuell nicht zur Verfügung.

14.3 Ein Video generieren

An der Unterseite des Browserfensters befindet sich das Eingabefeld. Bevor Sie den Prompt eingeben, stellen Sie hier zunächst von *Image* auf *Video* um. Dazu klicken Sie auf der linken Seite des Eingabefeldes auf die anklickbare Beschriftung *Image* und wechseln anschließend auf *Video*.

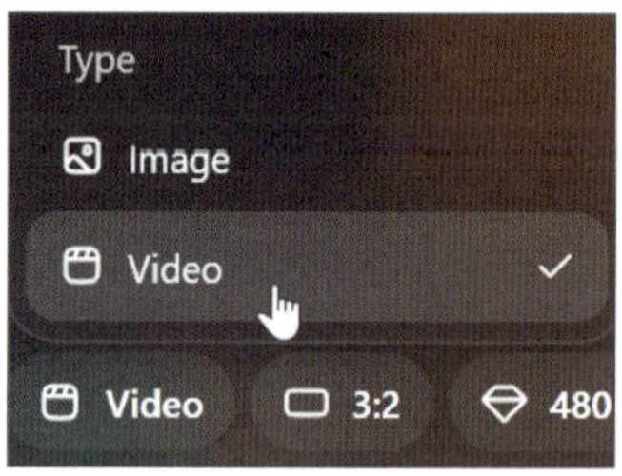

Bildseitenverhältnis

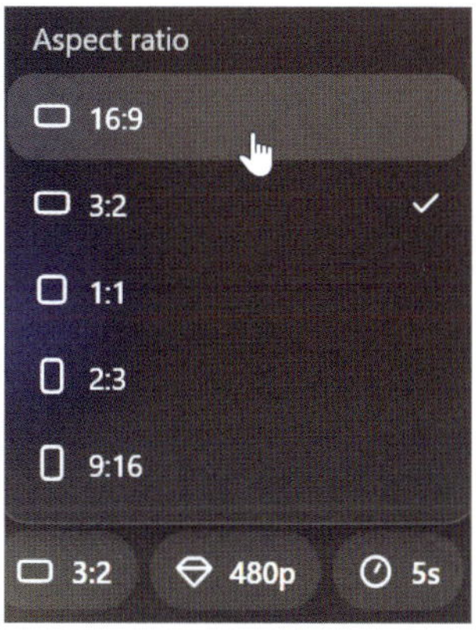

Rechts daneben wählen Sie das gewünschte Bildseitenverhältnis (*Aspect ratio*) aus, beispielsweise *16:9*. Legen Sie rechts daneben die gewünschte Auflösung fest. Je nach gewähltem Abo-Modell stehen hier unterschiedliche Auflösungen zur Verfügung.

Auflösung

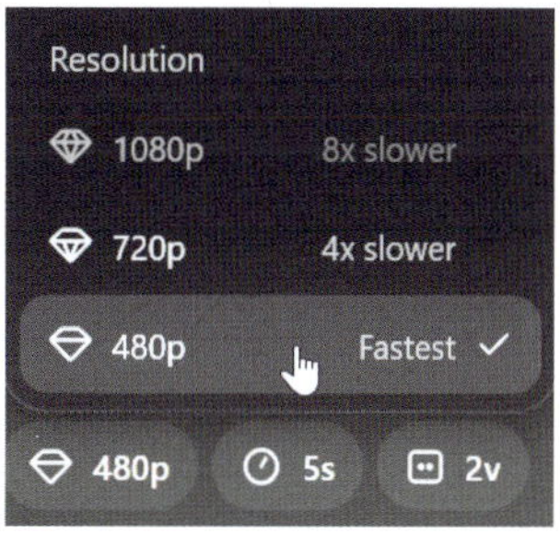

Für Nutzer mit einem ChatGPT-Plus-Account stellt Sora maximal eine Auflösung (*Resolution*) von 720p bereit. Die Erstellung eines Videos in dieser Auflösung dauert allerdings etwa viermal so lange wie in der niedrigsten verfügbaren Auflösung von 480p. Daher habe ich mich hier zunächst für *480p* entschieden.

Dauer

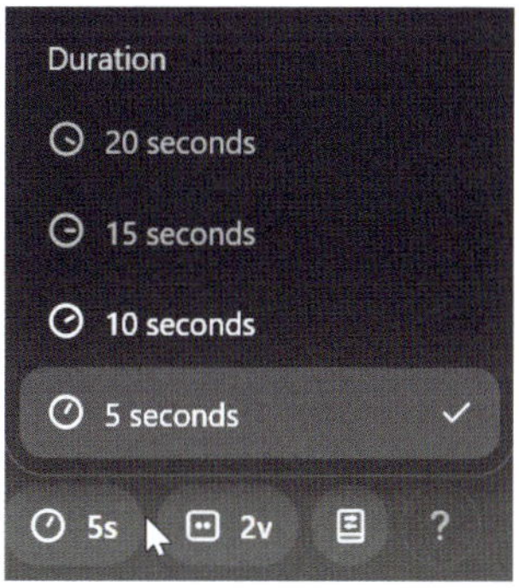

Darüber hinaus können Sie die Länge des zu erzeugenden Videos (*Duration*) festlegen. Sora bietet dafür vordefinierte Laufzeiten von 5, 10, 15 oder 20 Sekunden an. Nutzer mit einem ChatGPT-Plus-Account können dabei Videos mit einer maximalen Länge von zehn Sekunden generieren.

Anzahl der Versionen

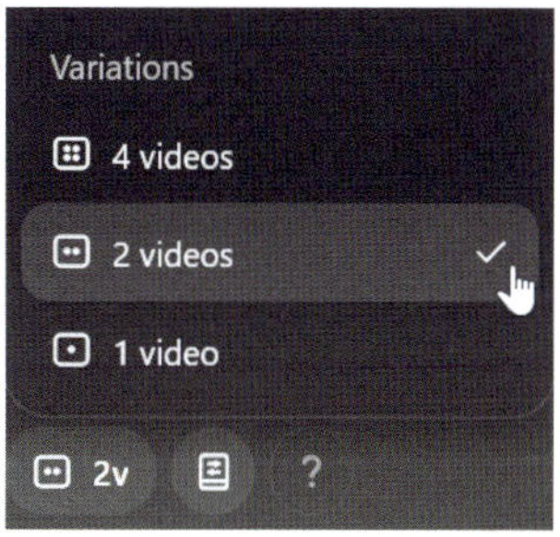

Die letzte Einstellung betrifft die Anzahl der zu erzeugenden Varianten (*Variations*). Standardmäßig erstellt Sora zwei Videos pro Generierung. Diese Anzahl kann auf bis zu vier Varianten erhöht werden. Wenn es schneller gehen soll, lässt sich die Generierung auch auf ein einzelnes Video reduzieren.

> **Hinweis**
> Die beiden anderen Menüs bieten Sora die Möglichkeit, den visuellen Look des Videos über Presets zu steuern sowie den Handlungsablauf des Videos aktiv über ein Storyboard zu beeinflussen.

Auch in diesem Fall habe ich als Einstieg denselben Prompt verwendet, der im Buch bereits mehrfach bei der Arbeit mit Bildgeneratoren zum Einsatz kam. Ziel war es, zunächst eine bekannte und vergleichbare Ausgangsbasis zu schaffen, bevor spezifische Anpassungen für die Videogenerierung vorgenommen werden.

Der verwendete Prompt lautet:

```
Zwei junge sportliche blonde Frauen beim Cardiotraining
im Fitnessstudio auf Laufbändern, moderne Sportkleidung,
freundlicher Ausdruck, realistisch.
```

Um die Videogenerierung zu starten, klicken Sie unten rechts auf den nach oben zeigenden Pfeil (*Create video*).

Nach dem Start der Generierung wird oben rechts eine kreisförmige Statusanzeige eingeblendet, die den Fortschritt anzeigt.

14.4 Erzeugte Videos sichten und downloaden

Nach Abschluss der Berechnung werden die mit Sora erzeugten Videos in Ihrer *Library* abgelegt. Diese erreichen Sie über das gleichnamige Menü auf der linken Seite durch einen Klick auf *My media*.

Videos lokal speichern

In der praktischen Arbeit mit Sora ist zu beachten, dass generierte Videos nicht dauerhaft in der Oberfläche gespeichert werden. Es existiert derzeit keine verlässliche Historie oder Medienbibliothek, über die frühere Generierungen später erneut abgerufen werden können.

Für die Praxis bedeutet das: Ergebnisse müssen unmittelbar nach der Erstellung lokal heruntergeladen und gesichert werden.

Erfolgt dies nicht, sind die Videos nach Ablauf der Session oder nach erneutem Log-in in der Regel nicht mehr verfügbar.

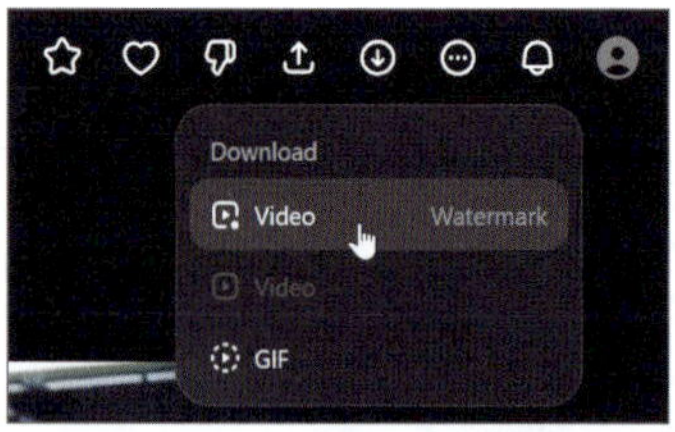

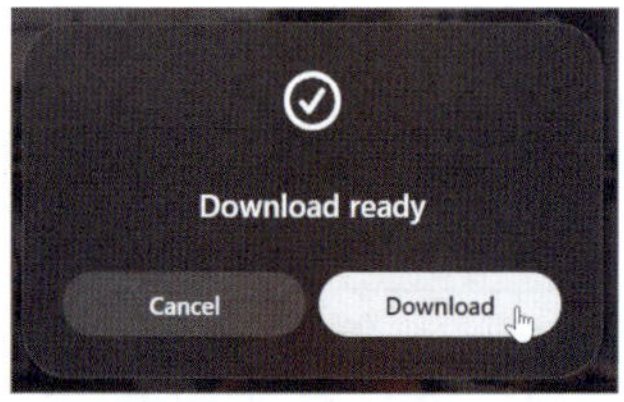

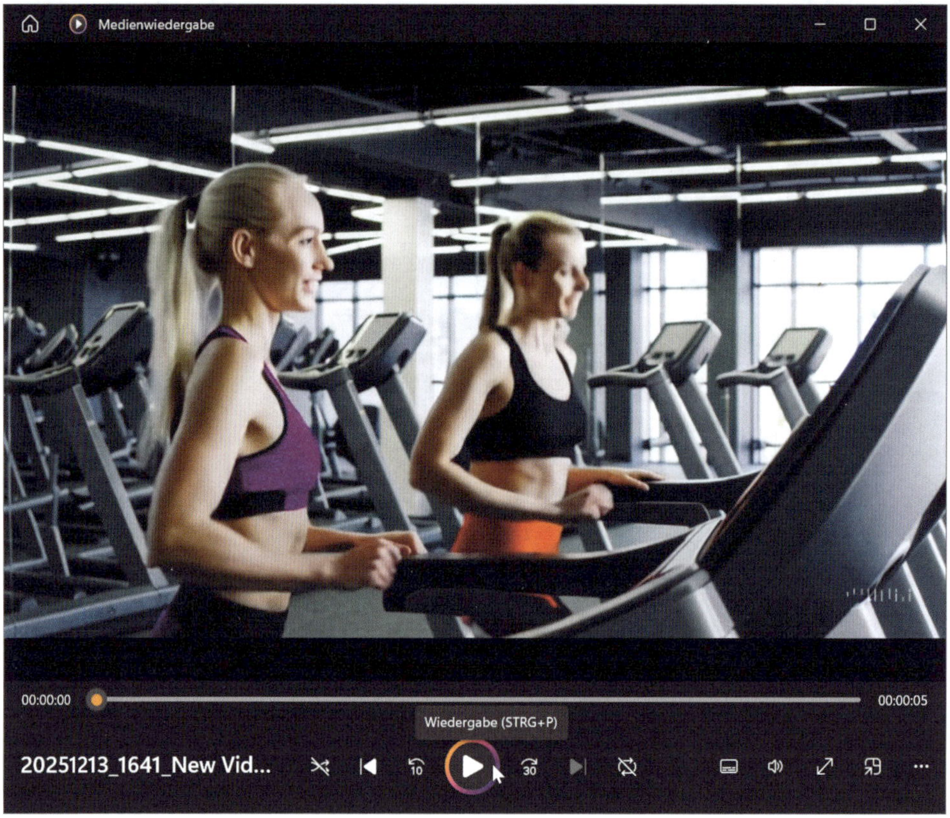

Ein natürlich wirkendes Laufverhalten auf Laufbändern ist mit der aktuellen Version von Sora grundsätzlich erreichbar, erfordert jedoch Zeit, viele Iterationen und ein hohes Maß an Detailarbeit. Auf Anhieb entsteht ein solches Ergebnis in der Regel nicht. Gerade bei Szenen mit klaren biomechanischen Erwartungen stößt das Modell damit sichtbar an Grenzen.

Bei einfacheren Bewegungsabläufen bzw. weniger komplexen Motiven macht Sora hier und da aber einen ganz ordentlichen Job, insbesondere wenn man mit der Storyboard-Funktion den zeitlichen Ablauf präziser formulieren bzw. steuern kann.

14.5 Storyboard

Die Storyboard-Funktion von Sora dient dazu, den zeitlichen Ablauf eines Videos bereits vor der eigentlichen Generierung festzulegen. Sie ist kein Schnittwerkzeug im klassischen Sinn, sondern ein Planungs- und Steuerungselement, mit dem der inhaltliche und zeitliche Verlauf eines Videos vorgegeben wird.

Das Storyboard besteht aus einzelnen Szenen, die entlang einer Zeitachse angeordnet sind. Jede dieser Szenen steht für einen klar definierten Abschnitt des späteren Videos.

Für jede Szene kann entweder eine textliche Beschreibung hinterlegt oder ein Bild bzw. ein Video als Referenz hinzugefügt werden. Auf diese Weise lassen sich Handlung, Bildinhalt, Kameraperspektive und Stimmung gezielt für einzelne Abschnitte steuern.

Über die Zeitachse am unteren Rand wird festgelegt, wie lange eine Szene dauern soll. Die Gesamtlänge des Videos ergibt sich aus der Summe aller Szenen.

Weitere Szenen können hinzugefügt, bestehende Szenen gelöscht oder in ihrer Dauer angepasst werden. Bei der Generierung verarbeitet Sora das Storyboard sequenziell und erzeugt die Szenen in der vorgegebenen Reihenfolge als zusammenhängendes Video. Dadurch wird der Handlungsablauf explizit vorgegeben, anstatt vom Modell aus einem einzelnen Prompt abgeleitet zu werden.

Der Einsatz eines Storyboards erhöht die Kontrolle über das Ergebnis deutlich und reduziert zufällige Abweichungen. Für einfache oder kurze Videos ist diese Funktion nicht zwingend erforderlich. Bei komplexeren Abläufen, erzählerischen Strukturen oder reproduzierbaren Ergebnissen stellt das Storyboard jedoch das zentrale Steuerungselement dar.

In diesem Beispiel wurde die Storyboard-Funktion genutzt, indem an klar definierten Zeitpunkten innerhalb der Timeline jeweils eine eigene Storyboard-Karte eingefügt wurde. Die erste Storyboard-Karte wurde zu Beginn des Videos bzw. bei Sekunde 1 durch einen Klick auf den Anfang der Timeline erzeugt und anschließend der folgende Prompt eingegeben:

```
Ein Rotkronenkranich mit gelbem Schwanz steht am Bach,
den Kopf hoch erhoben, und blickt um sich. Die Farben
sind pastellartig, und auf der Wasseroberfläche des
Bachs sind leichte Spiegelungen zu sehen.
```

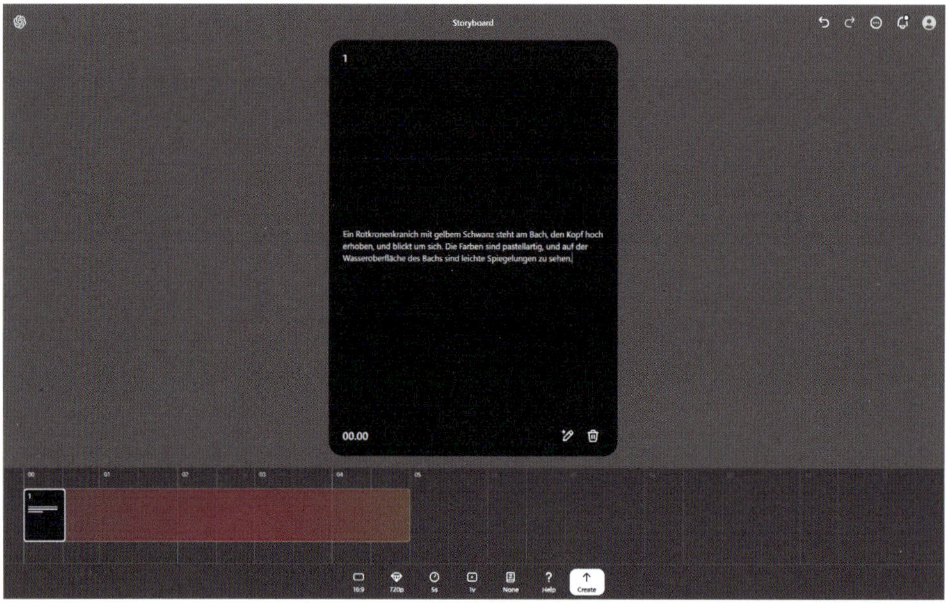

Eine zweite Storyboard-Karte wurde bei Sekunde 3 mit einem Klick in die Timeline eingefügt und dann dieser Prompt eingegeben:

Der Kranich taucht seinen Kopf ins Wasser.

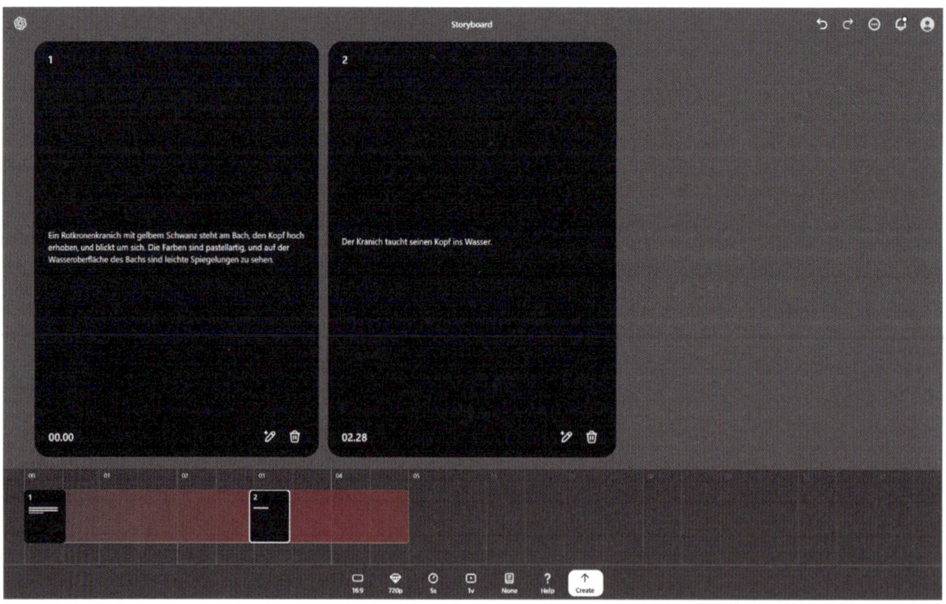

Durch die zeitliche Platzierung der Karten bei Sekunde 1 und Sekunde 3 wird festgelegt, ab welchem Zeitpunkt die jeweilige Szenenbeschreibung wirksam wird. Sora interpretiert diese Vorgaben sequenziell und erzeugt daraus einen zusammenhängenden Videoablauf, bei dem sich die Handlung entsprechend den definierten Szenen entwickelt.

So lässt sich der Verlauf eines Videos gezielt strukturieren und Schritt für Schritt aufbauen, ohne den gesamten Ablauf in einem einzigen Prompt beschreiben zu müssen.

Erzeugtes Video wiedergeben

Das fertige Video können Sie aufrufen, indem Sie auf die oben rechts dargestellte Glocke und anschließend auf die dann angezeigte Miniatur des Videos klicken.

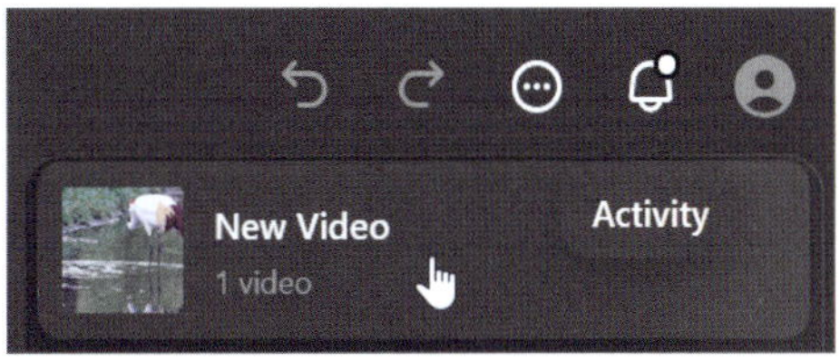

Funktionen im Sora-Videoplayer

Der Sora-Videoplayer bietet neben den grundlegenden Bedienelementen weitere Funktionen.

Eine ausführliche praktische Demonstration würde an dieser Stelle den Rahmen sprengen. Daher werden die Funktionen in den beiden folgenden Tabellen kurz erläutert.

Obere Leiste

Funktion	Bedeutung
Favorite (Stern)	Markiert ein Video als Favoriten. Dadurch lässt es sich leichter wiederfinden. Die Funktion dient nur der persönlichen Organisation.
Like (Herz)	Zeigt, dass Ihnen das Video gefällt. Der Like dient als positives Feedback. Er hat keinen direkten Einfluss auf das Video.
Give Feedback (Daumen)	Ermöglicht eine Rückmeldung zum Video. Diese Funktion wird genutzt, um Probleme oder Unzufriedenheit zu melden. Das Feedback hilft bei der Verbesserung.
Sharing Options	Erlaubt das Teilen des Videos. Je nach Kontext stehen unterschiedliche Freigabeoptionen zur Verfügung. Das Video kann extern weitergegeben werden.
Download	Lädt das Video lokal herunter. Je nach Auswahl stehen unterschiedliche Formate zur Verfügung. Das Video kann anschließend unabhängig genutzt werden.
Weitere Optionen (drei Punkte)	Enthält Verwaltungsfunktionen wie Ordnerzuordnung, Meldung (Funktion dient dazu, Inhalte zu melden, die als problematisch, unangemessen oder regelwidrig empfunden werden) oder Löschen. Diese betreffen Organisation und Moderation. Der Inhalt bleibt unverändert.
Activity (Glocke)	Zeigt Benachrichtigungen und Aktivitäten an. Dazu gehören Statusmeldungen rund um Videos. Die Funktion dient der Übersicht.
Benutzermenü	Zugriff auf Kontofunktionen wie Einstellungen, Hilfe, Tutorials, Community, Tarifinformationen und Abmeldung. Dient der Verwaltung des Benutzerkontos.

Untere Leiste

Funktion	Bedeutung
Edit story/Edit prompt	Im Storyboard heißt die Funktion *Edit story*, bei der klassischen Videogenerierung *Edit prompt*.Hier ändern Sie die inhaltliche Grundlage des Videos. Sie passen an, was im Video passiert und in welcher Reihenfolge. Das Video wird anschließend auf Basis dieser Änderungen neu aufgebaut. Sinnvoll, wenn die Idee stimmt, der Ablauf aber noch nicht.
Re-cut	Das Video wird neu zusammengeschnitten, ohne neue Bilder zu erzeugen. Szenen werden kürzer oder länger, Übergänge werden angepasst. Der Inhalt bleibt gleich, nur das Timing verändert sich.
Remix	Das Video wird auf der Grundlage der bestehenden Version neu gestaltet. Stil, Details oder Bildwirkung können sich ändern, die Grundidee bleibt bestehen. Sie erhalten eine alternative Version des Videos.
Blend	Zwei Videos werden miteinander kombiniert. Elemente aus beiden Clips fließen in ein neues Video ein. Es handelt sich nicht um ein einfaches Aneinanderfügen, sondern um eine inhaltliche und visuelle Mischung.
Loop	Das Video wird so angepasst, dass es nahtlos wieder von vorn beginnt. Anfang und Ende werden optisch aufeinander abgestimmt. Dadurch kann das Video endlos abgespielt werden, ohne dass ein Schnitt auffällt.

Erzeugtes Video herunterladen

Mit einem Klick auf das Download-Symbol und den dann angezeigten Eintrag *Video* können Sie das fertige Video herunterladen.

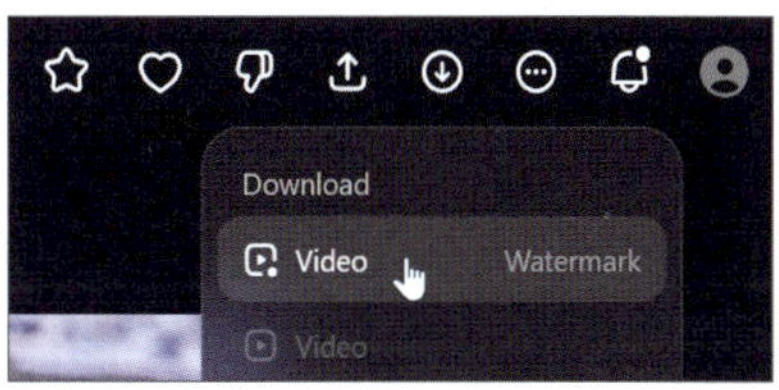

Zur Veranschaulichung habe ich in regelmäßigen Abständen Screenshots erstellt. Diese zeigen, wie sich die Szene entwickelt.

20251216_1410_New Video_storyboard_01kckmg655fvftyt67zgfwesse

14.6 Referenzbilder verwenden

Zusätzlich zum klassischen Arbeiten mit Prompts können Sie im Sora-Storyboard auch Bilder einsetzen.

Sie platzieren ein erstes Bild an einem frühen Zeitpunkt im Storyboard, etwa bei Sekunde 1, und ein zweites, leicht verändertes Bild derselben Szene an einem späteren Zeitpunkt, etwa bei Sekunde 3. Sora erzeugt die Bewegung zwischen diesen beiden Zuständen automatisch.

Die Bilder können vorher extern generiert werden, beispielsweise mit ChatGPT. Wichtig ist, dass Motiv, Stil und Perspektive konsistent bleiben, damit die Übergänge plausibel wirken. Wenn das Seitenverhältnis der verwendeten Bilder nicht dem in Sora eingestellten Format entspricht, zeigt Sora weiße Rahmen an. Sie können den Rahmen dabei innerhalb des Bildes verschieben und so den Bildbereich definieren, den Sora verwenden soll.

In diesem Fall habe ich mit ChatGPT zwei aufeinander abgestimmte Bilder erzeugt. Beide zeigen denselben Hund und dieselbe Katze, jedoch in leicht unterschiedlicher Haltung.

Diese beiden Bilder habe ich im Sora-Storyboard als Storyboard Cards verwendet. Dazu habe ich jeweils auf die entsprechende zeitliche Position in der Storyboard-Timeline geklickt und über das daraufhin dargestellte Plussymbol (*Add an Image or Video*) das entsprechende Bild hochgeladen.

Das erste Bild habe ich bei Sekunde 1 platziert, das zweite Bild bei Sekunde 3. Auf Basis dieser beiden visuellen Zustände erzeugt Sora automatisch die Bewegung zwischen den Bildern und generiert daraus das Video.

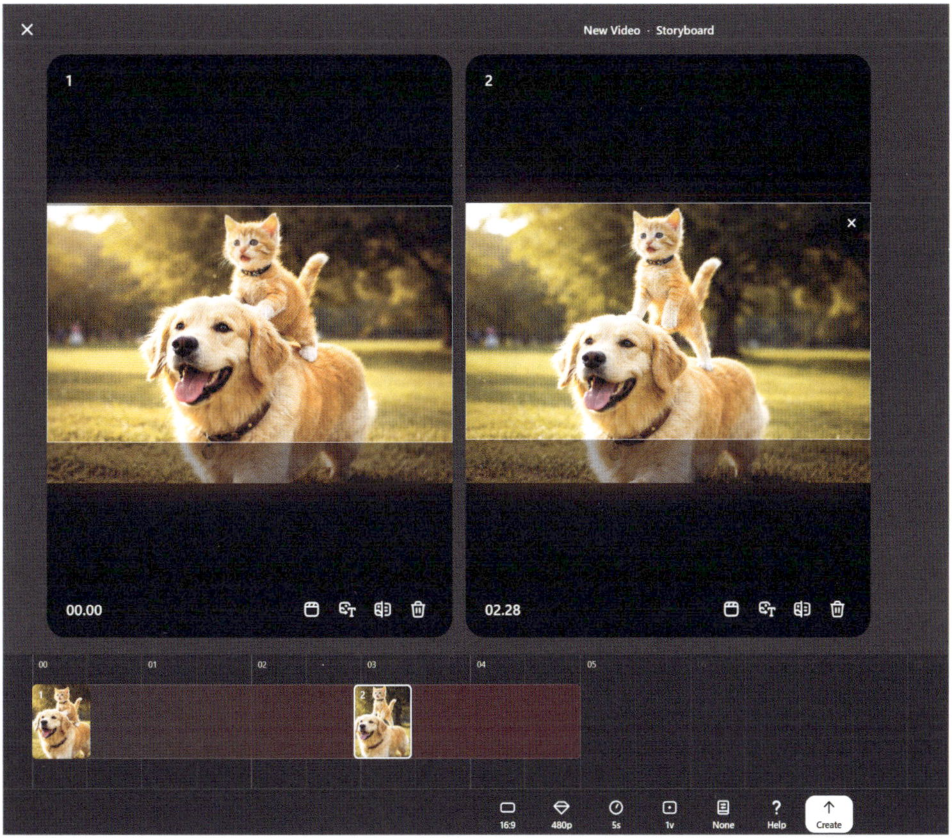

Um einen Eindruck vom zeitlichen Verlauf des Videos zu vermitteln, habe ich in regelmäßigen Abständen Screenshots angefertigt. Diese zeigen, wie sich das Video Schritt für Schritt entwickelt.

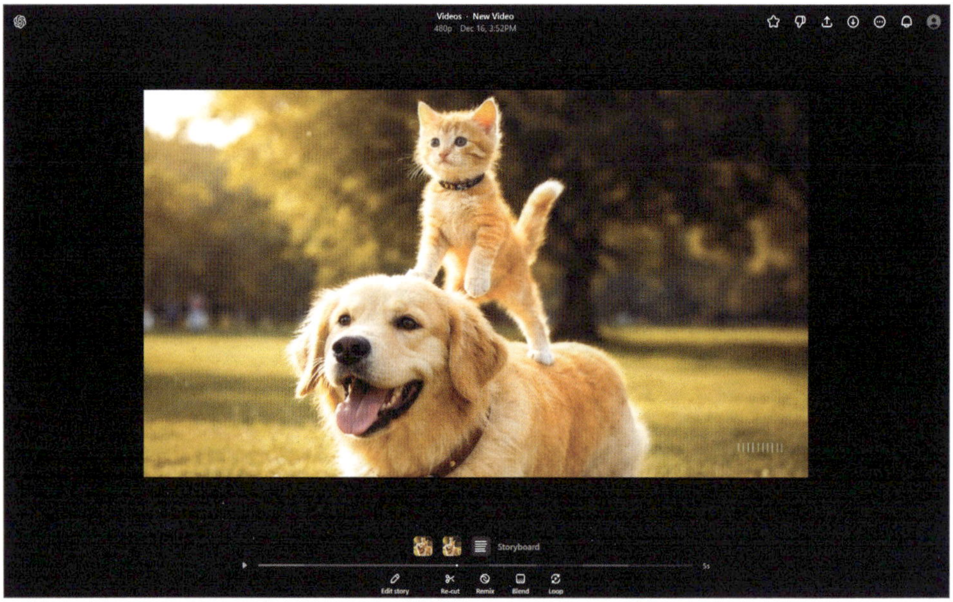
Videos · New Video
480p · Dec 16, 3:52PM
Storyboard
5s
Edit story
Re-cut
Remix
Blend
Loop

15. Runway ML

Runway ML ist sowohl ein KI-Bildgenerator als auch ein KI-Videogenerator, mit klarem Schwerpunkt auf Video. Die Plattform funktioniert vollständig browserbasiert und nutzt Rechenleistung aus der Cloud, eine lokale Installation ist nicht erforderlich. Zusätzlich existiert eine iOS-App, deren Funktionsumfang jedoch deutlich geringer ist und die die browserbasierte Version nicht ersetzt. Eine App für Android steht nicht zur Verfügung.

Ein Teil der auf runwayml.com von Runway vorgestellten Funktionen lässt sich in einem begrenzten Umfang kostenlos ausprobieren. Voraussetzung ist lediglich die Erstellung eines Benutzerkontos. Die Registrierung erfolgt über den Button *Sign up*. Im Anschluss verschickt Runway eine E-Mail an die angegebene Adresse. Darin befindet sich ein achtstelliger Bestätigungscode, der während des Anmeldevorgangs eingegeben werden muss. Nutzer erhalten zunächst 125 kostenlose Credits. Das Erzeugen eines Videos verbraucht davon rund 25 Credits. Sobald die kostenlosen Credits verbraucht sind, stehen keine weiteren Free Credits zur Verfügung. Erst mit dem Abschluss eines kostenpflichtigen Abos werden monatlich neue Credits bereitgestellt, die sich regelmäßig erneuern.

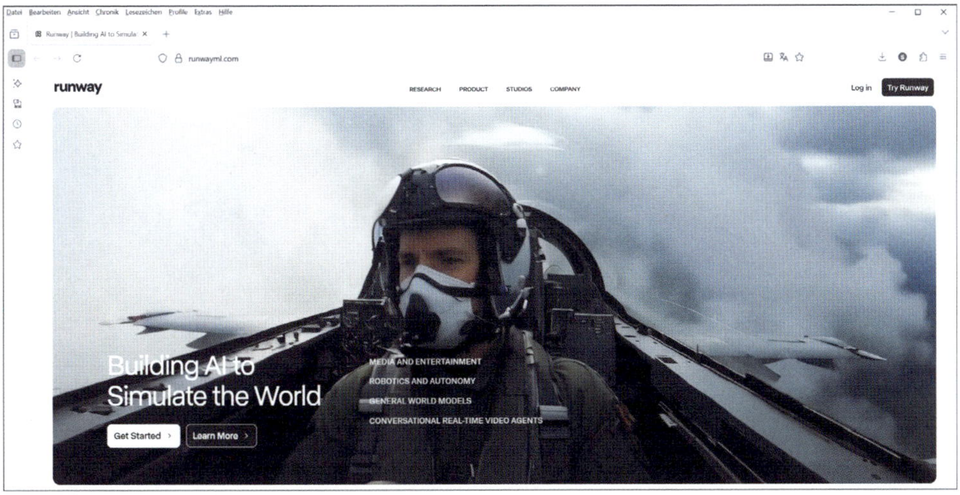

Wählen Sie zunächst an der Oberseite das Register *Video* aus. Auch in diesem Beispiel habe ich ein zuvor mit ChatGPT erstelltes Foto als Grundlage verwendet bzw. in den Bereich unter dem Register *Video* gezogen. Wählen Sie anschließend an der Unterseite eines der hier verfügbaren KI-Modelle aus. Wenn Sie Runway mit den 125 Gratis-Credits ausprobieren möchten, müssen Sie an dieser Stelle eines der mit den Gratis-Credits nutzbaren KI-Modelle wählen – ich habe hier *Gen-3 Turbo* ausgewählt. Auf einen Prompt habe ich zunächst einmal bewusst verzichtet und direkt ein zehn Sekunden langes Video mit einem Klick auf *Generate* erstellt.

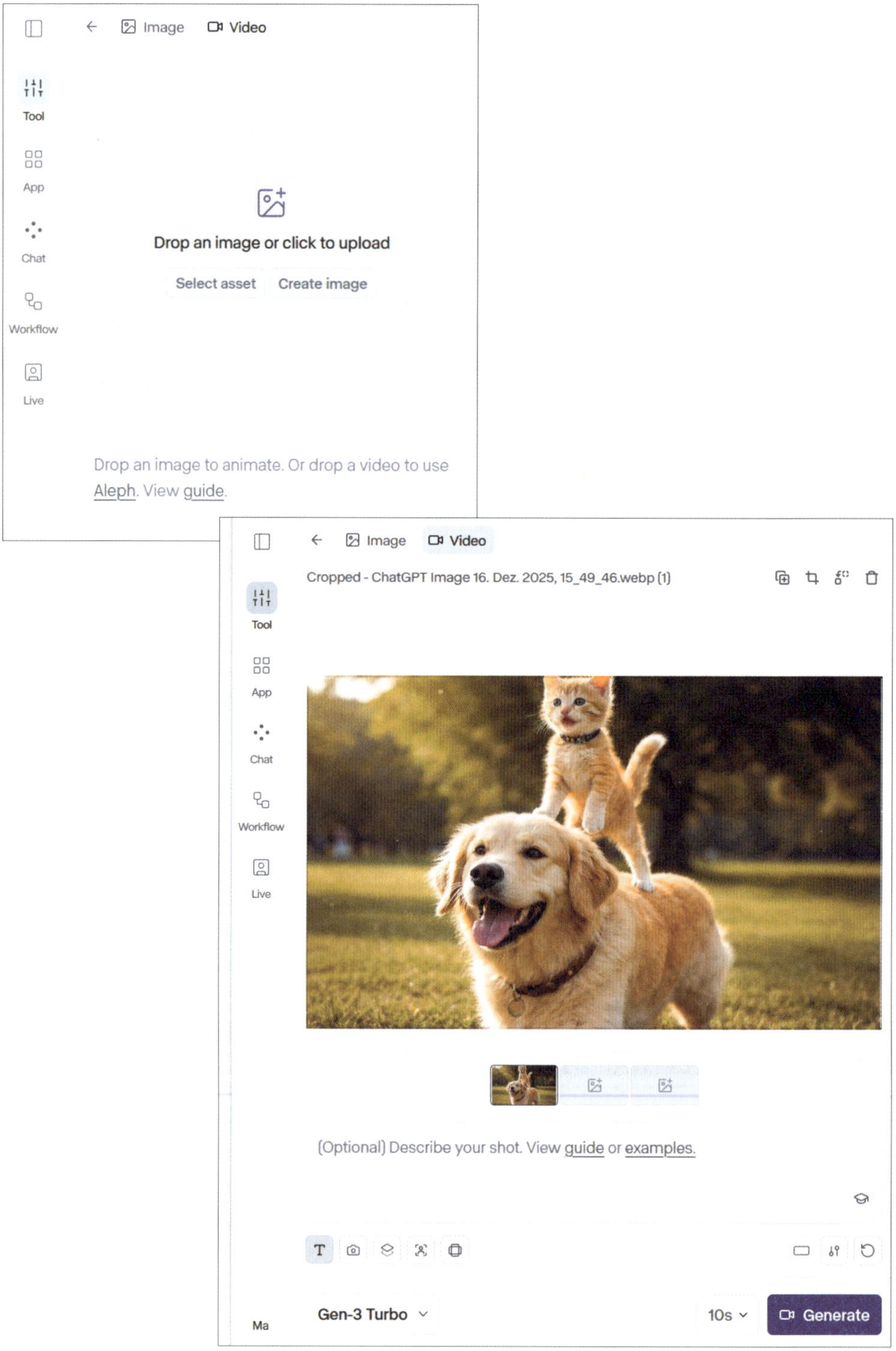
Image
Video
Tool
App
Chat
Workflow
Live
Drop an image or click to upload
Select asset
Create image
Drop an image to animate. Or drop a video to use Aleph. View guide.
Image
Video
Cropped - ChatGPT Image 16. Dez. 2025, 15_49_46.webp (1)
Tool
App
Chat
Workflow
Live
(Optional) Describe your shot. View guide or examples.
T
Ma
Gen-3 Turbo
10s
Generate

Damit Sie einen Eindruck davon bekommen, wie sich das Video im Verlauf entwickelt, habe ich in festen Zeitabständen Screenshots erstellt. Konkret bei Sekunde 1, 2, 4, 6, 8 und 10.

runway

runway

runway

15.1 Presets

Ich habe das bereits erstellte Video anschließend ein zweites Mal generiert und dabei ein vordefiniertes Preset verwendet. Dazu habe ich in Runway auf die Schaltfläche *Presets* geklickt und bin in dem dann dargestellten Bereich in das Register *Examples* gewechselt. In dieser Übersicht werden verschiedene vorgefertigte Presets angezeigt.

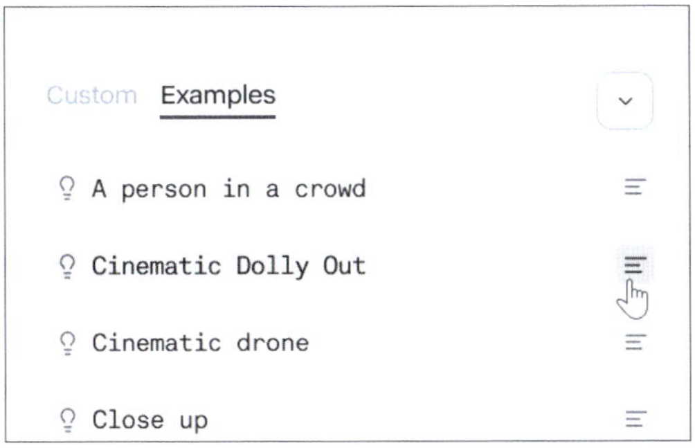

Aus der Presets-Liste habe ich das zweite Preset von oben ausgewählt, *Cinematic Dolly Out*. Der Name beschreibt die Wirkung bereits grob, dennoch haben die Entwickler das konkrete Verhalten jedes Presets direkt hinterlegt. Um diese Informationen einzusehen, klicken Sie rechts neben dem Preset-Namen auf das entsprechende Symbol. Dabei handelt es sich um ein Icon mit drei horizontalen Linien, das sich am rechten Rand der jeweiligen Zeile befindet.

Nach dem Anklicken öffnet sich ein Detailfenster. Dieses zeigt den Namen des Presets, den zugrunde liegenden Prompt sowie die zugehörigen Kameraeinstellungen. Auf diese Weise lässt sich nachvollziehen, welche Kamerabewegung das Preset erzeugt. Zudem kann das Preset direkt über die Schaltfläche *Apply* angewendet werden. Mit einem Klick auf die Schaltfläche *Generate* wurde das Video dann erzeugt.

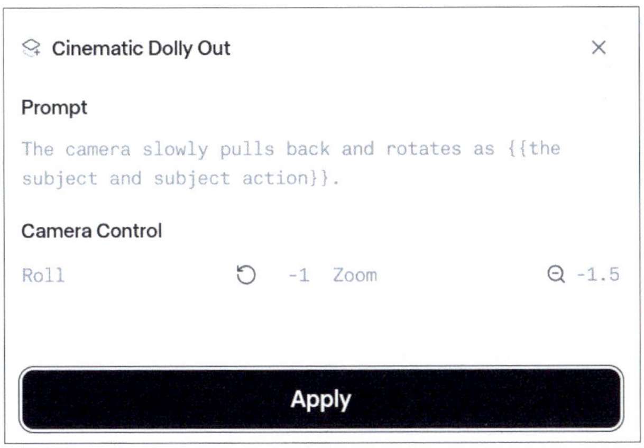

Damit Sie einen Eindruck davon bekommen, wie sich das Video im Verlauf entwickelt, habe ich in festen Zeitabständen Screenshots erstellt. Konkret bei Sekunde 1, 2, 4, 6, 8 und 10. Anhand dieser Screenshots lässt sich nachvollziehen, wie sich Bildausschnitt, Kamerabewegung und Szenerie über die Zeit verändern.

runway

runway

runway

16. Adobe Firefly Video

Der KI-Videogenerator von ***Adobe Firefly*** ist wie dessen KI-Bildgenerator direkt in die Weboberfläche integriert und ermöglicht die Erstellung kurzer Videosequenzen auf Basis eines Prompts.

Der Zugriff auf den Videogenerator ist kostenpflichtig. In der Regel besteht jedoch die Möglichkeit, ein Probeabo abzuschließen, das über einen begrenzten Zeitraum läuft, beispielsweise 14 Tage. Innerhalb dieses Zeitraums kann der Funktionsumfang vollständig getestet werden. Erfolgt keine Kündigung, wird das Abonnement anschließend kostenpflichtig fortgeführt. Für die Probezeit selbst fallen (bisher) keine Kosten an.

Ein zentrales Merkmal des Firefly-Videogenerators ist die Unterstützung unterschiedlicher Modelle. Neben dem eigenen Firefly-Modell namens ***Firefly Video*** stehen auch Partnermodelle zur Verfügung, zum Beispiel ***Sora 2***, ***Veo 3.1*** oder ***Ray 3.14***. Diese unterscheiden sich hinsichtlich Qualität, Geschwindigkeit und Ergebnischarakteristik. Die Auswahl des Modells hat dabei einen direkten Einfluss auf das generierte Video.

Die Generierung erfolgt in Form kurzer Clips, wobei die maximale Länge aktuell acht Sekunden beträgt. Einige Modelle können nur Videos mit einer Länge von maximal fünf Sekunden erzeugen. Zusätzlich zur Dauer können das Seitenverhältnis und die Auflösung gewählt werden. Auch hier unterscheiden sich die einzelnen Modelle. Einige bieten Videos in 16:9 (Breitbild), 9:16 (Vertikal) oder mit 1:1 ein quadratisches Bildformat an. Andere Formate bieten hingegen nur zwei unterschiedliche Formate oder sogar deutlich mehr Formate.

Beispielsweise bietet das Modell ***Ray 3.14*** neben den gerade genannten Formaten auch die klassischen Bildseitenverhältnisse 4:3 und 3:4 und auch die Formate 21:9 (Ultrabreit) sowie 9:21 (Ultrahoch) an. 21:9 (Ultrabreit) bietet sich an, wenn gezielt ein cineastischer Look erzeugt werden soll. Die Modelle unterscheiden sich auch hinsichtlich der möglichen Auflösung. Während beispielsweise das Modell ***Ray 3.14*** die Auflösungen 720p, 1080p und 4k unterstützt, stellt Firefly Video lediglich die Auflösungen 540p, 720p und 1080p zur Auswahl, ***Veo 3.1*** sogar nur 720p und 1080p.

Als Beispiel habe ich mit einigen der in Firefly verfügbaren KI-Modelle ein Video auf der Grundlage des folgenden Prompts erzeugt. Damit Sie sich einen Eindruck vom entstandenen Video machen können, habe ich ca. alle zwei Sekunden einen Screenshot gefertigt.

Eine cineastische Einstellung, beginnend in einem modernen Büro: Eine Person sitzt an einem Schreibtisch in einem Hochhaus, tippt auf einer Tastatur und telefoniert gelegentlich, ein Computerbildschirm leuchtet mit sichtbaren Benutzeroberflächen-Elementen. Die Kamera ist in einer halbtotalen Einstellung positioniert. Die Kamera bewegt sich langsam rückwärts und durchquert eine große Glasscheibe ohne Schnitt, wodurch ein fließender Übergang vom Innenraum zur Außenseite des Gebäudes entsteht. Während sich die Kamera weiter nach außen bewegt, wird die gesamte Höhe des Wolkenkratzers sichtbar und es wird deutlich, dass sich das Büro in einer hohen Etage befindet, etwa im 30. oder 40. Stock. Stadtsilhouette im Hintergrund, realistische Reflexionen auf Glas, natürliche Beleuchtung, gleichmäßige kontinuierliche Bewegung, keine Schnitte, cineastisch, ultrarealistisch.

Auffällig ist, dass die Länge der erzeugten Sequenzen bei den Modellen Firefly Video, Runway Gen-4.5 und Sora 2 derzeit auf etwa fünf Sekunden begrenzt ist. Die anderen im Rahmen dieses Beispiels vorgestellten Modelle erlauben hingegen eine Länge von bis zu acht Sekunden.

Firefly Video

Die Prompt-Eingabe für das erste Video erfolgte direkt auf der Adobe-Startseite (www.adobe.de).

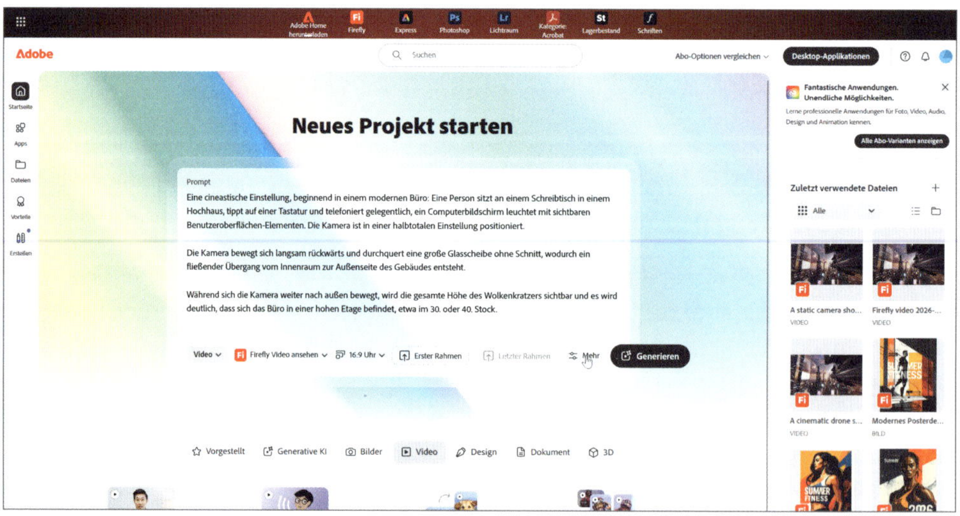

Unterhalb des Prompt-Eingabebereichs wurde zunächst von *Bilder* auf *Video* umgestellt, dann rechts daneben mit Firefly Video das erste Modell gewählt. Auf dem hier abgebildeten Screenshot ist an dieser Stelle *Firefly Video ansehen* zu erkennen, wobei das Wort »ansehen« hier wohl nur versehentlich angezeigt wird.

Da noch einige weitere Parameter eingestellt werden sollten, habe ich noch nicht auf *Generieren*, sondern zunächst auf *Mehr* geklickt.

Daraufhin wurden in dem nun dargestellten Fenster *Video generieren* bzw. in den hier verfügbaren *Allgemeinen Einstellungen* die Auflösung, das Bildseitenverhältnis und (wenn möglich) die maximale Länge eingestellt.

Mit einem Klick auf *Generieren* (unten rechts) wurde die Berechnung des Videos gestartet.

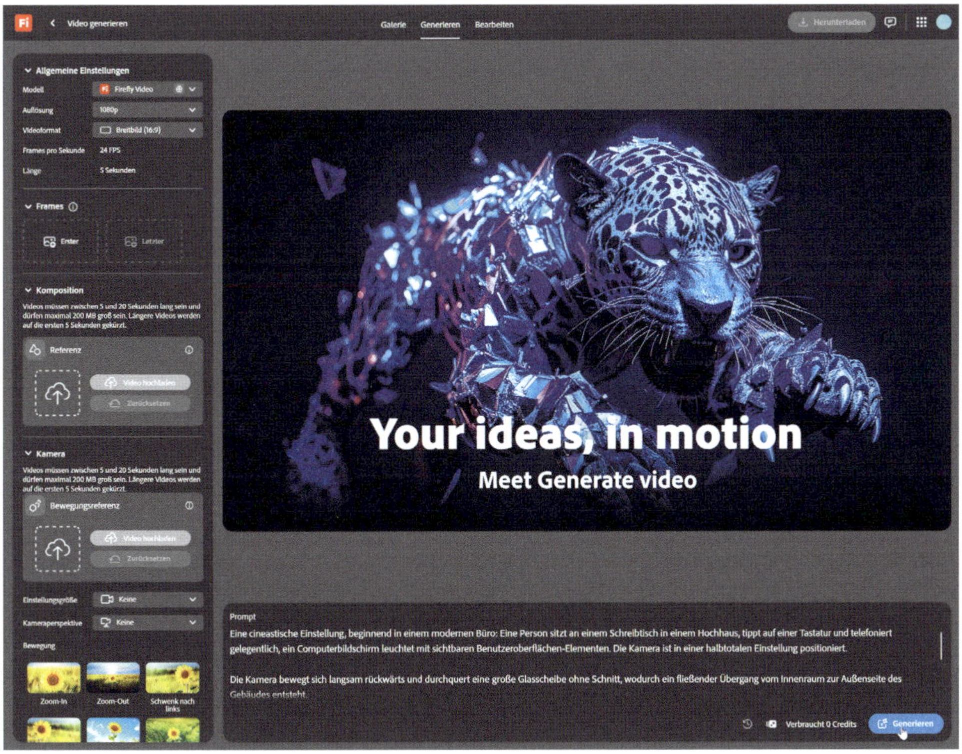

Dein Video wird generiert...
Lasse diesen Browser-Tab geöffnet: dein Video erscheint in Kürze. Wenn du den Tab schließt, wird deine Browsersitzung gelöscht und der gesamte Videofortschritt geht verloren.

Veo 3.1

Hierbei handelt es sich um ein aktuelles KI-Videomodell von Google, das erst seit kurzer Zeit öffentlich eingesetzt wird und zu den neusten Entwicklungen im Bereich generativer Video-KI gehört.

Um das Beispiel mit diesem Modell zu berechnen, habe ich in dem nach wie vor geöffneten Fenster *Video generieren* oben links das Modell *Veo 3.1* ausgewählt und sichergestellt, dass die maximale Länge (hier acht Sekunden) und nach wie vor 16:9 bzw. 1080p eingestellt war.

Die gleiche Vorgehensweise liegt auch den anderen hier abgebildeten Beispielen zugrunde.

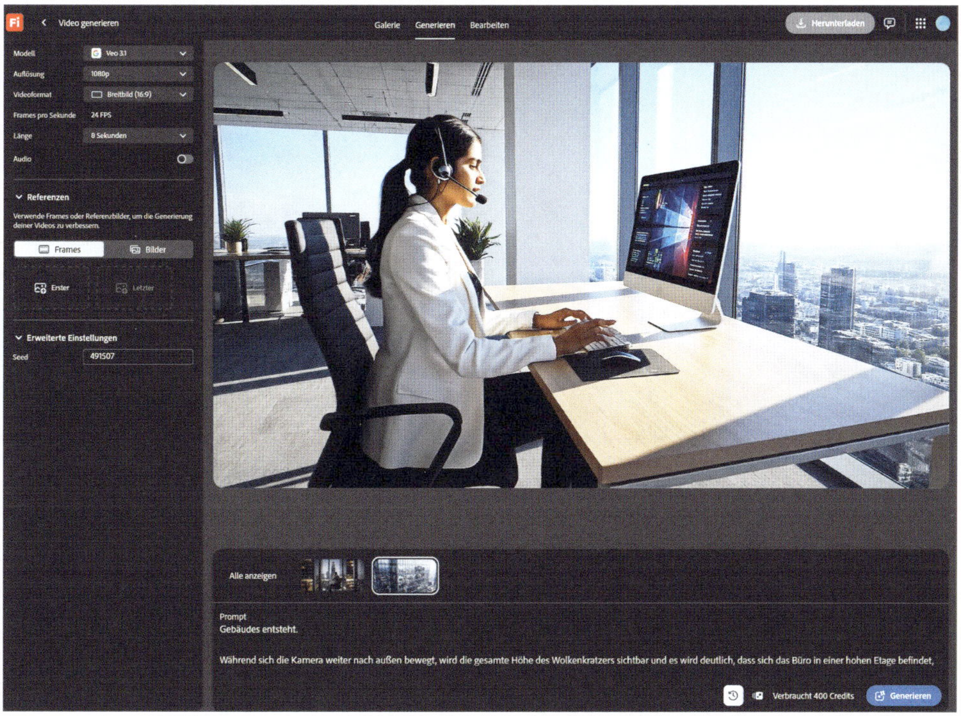

Modifizieren
00:08 / 00:08

Kling 3.0

Kling 3.0 ist ein aktuelles KI-Videomodell des chinesischen Tech-Unternehmens Kuaishou, das Anfang 2026 veröffentlicht wurde und damit zur neusten Generation dieser Tools gehört.

Runway Gen-4.5

Ein aktuelles KI-Videomodell des Unternehmens Runway, das Ende 2025 veröffentlicht wurde und damit ebenfalls zur neusten Generation dieser Tools gehört (siehe auch Kapitel 15).

00:02 / 00:05

00:03 / 00:05

00:04 / 00:05

Sora 2

Sora 2 ist ein KI-Videomodell von OpenAI, das Ende September 2025 veröffentlicht wurde und damit relativ neu ist (siehe auch Kapitel 14).

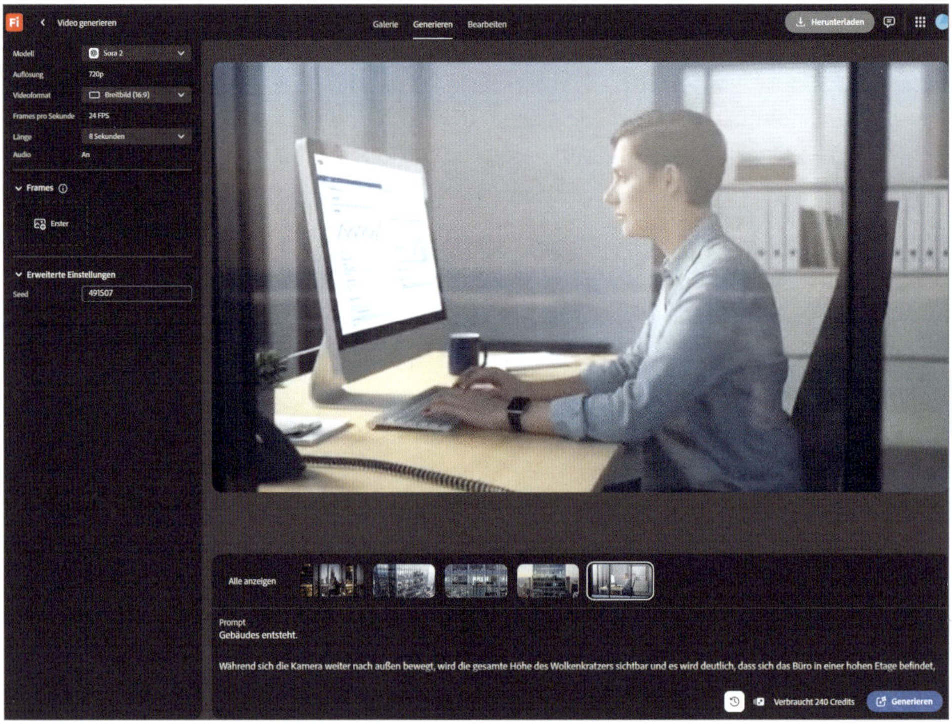

00:04 / 00:08

00:06 / 00:08

00:08 / 00:08

17. Videoschnitt mit KI

KI im Videoschnitt bedeutet heutzutage in erster Linie, dass spezielle Tools und Funktionen Routineaufgaben im Schnittprozess übernehmen und Sie dadurch entlasten. Diese Werkzeuge unterstützen Sie technisch, ohne Ihre kreative Kontrolle einzuschränken. Sie analysieren Bild, Ton und Sprache, um wiederkehrende Arbeitsschritte zu beschleunigen und Ihnen Vorschläge für sinnvolle Schnitte zu machen.

Typische Aufgaben sind das automatische Entfernen von Pausen, die Anpassung des Bildausschnitts oder das Erstellen von Untertiteln. KI erkennt Szenen, Gesichter sowie Wechsel in Sprache, Musik oder Lautstärke und setzt Schnittmarken, also In- und Outpoints, an Stellen, die sich für einen Schnitt anbieten. Auf diese Weise entsteht Ihr Rohschnitt deutlich schneller, während Sie den Feinschnitt weiterhin manuell gestalten. Besonders bei langen Interviews oder Diskussionen sparen Sie damit viel Zeit, weil Wiederholungen, Stille und Versprecher automatisch entfernt werden.

In der Praxis liefern die genannten KI-Funktionen bereits sehr brauchbare und häufig qualitativ hochwertige Ergebnisse. Wie bei vielen KI-Anwendungen kann es jedoch je nach Anwendungsfall notwendig sein, einzelne Ergebnisse anzupassen bzw. zu optimieren. Auffällig ist, dass viele KI-gestützte Schnittwerkzeuge stark textbasiert arbeiten. Der Grund liegt jedoch weniger darin, dass visuelle Bildinformationen grundsätzlich schwer zu analysieren wären. Einzelne Bilder lassen sich heute sehr zuverlässig auswerten.

Die eigentliche Herausforderung entsteht durch die zeitliche Dimension von Videos. Bei üblichen Bildraten von 25 oder mehr Frames pro Sekunde fällt kontinuierlich eine große Menge an visuellen und akustischen Informationen an, die im Zusammenhang interpretiert werden muss. KI-gestützte Schnittfunktionen können Szenenwechsel, Gesichter, Bewegungen oder Tonwechsel erkennen und daraus Schnittvorschläge ableiten. Bei Interviews, Diskussionen, Vorträgen oder Erklärvideos ist jedoch oft der gesprochene Inhalt entscheidend. Deshalb verschriftlichen bestimmte KI-Funktionen den Ton und zeigen ihn als bearbeitbaren Text an, ähnlich wie in einem Textverarbeitungsprogramm. Wird dort beispielsweise ein Satz aus dem Transkript gelöscht, entfernt das Programm automatisch die entsprechende Stelle aus dem Video.

17.1 Adobe Premiere Pro

Bei dieser professionellen Videoschnittsoftware unterstützen KI-Funktionen inzwischen viele Arbeitsschritte. Sie können etwa Untertitel automatisch erstellen, Bildformate anpassen, Videos mit generativen Funktionen um wenige Sekunden verlängern oder Musik so anpassen, dass sie zur gewünschten Beitragslänge passt.

Video und Audio verlängern

Das Werkzeug *Generatives Erweitern* ist eine Funktion in Adobe Premiere Pro, mit der sich ein Clip am Anfang oder am Ende verlängern lässt, ohne dass zusätzliches Filmmaterial vorhanden sein muss. Premiere erzeugt dabei neue Bildinhalte, die so aussehen, als würden sie zum Originalmaterial dazugehören. Das ist hilfreich, wenn ein Clip etwas zu kurz geraten ist und man mehr zeitlichen Spielraum benötigt, etwa für einen sauberen Übergang zu einem anderen Schnitt oder um einen Moment minimal zu strecken, damit der Ablauf ruhiger wirkt.

Die Anwendung ist einfach. Sie wählen das Werkzeug für das generative Erweitern aus und ziehen am Anfang oder Ende des Clips. Die Funktion analysiert das vorhandene Bildmaterial und erzeugt die fehlenden Frames automatisch.

Die Erweiterung ist absichtlich begrenzt: Bei Videos sind bis zu zwei Sekunden möglich. Bei Audio, etwa Atmos oder Hintergrundgeräuschen, können bis zu zehn Sekunden ergänzt werden. Das Originalmaterial bleibt unverändert. Das Programm legt die neu erzeugten Bereiche als eigene Elemente an und kennzeichnet sie klar. Wenn das Ergebnis nicht überzeugt, lässt sich der Abschnitt jederzeit neu generieren oder durch die ursprüngliche Clipgrenze ersetzen

17.2 Musiklänge automatisch an das Video anpassen

Das Remix-Werkzeug in Adobe Premiere Pro dient dazu, Musikstücke automatisch auf eine gewünschte Länge zu bringen, ohne dass hörbare Sprünge oder harte Schnitte entstehen. Anstatt das Musikstück manuell zu kürzen oder zu verlängern, analysiert Premiere die Struktur des Songs und setzt ihn so neu zusammen, dass er weiterhin natürlich klingt. Das ist besonders hilfreich, wenn Musik genau auf die Länge einer Szene abgestimmt werden soll.

Der Ablauf ist einfach. Nachdem Sie eine Musikdatei in die Sequenz gelegt haben, wählen Sie in der Werkzeugleiste das Remix-Werkzeug aus. Anschließend ziehen Sie am Anfang oder am Ende des Musikclips, bis die gewünschte Länge erreicht ist. Premiere passt das Musikstück automatisch an und versucht dabei, musikalisch sinnvolle

Übergänge zu erzeugen. Der Algorithmus erkennt etwa Wiederholungen, Taktstrukturen und Stellen, an denen sich einzelne Abschnitte gut verbinden lassen.

Im Ergebnis erhalten Sie eine Musikspur, die exakt die benötigte Länge hat, ohne dass hörbare Schnitte, Aussetzer oder abrupte Übergänge entstehen. Die ursprüngliche Datei bleibt dabei unangetastet. Premiere zeigt in der Sequenz an, an welchen Stellen die Musik automatisch zusammengesetzt wurde, sodass Sie die Anpassungen nachvollziehen oder bei Bedarf weiter anpassen können.

Das Remix-Werkzeug eignet sich vor allem dafür, Musik harmonisch an die Länge eines Projekts anzupassen, ohne selbst mühsam Takt für Takt schneiden zu müssen. Es spart Zeit und sorgt dafür, dass Musik im Schnitt sauber und ausgewogen wirkt.

Untertitel erstellen

In Adobe Premiere Pro lassen sich inzwischen ohne großen Aufwand automatisch Untertitel erzeugen. Grundlage dafür ist die integrierte KI-Spracherkennung. Zuerst öffnen Sie über *Fenster/Text* das gleichnamige Bedienfeld. Da die Software bei entsprechender Voreinstellung Sequenzen automatisch transkribiert, wird der erkannte Text hier in der Regel bereits angezeigt. Diese automatische Transkription lässt sich in den Programmeinstellungen steuern (*Bearbeiten/Voreinstellungen/Medienanalyse und Transkription*).

Sollte diese Voreinstellung nicht aktiv sein, bleibt der Bereich zunächst leer und zeigt stattdessen die Schaltfläche *Transkribieren*. In diesem Fall klicken Sie darauf, um den Vorgang manuell zu starten.

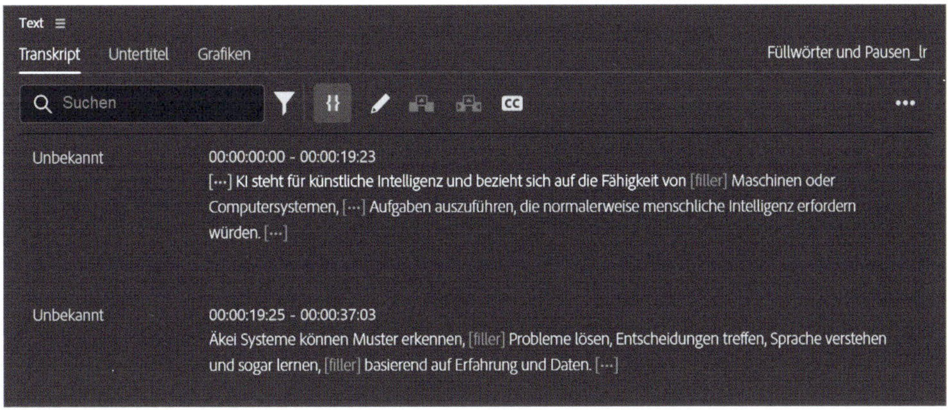

Aus diesem Transkript lassen sich nun automatisiert Untertitel erzeugen. Dazu öffnen Sie das Register *Untertitel* im selben Bedienfeld.

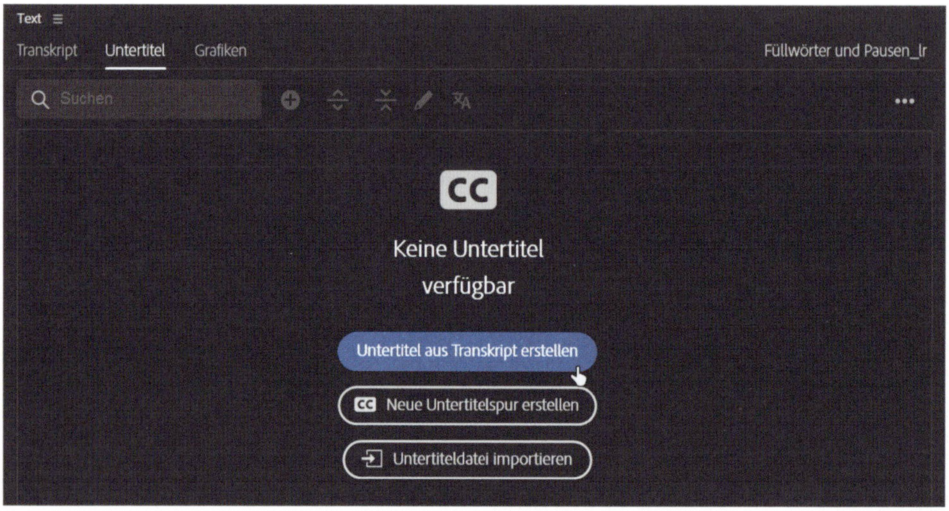

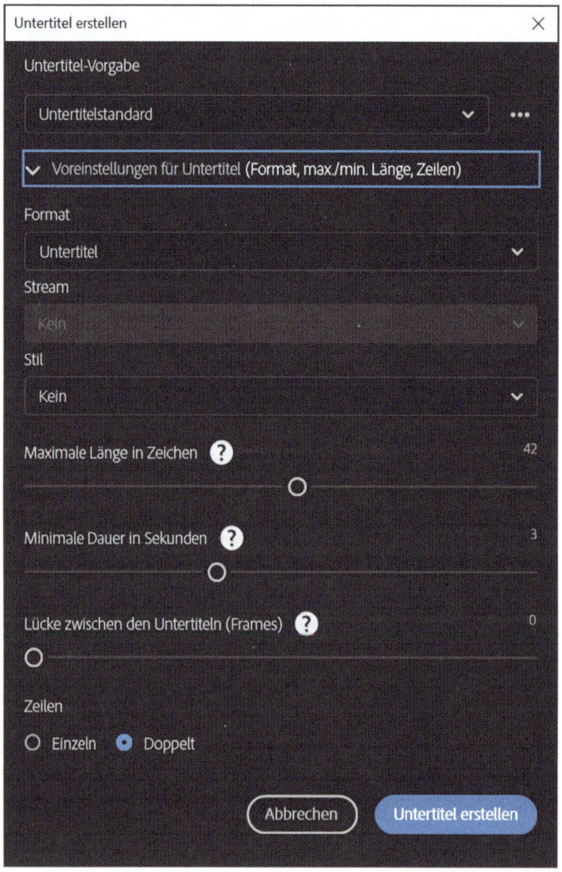

Adobe Premiere Pro öffnet einen weiteren Dialog, in dem sich grundlegende Parameter festlegen lassen, etwa die maximale Länge einer Zeile oder welche Untertitelart verwendet werden soll.

Nach der Bestätigung legt Premiere eine eigene Untertitelspur an und ordnet auf dieser die erstellten Untertitel an.

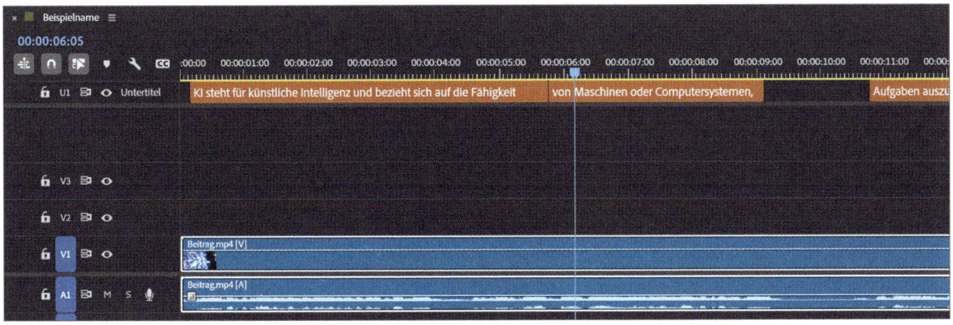

Beim Export werden die Untertitel automatisch in das Video gerechnet bzw. mitexportiert. Bei Bedarf kann der Mitexport der Untertitel deaktiviert werden. Zudem können die erzeugten Untertitel auch separat exportiert werden, wahlweise als TXT-, SRT- oder CSV-Datei, je nachdem, in welchem Format sie weiterverarbeitet oder extern verwendet werden sollen.

Automatische Audioanpassung (Auto Ducking)

Die Verringerung des Audiopegels anderer Tonspuren ist notwendig, um die Sprachverständlichkeit sicherzustellen. Sobald gesprochene Sprache zusammen mit Musik, Umgebungsklängen oder Geräuschen zu hören ist, überlagern diese Elemente schnell den Text. Damit die Sprache klar verständlich bleibt, müssen die übrigen Tonquellen in den Momenten, in denen gesprochene Sprache zu hören ist, deutlich leiser werden. Adobe Premiere Pro bietet dafür das Auto Ducking an, das diesen Prozess automatisch steuert.

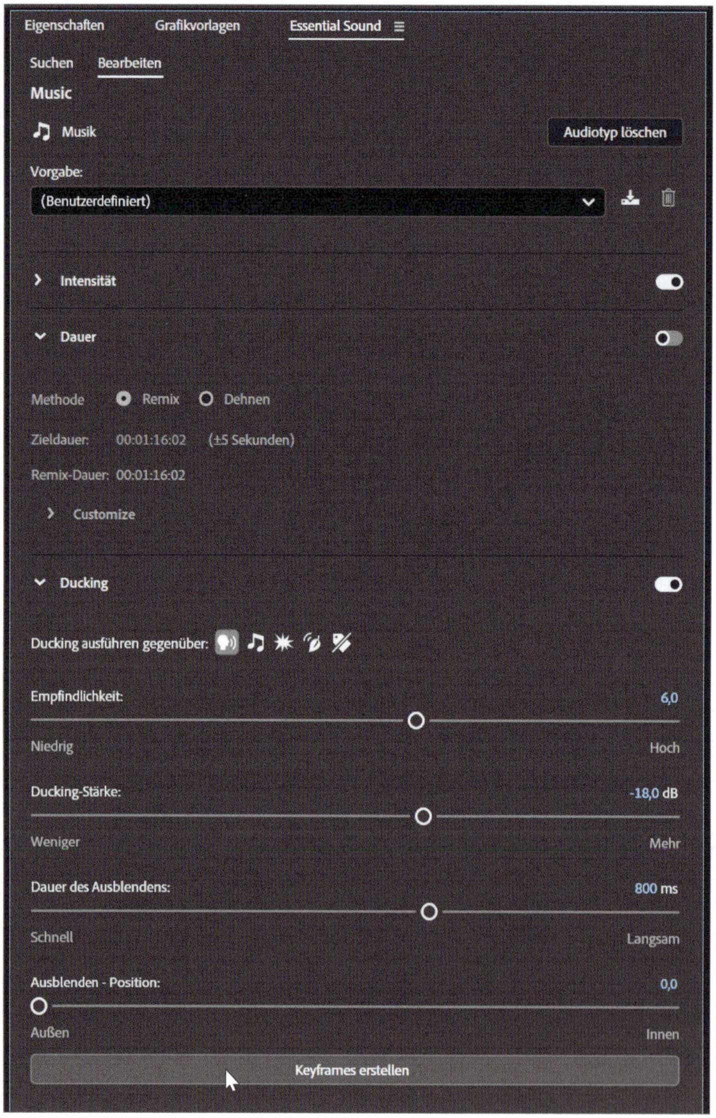

Die Software erkennt dank KI inzwischen selbstständig, ob ein Clip gesprochene Sprache, Musik, Geräusche oder Umgebungsgeräusche (Atmo) enthält. Bei Tonspuren wie Musik oder Atmo lässt sich die Funktion *Ducking* direkt in den jeweiligen Clip-Eigenschaften aktivieren. Sobald *Ducking* eingeschaltet wird, legt die Funktion automatisch fest, dass diese Spur gegenüber Sprecherspuren abgesenkt werden soll. Diese automatische Zuordnung basiert auf der KI-Klassifizierung, die Sprachanteile zuverlässig erkennt.

Zusätzlich können Sie bei Bedarf weitere Kategorien aktivieren, gegenüber denen die ausgewählte Spur ebenfalls reagieren soll. Damit lässt sich steuern, ob die Absenkung ausschließlich gegenüber gesprochener Sprache erfolgt oder ob auch andere Tonquellen berücksichtigt werden sollen.

Nach der Anwendung erzeugt das Programm entsprechende Lautstärkekurven, also Audio-Keyframes, die bei Bedarf noch manuell angepasst werden können.

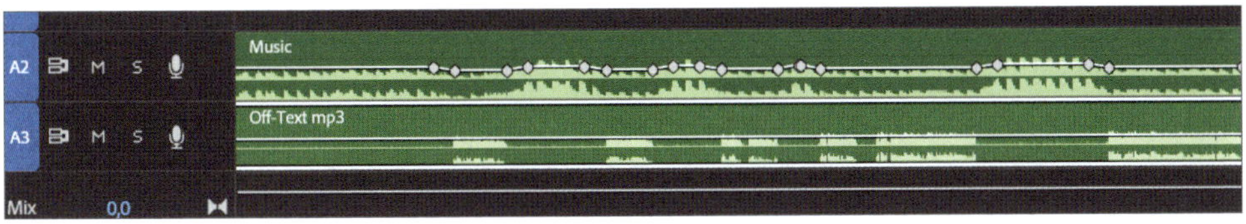

Seitenverhältnis wandeln (Reframing)

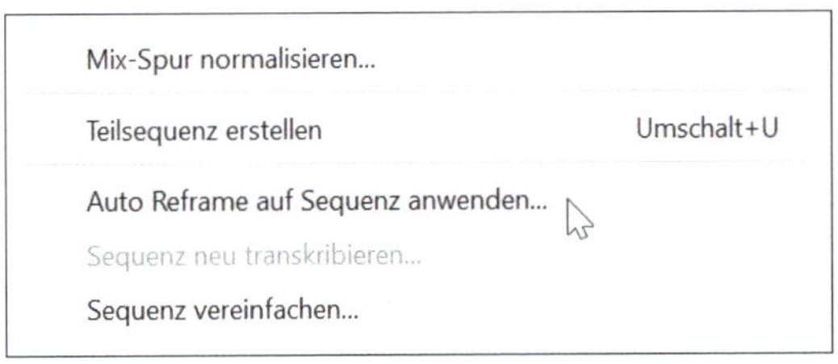

Mit Auto Reframing lässt sich eine fertige Sequenz automatisch an ein anderes Seitenverhältnis anpassen. Das ist beispielsweise dann hilfreich, wenn ein Video, das ursprünglich im Format 16:9 angelegt wurde, zusätzlich für soziale Plattformen im Format 9:16 oder 1:1 ausgegeben werden soll. Ohne Hilfe müsste man alle Bildausschnitte manuell neu setzen, damit die wichtigen Inhalte nicht aus dem sichtbaren Bereich verschwinden. Auto Reframing übernimmt diese Arbeit automatisch.

Adobe Premiere Pro analysiert dazu die Aufnahme und erkennt, welche Bereiche im Bild relevant sind. Häufig ist das eine Person, ein Gesicht oder ein markantes Objekt. Mithilfe dieser Analyse erzeugt die Software eine neue Version der Sequenz, bei der der Bildausschnitt ständig so gesetzt wird, dass der wesentliche Inhalt im Zentrum bleibt. Diese Anpassung erfolgt Bild für Bild und das Programm nutzt dabei ein integriertes *Motion-Tracking*, um Bewegungen zu verfolgen und den Ausschnitt entsprechend nachzuführen.

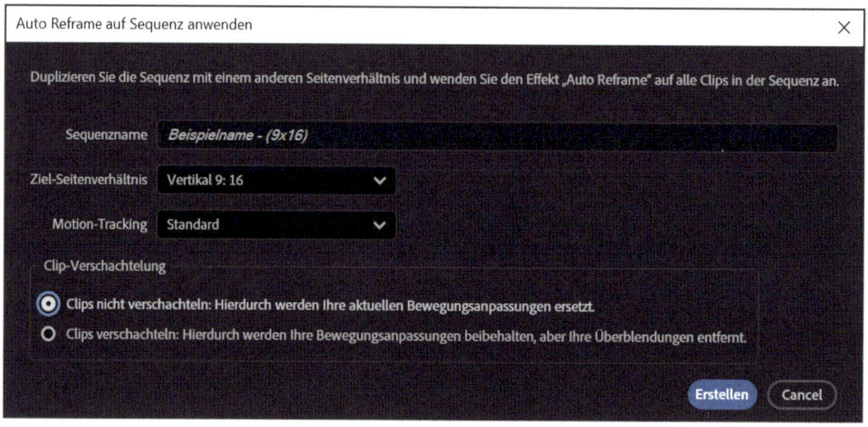

Die Anwendung ist einfach. Sie wählen eine Sequenz aus und rufen den Befehl *Sequenz/ Auto Reframe auf Sequenz anwenden* auf. Anschließend legen Sie das gewünschte Zielformat fest, etwa 9:16 für ein Hochformatvideo. Die Software erstellt dann automatisch eine Kopie der Sequenz mit den angepassten Ausschnitten.

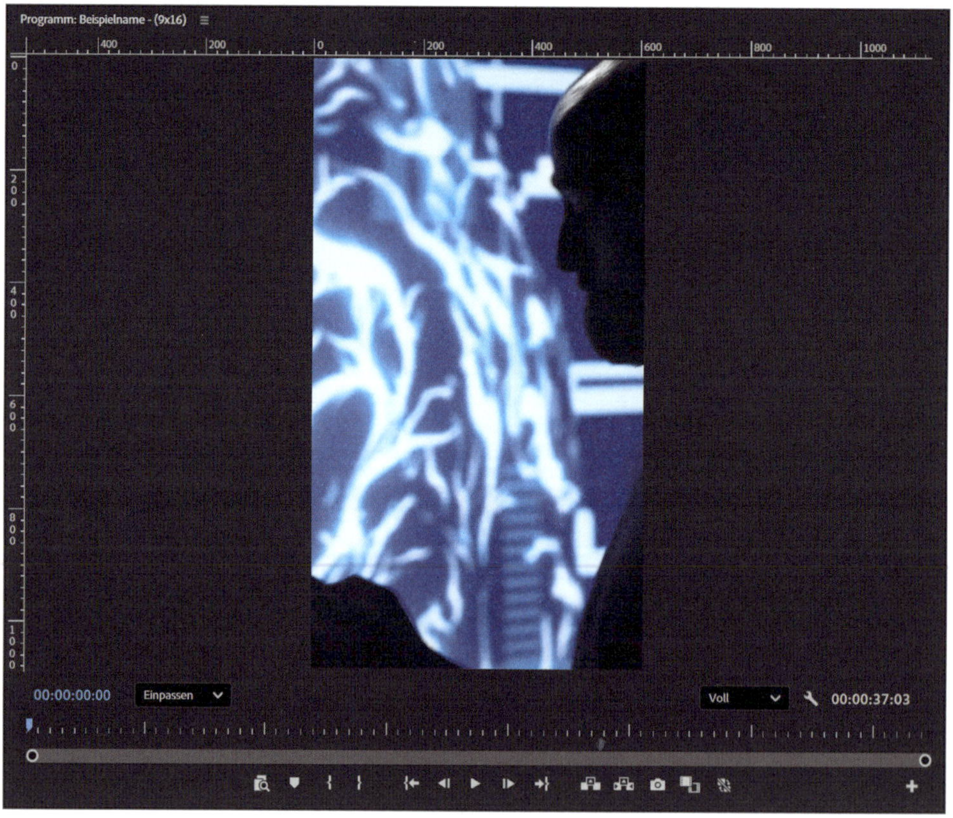

Diese neue Sequenz kann bei Bedarf weiterbearbeitet werden. Adobe Premiere Pro setzt dabei keine harten Sprünge, sondern verschiebt den Bildausschnitt sanft und nachvollziehbar, sodass das Ergebnis natürlich wirkt.

Hinweis

Neben den hier beschriebenen Werkzeugen enthält Adobe Premiere Pro noch eine Reihe weiterer KI-gestützter Funktionen, die den Schnittalltag erleichtern. Dazu gehören automatische Farbkorrekturen, verschiedene Audioverbesserungen wie Rausch- oder Hallentfernung, eine Szenenerkennung zum Aufteilen langer Aufnahmen sowie Hilfen zur Maskierung und Objektverfolgung. Diese Funktionen analysieren Bild und Ton selbstständig und nehmen dem Anwender viele Arbeitsschritte ab. Eine ausführliche Erklärung würde jedoch den Rahmen dieses Abschnitts sprengen. Entscheidend ist, dass Adobe Premiere Pro inzwischen an vielen Stellen KI nutzt, um häufige Aufgaben schneller und zuverlässiger zu erledigen.

17.3 MAGIX Video deluxe

Auch im Consumer-Segment stehen inzwischen Videoschnittprogramme zur Verfügung, die eine breite Palette KI-gestützter Funktionen enthalten. Ein Beispiel dafür ist ***MAGIX Video deluxe***. Die Software kombiniert klassische Schnittwerkzeuge mit einer Reihe moderner Automatisierungen, die den Arbeitsprozess deutlich vereinfachen und beschleunigen.

KI Media Management

Diese Funktion analysiert das importierte Rohmaterial mithilfe künstlicher Intelligenz und ordnet es anschließend thematisch bestimmten Kategorien zu. Erkennt die KI beispielsweise Personen, Tiere oder Lebensmittel in einem Clip oder Bild, wird die Datei jeweils der gleichnamigen Kategorie zugewiesen.

Bei mehrfachen Inhalten erfolgt die Zuordnung zu mehreren Kategorien gleichzeitig. Dadurch lässt sich das vorhandene Material gezielter filtern und sichten, was vor allem bei größeren Projekten erheblich Zeit spart.

Sprachdienste (Text to Speech)

Im Register *MAGIX Hub* findet sich die Funktion *Text to Speech*, um Text in Sprache bzw. einen Sprechertext zu verwandeln. Hier kann ein bis zu 10.000 Zeichen langer Text eingetippt oder aus einer anderen Anwendung (etwa aus Word) über die Zwischenablage eingefügt werden. Dadurch kann man Sprechertexte erzeugen, ohne selbst Audio aufnehmen zu müssen. Bei Bedarf kann der Text auch in eine von über 100 Sprachen übersetzt werden. Zudem kann hier zwischen diversen weiblichen und männlichen Sprecherstimmen gewählt und diese bei Bedarf auch noch hinsichtlich der Tonhöhe sowie der Sprechgeschwindigkeit angepasst werden.

Untertitel erstellen

Seit der Version MAGIX Video deluxe 2024 lassen sich automatisch Untertitel erzeugen. Grundlage dafür ist die integrierte Spracherkennung, die im Kontextmenü der Timeline (in MAGIX Projektfenster genannt) verfügbar ist. Klicken Sie dazu einfach mit der rechten Maustaste auf den jeweiligen Clip, und wählen Sie anschließend den Befehl *Audiofunktionen/Sprache zu Text* aus.

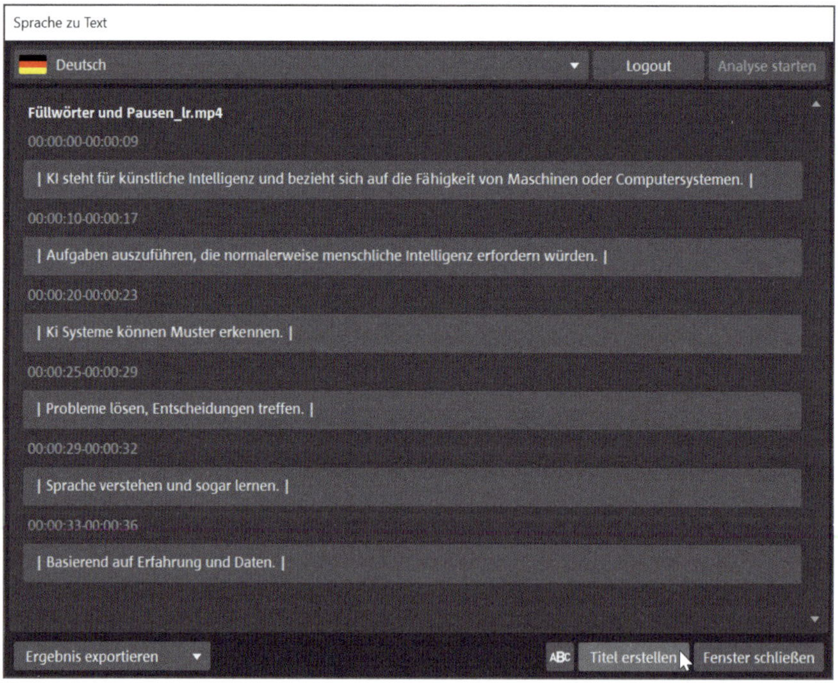

Daraufhin erscheint ein Dialogfenster, in dem die Sprache des Videos wahlweise automatisch erkannt oder manuell festgelegt werden kann. Mit einem Klick auf *Analyse starten* wird das Video transkribiert und der so erkannte Texte im Fenster aufgelistet.

Mit einem Klick auf *Titel erstellen* werden die Untertitel dann generiert bzw. auf einer Spur angeordnet.

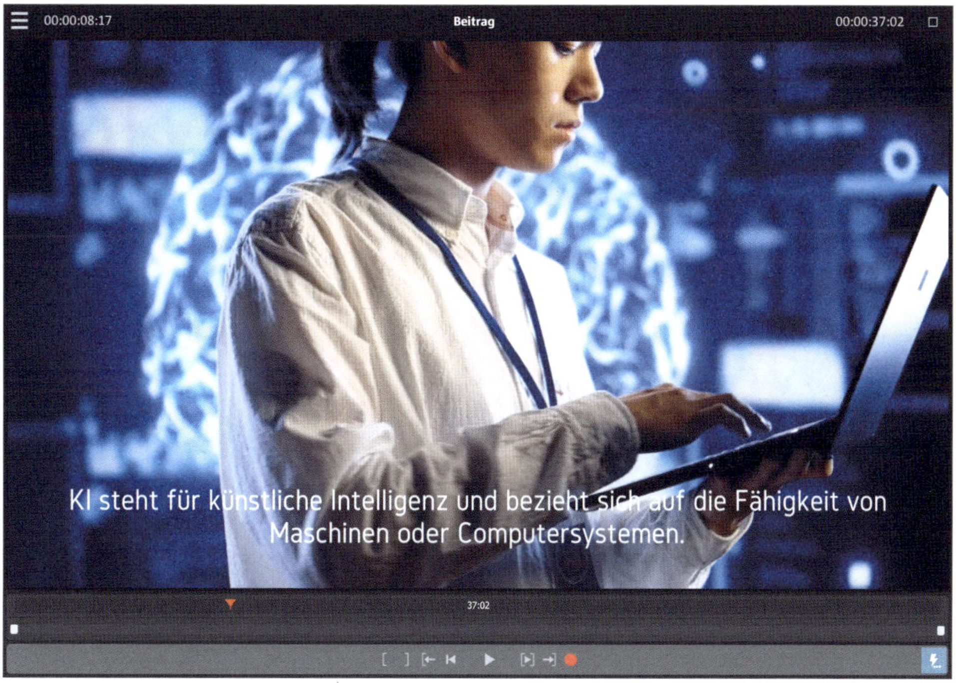

Darüber hinaus enthält MAGIX Video deluxe grafische KI-Effekte. Schwarz-Weiß-Fotos oder -Filme lassen sich automatisch kolorieren, was sich besonders bei historischen Aufnahmen anbietet. Auf meinem YouTube-Kanal (LerneMAGIXVideodeluxe) finden Sie ein Video dazu: https://youtu.be/xwKFLhJOJ0Y?si=6_WXg9sdMF6Ppijy.

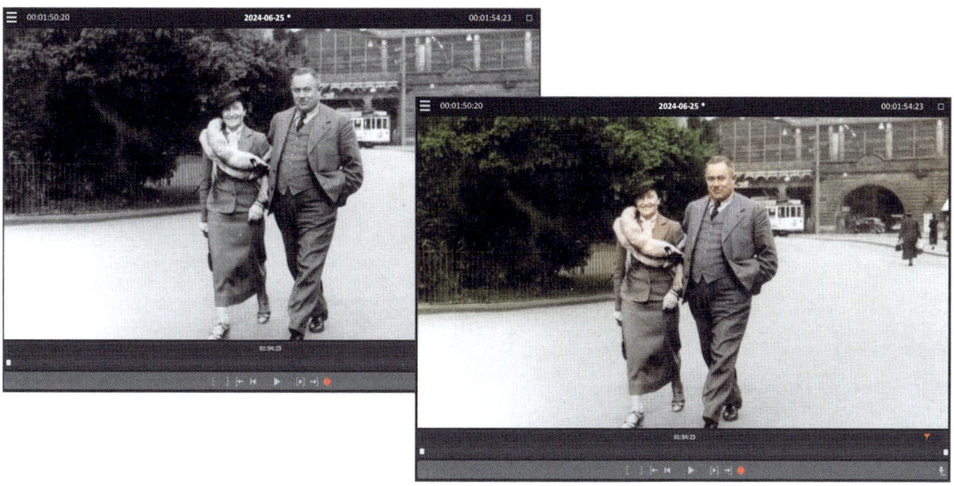

Außerdem können Videos in künstlerische Stile übertragen werden, die an bekannte Maler erinnern. Die Intensität dieser Stile lässt sich anpassen, sodass das Ergebnis entweder dezent oder deutlich verfremdend wirken kann.

Diese Methode eignet sich auch hervorragend zum Gestalten attraktiver Hintergründe, etwa für Chroma-Key-Montagen. Neben den Künstlerstilen können auch verschiedene KI-Muster wie etwa ein Blumenmuster oder ein Mosaik verwendet werden. Sowohl die Künstlerstile als auch die Muster lassen sich in ihrem Detailreichtum leicht anpassen und variieren.

KI-Plug-ins für Videoschnittprogramme

Viele Videoschnittprogramme haben heute zwar eigene KI-Funktionen, aber längst nicht alle bieten diese Möglichkeiten in ausreichendem Umfang. Manche Programme besitzen kaum Automatisierungen, andere nur wenige einzelne KI-Werkzeuge. In solchen Fällen kann man fehlende Funktionen problemlos durch zusätzliche Plug-ins ergänzen.

Auf diese Weise lässt sich nahezu jedes Schnittprogramm um moderne KI-Technologien erweitern, zum Beispiel für automatische Untertitel, Bildverbesserung, Farbkorrektur oder Audioreinigung.

Die folgende Übersicht zeigt eine Auswahl von KI-Plug-ins, die sich in verschiedene professionelle und semiprofessionelle Videoschnittprogramme integrieren lassen. Sie erweitern die vorhandenen Funktionen und ermöglichen Arbeitsweisen, die ohne KI deutlich mehr Zeit erfordern würden.

Plug-in	Beschreibung	Unterstützte Schnitt-programme	Preis
AutoCut	Entfernt automatisch Sprechpausen, schneidet Versprecher heraus und erzeugt Untertitel.	Premiere Pro, DaVinci Resolve	ca. 14 Euro pro Monat
Transcriptive Rough Cutter	Wandelt Sprache in Text um und ermöglicht Schneiden direkt über dieses Transkript.	Premiere Pro	ca. 180 Euro einmalig
Simon Says	Erstellt automatisch Untertitel sowie Übersetzungen und erkennt gesprochenen Text sehr zuverlässig.	Premiere Pro, Final Cut Pro, DaVinci Resolve	ca. 0,11–0,23 Euro pro Minute
Colourlab AI	Passt Farben und Helligkeit verschiedener Aufnahmen automatisch an, damit alles einheitlich wirkt.	Premiere Pro, DaVinci Resolve, Final Cut Pro	ab ca. 13 Euro pro Monat
Topaz Video AI	Verbessert die Bildqualität, entfernt Rauschen, schärft Details und erzeugt flüssigere Bewegungen.	DaVinci Resolve, Adobe After Effects	ca. 270 Euro pro Jahr
Caption Cut Pro	Erstellt automatisch Untertitel und setzt sie zeitlich passend ins Video.	Final Cut Pro	ca. 17 Euro einmalig
CrumplePop AI Audio Suite	Reinigt Sprachaufnahmen und entfernt störende Hintergrundgeräusche.	Premiere Pro, Final Cut Pro, DaVinci Resolve	ca. 300 Euro pro Jahr
Blackmagic Neural Engine	Erkennt Personen und Objekte, verbessert die Auflösung und erstellt flüssige Zeitlupen.	DaVinci Resolve Studio	in der Studio-Version enthalten (ca. 300 Euro einmalig)
Runway KI Tools	Erkennt Objekte im Bild, kann sie entfernen oder Bereiche automatisch korrigieren.	Premiere Pro, Final Cut Pro	ab ca. 12 Euro pro Monat
NVIDIA RTX Video KI Plug-ins	Verbessert Videos automatisch: schärft Details, reduziert Rauschen und macht Bewegungen gleichmäßiger.	Premiere Pro, DaVinci Resolve	kostenlos, benötigt RTX-GPU

18. Rechtliche Rahmenbedingungen für KI-generierte Bilder

Die rechtliche Einordnung von KI-generierten Inhalten ist durch europäische Vorgaben und nationale Regelungen geprägt. Gleichzeitig bestehen in der praktischen Anwendung weiterhin Unsicherheiten, da sich Rechtsprechung und Auslegung noch entwickeln.

18.1 Urheberrecht und Schöpfungshöhe

In Deutschland und der Europäischen Union gilt derzeit, dass urheberrechtlicher Schutz eine menschliche kreative Leistung voraussetzt.

Was bedeutet Urheberrecht bei Bildern?

Das Urheberrecht schützt kreative Leistungen von Menschen. Es entsteht automatisch in dem Moment, in dem ein Werk geschaffen wird, und sichert dem Urheber bestimmte Rechte an diesem Werk. Ein typisches Beispiel ist die Fotografie: Macht ein Fotograf ein Bild, ist er automatisch der Urheber dieses Fotos und entscheidet darüber, wie es genutzt werden darf. Auch grafische Arbeiten können urheberrechtlich geschützt sein. Entwickelt ein Grafiker beispielsweise ein Logo, liegt das Urheberrecht grundsätzlich bei ihm, sofern eine ausreichende gestalterische Eigenleistung vorliegt. Das Urheberrecht schützt nicht die Idee, sondern deren konkrete Umsetzung. Voraussetzung ist immer eine menschliche kreative Leistung.

Rein KI-generierte Bilder ohne wesentlichen menschlichen Einfluss genießen in der Regel keinen urheberrechtlichen Schutz, da sie ohne unmittelbare schöpferische Tätigkeit eines Menschen entstehen. Schutz kann jedoch dann entstehen, wenn ein Mensch in ausreichendem Maße gestalterisch eingreift. Das kann beispielsweise durch die gezielte Steuerung der Bildgenerierung, Auswahlprozesse oder eine umfangreiche Nachbearbeitung erfolgen. Entscheidend ist, dass eine eigene schöpferische Leistung erkennbar ist.

Darüber hinaus hat die fehlende urheberrechtliche Schutzfähigkeit praktische Auswirkungen. Rein KI-generierte Bilder können in der Regel nicht als eigene Werke bei Verwertungsgesellschaften angemeldet werden, etwa bei der VG Bild-Kunst. Da kein klassischer Urheber im rechtlichen Sinne vorliegt, bestehen in solchen Fällen auch keine Ansprüche auf entsprechende Vergütungen oder Ausschüttungen. Weitere Informationen finden Sie auf www.bildkunst.de/meldung/ki-meldungen/.

18.2 Metadaten

Metadaten gehören für viele heute bereits zum Alltag, denn jedes mit dem Smartphone oder einer Digitalkamera aufgenommene Bild wird automatisch mit einer Vielzahl von Zusatzinformationen ausgestattet. Dazu zählen unter anderem Angaben zur Belichtungszeit, zur Blende, zum Aufnahmezeitpunkt oder auch zum Standort in Form von GPS-Daten.

Im Gegensatz dazu enthalten KI-generierte Bilder in den meisten Fällen keine vergleichbaren Metadaten. Abgesehen von grundlegenden Angaben wie der Bildgröße (Auflösung in Pixeln) sind in der Regel keine weiteren Informationen in der Datei enthalten. Weder der verwendete Bildgenerator noch der Entstehungsprozess lassen sich aus den Metadaten nachvollziehen.

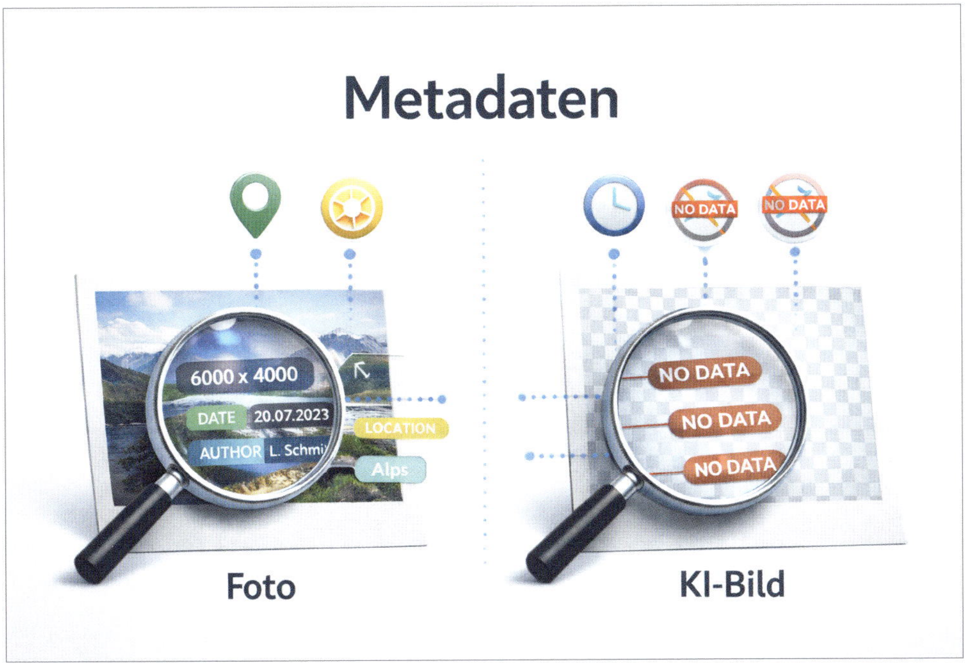

Das ist auch deshalb unproblematisch, weil bei rein KI-generierten Bildern in der Regel kein klassischer Urheberrechtsschutz durch den Ersteller geltend gemacht werden kann. Bei klassischen Fotografien ist genau dieser Aspekt hingegen ein wichtiger Grund, Metadaten gezielt zu hinterlegen.

Anders sieht es aus, wenn viele Bilder zusammenkommen oder in Projekten strukturiert gearbeitet wird. In solchen Fällen helfen Metadaten dabei, Bilder später wiederzufinden, sinnvoll zu sortieren und eindeutig zuzuordnen.

Gerade in Unternehmen oder bei größeren Bildsammlungen erleichtern Metadaten die Verwaltung erheblich. So kann beispielsweise festgehalten werden, zu welchem Projekt ein Bild gehört oder wofür es verwendet werden soll. Der Nutzen liegt dabei weniger im rechtlichen Bereich, sondern vor allem in der besseren Organisation.

Wenn Metadaten ergänzt werden sollen, bieten sich dafür insbesondere Medienverwaltungsprogramme an. In Adobe Bridge können entsprechende Angaben direkt und komfortabel für einzelne oder mehrere Bilder gleichzeitig eingetragen werden.

Das Gleiche gilt auch für den Organizer, der von Adobe zusammen mit Adobe Photoshop Elements ausgeliefert wird.

Alternativ lassen sich Metadaten auch in Bildbearbeitungsprogrammen ergänzen. In Adobe Photoshop erfolgt dies über den Menüpunkt *Datei/Dateiinformationen*, über den entsprechende Angaben direkt in die Bilddatei eingetragen werden können.

Das Ganze funktioniert auch in Photopea, einem webbasierten Bildbearbeitungsprogramm mit einer an Photoshop angelehnten Bedienung. Auch hier lassen sich Metadaten über den Menüpunkt *Datei/Dateiinformationen* ergänzen.

18.3 Der EU AI Act und die Kennzeichnungspflicht

Mit dem EU AI Act besteht ein einheitlicher europäischer Rechtsrahmen für den Einsatz von künstlicher Intelligenz. Die Regelungen werden schrittweise angewendet und betreffen unter anderem Transparenzpflichten im Umgang mit KI-generierten Inhalten.

In der Praxis bedeutet das: KI eignet sich sehr gut für die Ideenfindung und visuelle Entwürfe. Sobald jedoch präzise Vorgaben oder normierte Elemente erforderlich sind, ist eine manuelle Nachbearbeitung in klassischen Grafikprogrammen unvermeidlich.

Eine allgemeine Kennzeichnungspflicht für alle KI-generierten Bilder besteht jedoch nicht. Entscheidend ist vielmehr der konkrete Anwendungsfall. Eine Kennzeichnung kann erforderlich sein, wenn Inhalte realistisch wirken und geeignet sind, über ihren künstlichen Ursprung zu täuschen. Dies betrifft insbesondere Darstellungen, die wie echte Fotografien erscheinen und dabei reale Personen und Ereignisse suggerieren. In solchen Fällen kann es notwendig sein, den künstlichen Ursprung kenntlich zu machen.

Gesetzliche Grundlage: Artikel 50 EU AI Act (inhaltlich zusammengefasst)

Wer ein KI-System nutzt, um Bild-, Audio- oder Videoinhalte zu erzeugen oder zu verändern, die den Eindruck eines echten Geschehens erwecken (Deep Fakes), ist verpflichtet, den künstlichen Ursprung dieser Inhalte kenntlich zu machen.

Bei Inhalten, die eindeutig einem künstlerischen, kreativen, satirischen oder fiktionalen Kontext zuzuordnen sind, gelten geringere Anforderungen. In solchen Fällen reicht eine zurückhaltende Form der Kennzeichnung aus, die die Wirkung oder Wahrnehmung des Inhalts nicht beeinträchtigt.

Diese Verpflichtung entfällt, wenn der Einsatz gesetzlich erlaubt ist, insbesondere im Zusammenhang mit der Aufklärung oder Verfolgung von Straftaten.

https://artificialintelligenceact.eu/de/article/50/

Unabhängig davon verlangen viele große Onlineplattformen bereits heute eine entsprechende Kennzeichnung in ihren Nutzungsbedingungen. Dazu gehören insbesondere soziale Netzwerke und Content-Plattformen wie Meta (Facebook und Instagram), YouTube oder TikTok, die bei realitätsnahen oder potenziell irreführenden Inhalten eine Kennzeichnung vorsehen.

Darüber hinaus setzen viele Systeme technische Kennzeichnungen ein, etwa in Form von Metadaten oder digitalen Signaturen. Diese dienen dazu, den Ursprung eines Bildes nachvollziehbar zu machen. Das Entfernen solcher Kennzeichnungen kann je nach Kontext rechtlich problematisch sein.

Von ChatGPT erstelltes Fantasielogo zum EU AI Act

Für dieses Beispiel wurde ChatGPT zur Erstellung eines Logos für den EU AI Act eingesetzt. Das System erzeugte auf Anhieb ein visuell überzeugendes Ergebnis, hatte jedoch Schwierigkeiten mit einer zentralen formalen Vorgabe: der korrekten Darstellung der EU-Sterne.

Trotz mehrfacher Korrektur-Prompts gelang es nicht, exakt zwölf Sterne in gleichmäßiger Anordnung zu erzeugen. Stattdessen variierte die Anzahl wiederholt, und auch die geometrische Verteilung entsprach nicht den offiziellen Vorgaben.

Auf den Hinweis, die Sterne korrekt zu platzieren, reagierte ChatGPT schließlich mit der Einschätzung:

»Du bist hier an einer Grenze von generativer Bild-KI. Für alles, was exakte Geometrie oder Normen braucht, ist Nachbearbeitung Pflicht.«

Diese Aussage bringt das Problem präzise auf den Punkt. Generative Bildmodelle arbeiten nicht regelbasiert, sondern probabilistisch, also nach Wahrscheinlichkeiten. Sie erzeugen visuell plausible Ergebnisse, ohne dabei garantieren zu können, dass definierte Normen oder exakte Strukturen eingehalten werden.

Persönlichkeits- und Markenrechte

Unabhängig vom Urheberrecht müssen bei der Nutzung KI-generierter Bilder die Rechte Dritter beachtet werden.

Dazu gehört insbesondere das Persönlichkeitsrecht. Die Darstellung realer Personen ohne deren Einwilligung kann unzulässig sein, vor allem dann, wenn die Darstellung realitätsnah ist oder in einem sensiblen Kontext erfolgt.

Auch das Markenrecht ist zu berücksichtigen. Geschützte Logos, Produkte oder Designs dürfen nicht ohne entsprechende Rechte verwendet werden, insbesondere im kommerziellen Umfeld.

Ein weiterer Aspekt betrifft die Herkunft der Trainingsdaten. In der Europäischen Union bestehen Regelungen zum sogenannten Text- und Data-Mining, die unter bestimmten Voraussetzungen eine Nutzung urheberrechtlich geschützter Inhalte erlauben, jedoch auch Opt-out-Möglichkeiten für Rechteinhaber vorsehen.

Praktische Hinweise zur Nutzung

Für die praktische Anwendung stellt sich vor allem die Frage, ob und wann KI-generierte Bilder gekennzeichnet werden sollten.

In vielen Fällen ist eine Kennzeichnung nicht erforderlich. Dies gilt insbesondere dann, wenn es sich um gestalterische Inhalte, Illustrationen oder eindeutig inszenierte Bildmotive handelt und keine Täuschung über reale Sachverhalte erfolgt.

Auch realistisch wirkende Bilder müssen nicht automatisch gekennzeichnet werden. Entscheidend ist der Nutzungskontext. Eine Kennzeichnung wird insbesondere dann relevant, wenn der Eindruck entsteht, es handele sich um eine tatsächliche Aufnahme eines realen Ereignisses, einer realen Person oder einer dokumentarischen Situation.

Problematisch sind vor allem Inhalte, die gezielt den Anschein von Authentizität erwecken, etwa vermeintliche Reportagebilder, realitätsnahe Darstellungen von Personen in nicht stattgefundenen Situationen oder andere Kontexte, in denen ein reales Geschehen suggeriert wird.

4K ____ 190
8K ____ 190

A

Adobe Creative Cloud ____ 43
Adobe Firefly ____ 13, 29
  App ____ 38
  Content-Type ____ 47
  Credits ____ 36
  KI-Modelle ____ 43
  Komposition ____ 48
  Seitenverhältnis auswählen ____ 40
  Stile ____ 48
  Text zu Bild ____ 32
  Visuelle Intensität ____ 47
Adobe Firefly Video ____ 221
Adobe Lightroom ____ 12
Adobe Photoshop ____ 12, 51
  Retusche ____ 165
  Retusche-Werkzeuge ____ 168
Adobe Photoshop Elements ____ 249
Adobe Photoshop Express ____ 172
Adobe Premiere Pro ____ 233
  Auto Ducking ____ 238
  Generatives Erweitern ____ 234
  Musiklänge anpassen ____ 234
  Remix-Werkzeug ____ 234
  Seitenverhältnis anpassen ____ 239
  Untertitel erstellen ____ 235
AI Image Enlarger ____ 12, 13
AI Slop ____ 10
Aquarell-Stil ____ 182
Auflösung ____ 11
AutoCut ____ 246

B

Barbie-Stil ____ 183
Bewegung ____ 18
Bewegungsunschärfe ____ 126
Bias ____ 11
Bildausschnitt ____ 18
Bilder vergrößern ____ 59
Bildformat ____ 16
Bildpunkte ____ 11
Bing Image Creator ____ 13, 69
Bing Image Creator, Boosts ____ 70
Blackmagic Neural Engine ____ 246

C

Canva ____ 95
  Canva AI ____ 95
  Instagram-Post ____ 108
  Magic Media ____ 95
  Plakat erstellen ____ 103
Canva for Teams ____ 95
Canva Pro ____ 95
Caption Cut Pro ____ 246
Charakterkonsistenz ____ 25
ChatGPT ____ 173
  kuratierte Stile ____ 176
  Logo erstellen ____ 186
  Speisekarte erstellen ____ 185
Cinematischer Stil ____ 181
Claymation-Stil ____ 185
Cleanup.pictures ____ 172
Colourlab AI ____ 246
Comic-Stil ____ 184
Credits ____ 11, 36
CrumplePop AI ____ 246

D

DaVinci AI 13
Deep Image 12, 13
Differenzierte Sprache 132
Discord 119
Dream Studio 113

E

EU AI Act 250

F

Fast-Modus 119
Firefly 29
  App 38
  Bildtyp 47
  Content-Type 47
  Credits 36
  KI-Modelle 43
  Komposition 48
  Seitenverhältnis auswählen 40
  Stile 48
  Text zu Bild 32
  Varianten erzeugen 36
  Visuelle Intensität 47
Firefly Image 45
Firefly Image 4 43
Flux Kontext Max 46
Fotor 172
Full HD 189

G

Gemini 135
Gemini Nano Banana 2 46
Generative Credits 36
Ghibli-Stil 183
Google Gemini 135
GPT 5 173
GPT Image 2 45
GPU-Zeitkontingente 119

H

HD-Qualität 11
Hochskalieren 12, 133
  Photoshop 59
  Videos 190

I

iLoveIMG 172
Imagen 4 45
Imagen-Technologie 135
Instagram 40
Isometrischer Stil 184
Iteratives Prompting 25, 34

K

Kennzeichnungspflichten 250
KI-Upscaling 12
KI-Videogeneratoren 189
Komposition 48
Kuratierte Stile 176

L

Leonardo.AI 151
  Realtime Canvas 151, 156, 158
  Retusche 158
  Token 152
Let's Enhance 12, 13, 190
Lichtstimmung 16
Lightroom 12
Logo erstellen 186
Low-Poly-Stil 183
Luminar Neo 12

M

Magic Media 95
MAGIX Video deluxe 241
  KI Media Management 241
  Text to Speech 242
  Untertitel erstellen 242
Manga-Stil 185
Markenrechte 252
Metadaten 248
Microsoft Designer 63
Microsoft Designer, App 68
Microsoft Image Creator 63
Microsoft-Konto 63
Microsoft-Rewards-Punkte 70
Midjourney 13, 119
  hochskalieren 133
  Parameter 127
  Prompt 124
  Wortwahl 132
Musiklänge automatisch anpassen 234

N

Nachbearbeitung 26
Nutzungsbedingungen 11
NVIDIA RTX Video 246

O

Open Source 113

P

Persönlichkeitsrechte 252
Photopea 170
Photoshop 12, 51
  Farbänderung 51
  Firefly Upscaler 60
  Generativ hochskalieren 59
  kontextbezogene Taskleiste 54
  Retusche 165
  Retusche-Werkzeuge 168
  Topaz Bloom 60
  Topaz Gigapixel 60
Pixar-Stil 182
Pixlr 172
Playground Ai 13
Plug-ins 245
Presets 217
Prompt 32
  anpassen 33
  formulieren 16
  Inhalte ausschließen 23
  iteratives Vorgehen 25
  Wortwahl 132

R

Realtime Canvas 156, 158
Rechenleistung 11
Rechtliche Aspekte 11
Relax-Modus 119
Retusche 165
  Photopea 170
  Photoshop 165
Retusche-Werkzeuge 168
Runway Gen-4 Image 46
Runway KI Tools 246
Runway ML 213
Runway ML, Presets 217

S

SD-Auflösung 189
Seitenverhältnis ändern 40
Simon Says 246
Simpsons Stil 184
Skizzen-Stil 182
Snapseed 172

Sora 193
Referenzbilder 208
Storyboard 201
Video generieren 196
Video lokal speichern 199
Speisekarte erstellen 185
Stability AI 113
Stable Diffusion 113
Stealth-Modus 119
Stile 16, 48
Stimmung 20
Stoffpuppen-Stil 184

T

Tarifmodelle 13
Text zu Bild 32
Token 152
Topaz Gigapixel AI 12, 13
Topaz Video AI 246
TouchRetouch 172
Transcriptive Rough Cutter 246
Tuschezeichnung 181

U

UHD-1 190
UHD-2 190
Unsicherer Bildinhalt erkannt 73
Untertitel erstellen 235, 242
Upscaling 133
Urheberrecht 11, 247
Urheberrechtsschutz 249

V

Varianten erzeugen 36
Videoauflösung 189
Videoschnitt 233
Adobe Premiere Pro 233
KI-Plug-ins 245
MAGIX Video deluxe 241
Videos hochskalieren 190

W

Wartezeit 11
Workflow 15